Modern Spanish Prose

WITH A SELECTION OF POETRY

FIFTH EDITION

GUSTAVE W. ANDRIAN

Trinity College

PRENTICE HALL   UPPER SADDLE RIVER, NJ 07458

Library of Congress Cataloging-in-Publication Data

Modern Spanish Prose: with a selection of poetry / (edited by)
Gustave W. Andrian. —5th ed.
ISBN 0–13–228883–4 (alk. paper)
1. Spanish language — Readers.   I. Andrian, Gustave, W.
PC4117.M53   1996
468.6'421—dc20   96-8307
                                                         CIP

Earlier edition, entitled *Modern Spanish Prose and Poetry,* copyright © 1964
by Gustave W. Andrian. Earlier editions, entitled *Modern Spanish Prose,*
copyright © 1969, 1977, 1987 by Gustave W. Andrian.

Editor-in-Chief: *Steve Debow*
Director of Development: *Marian Wassner*
Assistant Editor: *María García*
Managing Editor: *Deborah Brennan*
Editorial Assistant: *Karen George*
Cover & Interior Design: *Ximena de la Piedra*
Manufacturing Buyer: *Tricia Kenny*

©1996 by Prentice Hall, Inc.
A Simon & Schuster Company
Upper Saddle River, NJ 07458

Printed in the United States of America
10 9 8 7 6 5 4 3 2 1

ISBN   0-13-228883-4

Prentice Hall International (UK) Limited, *London*
Prentice Hall of Australia Pty. Limited, *Sydney*
Prentice Hall Canada Inc., *Toronto*
Prentice Hall Hispanoamericana, S.A., *México*
Prentice Hall of India Private Limited, *New Delhi*
Prentice Hall of Japan, Inc. *Tokyo*
Simon & Schuster Asia Pte. Ltd., *Singapore*
Editora Prentice Hall do Brasil, Ltda., *Rio de Janeiro*

TEXT CREDITS

"La sombra," by Pío Baroja, from *Vidas sombrías* as reprinted in *Obras completas,* vol.
IV. (Madrid: Editorial Biblioteca Nueva, 1948). Reprinted by permission of Ruiz-
Castillo Y Cia. S.C.

"El limpiabotas," by Pedro Espinosa Bravo, from *El viejo de las naranjas* (1960).
Reprinted by permission of Pedro Espinosa Bravo. *(Text credits continue on page 225)*

PREFACE

Encouraged by the continued acceptance of the aims of this anthology by a large number of schools, colleges and universities, the editor has prepared this new edition, in which the principal changes are the increase in the number of Latin American and peninsular authors, and the different selections by such major writers as Borges, Cortázar, Neruda, Luisa Valenzuela, Cela and García Lorca. Of the five poets represented briefly, two have not appeared before: Gabriela Mistral and Miguel Hernández. The book is designed to be used after the acquisition of basic grammar and vocabulary, usually in the third semester of college or in the third or fourth year of secondary school study.

The basic purpose of this new edition remains the same: to provide the student as early as is practicable with intellectually mature and appealing works whose brevity and, in most cases, simplicity of style do not require adaptation, simplification, or abridgement. The editor has always felt that the study or reading of the works of famous authors, like those included here, should enhance language learning at any level, as well as provide a broad perspective of the Hispanic world. Thus the reader will find many facets of the complexity of life of Spanish-speaking peoples, their hopes and frustrations, their beliefs and faith, often in confrontation with a hostile society. Humor combines with satire, tradition with innovation, happiness with loneliness, and above all, the concern for human dignity is patent. As in much of contemporary literature, in more than several stories herein the realities of life fuse smoothly and naturally with unreal people and situations; they represent good examples of magic realism.

In addition to the changes mentioned above, others include new exercises and language drill, and the deletion of a number of selections found in previous editions. Exercises are omitted for the poetry to allow the individual teacher to treat the poems as he or she will. To facilitate and accelerate the student's comprehension of the readings, many words and idioms are supplied at the foot of the page, as well as in the longer end vocabulary. The exercises, which include *cuestionarios* and varied drill of selective points of grammar, idioms, word-building, and comprehension, are designed to have the student review as frequently as possible the authors' language and style. In this edition, an attempt has been made to present the material in order of increasing difficulty rather than in chronological order. The individual teacher will of course use his or her own judgment.

The editor wishes to thank the many people, teachers and students who have made helpful suggestions, and to express his deep appreciation to his wife for her invaluable assistance in the preparation of the manuscript. In particular, the editor would like to thank the following colleagues: Johanna Damgaard Liander, *Harvard University;* John P. Dyson, *Indiana University;* Christina Lambert, *County Collegue of Morris;* Laura R. Loustau; *University of California at Berkeley;* Michael L. Perna, *Hunter College;* Francis B. Rang, *El Camino College;* and Susan Rivera, *University of Oklahoma,* for their insightful reviews.

CONTENTS

A Selection of Prose

A Selection of Poetry

A
Selection
of
Prose

Pío Baroja 1872 - 1956

*J*ust before the turn of the century, a small group of young writers and intellectuals began to make their voices heard as they protested vigorously against the sad state of their country, "**la dolorosa realidad española,**" as Azorín put it. The distinguished writers who probed the country's national weaknesses are referred to as "the Generation of '98," and the most forcefully individualistic among them was the famous novelist and essayist Pío Baroja. Nothing escaped his pessimistic, skeptical, and often bitter observation. His frank appraisals are literally strewn with adjectives like **absurdo, estúpido, imbécil.**

A Basque, Pío Baroja was born in San Sebastián. More than a hundred volumes of novels and essays attest to his amazing literary productivity. In many of these novels Baroja's reaction to the reality of Spain, which he viewed as an absurd chaos, is expressed through the desire for action. Other novels of his are characterized by a good deal of intellectual reflection, such as *Camino de perfección* (1902) and *El árbol de la ciencia* (1911); these are typical of the Generation of '98 in their pessimism and their severe criticism of Spanish society. And yet, as we read *La sombra,* we find it hard to believe that its spiritual and lyrical expression is the work of the same man. He is brusque but sincere, this **pajarraco del individualismo,** as he defined himself.

· From Pío Baroja, *Vidas sombrías.* Reprinted from Pío Baroja, *Obras completas,* Vol. VI (Madrid: Editorial Biblioteca Nueva, 1948).
- big, ugly bird

La sombra

Porque el que se ensalzare será humillado, y el que se humillare será ensalzado[1].
San Mateo, V. XII, C. XXIII

Había salido del hospital el día de Corpus Christi[2], y volvía, envejecida y macilenta,[3] pero ya curada, a casa de su ama[4], a seguir nuevamente su vida miserable, su vida miserable de prostituta. En su rostro, todas las miserias; en su corazón, todas las ignominias.

Ni una idea cruzaba su cerebro; tenía solamente un deseo de acabar, de descansar 5 para siempre sus huesos enfermos. Quizá hubiera preferido morir en aquel hospital inmundo[5], en donde se concrecionaban los detritus del vicio[6], que[7] volver a la vida.

Llevaba en la mano un fardelillo[8] con sus pobres ropas, unos cuantos harapos[9] para adornarse. Sus ojos, acostumbrados a la semioscuridad, estaban turbados por la luz del día.

10 El sol amargo brillaba inexorable en el cielo azul.

De pronto, la mujer se encontró rodeada de gente, y se detuvo a ver la procesión[10] que pasaba por la calle. ¡Hacía tanto tiempo que no la había visto! ¡Allá en el pueblo, cuando era joven y tenía alegría y no era despreciada! ¡Pero aquello estaba tan lejos!...

15 Veía la procesión que pasaba por la calle, cuando un hombre, a quien no molestaba, la insultó y le dio un codazo[11]; otros, que estaban cerca, la llenaron también de improperios[12] y de burlas.

Ella trató de buscar, para responder a los insultos, su antigua sonrisa, y no pudo más que crispar[13] sus labios con una dolorosa mueca[14], y echó a andar con la cabeza 20 baja y los ojos llenos de lágrimas.

En su rostro, todas las miserias; en su corazón, todas las ignominias.

Y el sol amargo brillaba inexorable en el cielo azul.

En la procesión, bajo el sol brillante, lanzaban destellos[15] los mantos de las vírgenes bordados en oro, las cruces de plata[16], las piedras preciosas de los estandartes de

---

[1] Whoever exalts himself will be humbled, and whoever humbles himself will be exalted. (The verbs **ensalzare** and **humillare** are in the future subjunctive, rarely used today.)

[2] Roman Catholic festival in honor of the Eucharist, observed sixty days after Easter.

[3] **envejecida y macilenta** aged and emaciated

[4] **ama** mistress, lady of the house

[5] **inmundo** dirty

[6] **en donde ... del vicio** in which was collected all the decay of vice

[7] **que** than

[8] **fardelillo** little bundle

[9] **harapos** rags

[10] **procesión** religious procession in honor of the Eucharist at the Corpus Christi festival

[11] **codazo** blow with the elbow

[12] **improperios** insults

[13] **crispar** to twitch, to tighten

[14] **dolorosa mueca** pitiful grimace

[15] **lanzaban destellos** sparkled

[16] **cruces de plata** silver (processional) crosses

terciopelo[17]. Y luego venían los sacerdotes con sus casullas[18], los magnates, los guerre- 25
ros de uniformes brillantes, todos los grandes de la tierra, y venían andando al compás de[19] una música majestuosa, rodeados y vigilados[20] por bayonetas y espadas y
sables[21].

Y la mujer trataba de huir; los chicos la seguían, gritando, acosándola[22], y tropezaba y sentía desmayarse[23]; y, herida y destrozada por todos, seguía andando con la 30
cabeza baja y los ojos llenos de lágrimas.

En su rostro, todas las miserias; en su corazón, todas las ignominias.

De repente, la mujer sintió en su alma una dulzura infinita, y se volvió y quedó
deslumbrada[24], y vio luego una sombra blanca y majestuosa que la seguía y que llevaba fuera del pecho el corazón herido y traspasado por espinas[25]. 35

Y la sombra blanca y majestuosa, con la mirada brillante y la sonrisa llena de ironía, contempló a los sacerdotes, a los guerreros, a los magnates, a todos los grandes
de la tierra, y, desviando de ellos la vista[26], y acercándose a la mujer triste, la besó,
con un beso purísimo, en la frente.

---

[17] **estandartes de terciopelo** velvet banners
[18] **casullas** chasubles (the outer vestment of the priest who celebrates the Eucharist)
[19] **al compás de** in time with
[20] **vigilados** watched over
[21] **sables** sabers
[22] **acosar** to harass

[23] **desmayarse** to faint
[24] **deslumbrada** dazzled, bewildered
[25] **traspasado por espinas** pierced with thorns (The reference is to the traditional Roman Catholic image of the Sacred Heart of Jesus.)
[26] **desviando de ellos la vista** turning its eyes from them

DESPUÉS DE LEER

A. Cuestionario.

1. ¿De dónde había salido la mujer?
2. ¿Cómo era?
3. ¿Qué revela su rostro?
4. ¿Qué pasaba por la calle?
5. ¿Qué le hizo un hombre? ¿Por qué?
6. ¿Cómo respondió ella a los insultos?
7. ¿Tenían los chicos piedad de ella?
8. ¿Qué vio de repente?
9. ¿Por qué contempló la sombra con ironía a los de la procesión?
10. ¿Qué le hizo la sombra a la pobre mujer?
11. ¿Quién es esta sombra?
12. ¿Le parece a Ud. que hay una cualidad poética en el estilo de este cuento? ¿Dónde?
13. ¿Por qué es el sol "amargo"?
14. ¿Cuál es el significado de la cita bíblica a la cabeza de este cuento?

B. Comprensión. Corrija las siguientes oraciones falsas.

1. La mujer volvía a seguir su vida miserable.
2. Llevaba en la mano un ejemplar de la Biblia.
3. De pronto la mujer se encontró en la iglesia.
4. Un hombre le dio un ramo de flores.
5. La mujer andaba con la cabeza baja y los ojos llenos de lágrimas.
6. Casi todo el pueblo participaba en la procesión.
7. Sólo los chicos la encontraban simpática.
8. La sombra vino porque hacía demasiado sol.

VOCABULARIO

C. Sinónimos. De la siguiente lista de palabras, escoja un sinónimo para las palabras en negrita *(boldface)* de las oraciones.

cara	ir	viejo	hallarse
cura	ponerse	afrenta	soldado

1. La mujer volvía **envejecida** a casa de su ama.
2. En su **rostro**, todas las miserias.
3. De pronto **se encontró** rodeada de gente.
4. Ella **echó** a andar con la cabeza baja.
5. Luego venían **los sacerdotes** en la procesión.

6. Los **guerreros** llevan uniformes brillantes.
7. **Seguía** andando con la cabeza baja.
8. En su corazón todas las **ignominias**.

REPASO GRAMATICAL

Hacer **in time expressions.** Recall that to express time begun in the past and still continuing in the present, Spanish uses the present tense of **hacer** and of the main verb. If the time begun in the past ceased at a later point in the past, use the imperfect tense of both verbs.

Hace dos años que vive en España.	*He has been living in Spain for two years.*
Hacía dos años que vivía en España.	*He had been living in Spain for two years.*

When the sentence in present time is negative, the verb in the dependent clause may be in either the present or the present perfect tense. In past time, the past perfect (pluperfect) tense is used.

Hace tanto tiempo que ella no lo ve.	*She hasn't seen it for such a long time.*
Hace tanto tiempo que no lo ha visto.	
Hacía tanto tiempo que no lo había visto.	*She hadn't seen it for such a long time.*

D. Entrevista. Conteste con una frase completa en español.

1. ¿Cuánto tiempo hace que usted estudia español?
2. ¿Cuánto tiempo hacía que usted no le había escrito?
3. ¿Cuánto tiempo hace que usted no lo ha visto?
4. ¿Cuánto tiempo hacía que usted no viajaba?
5. ¿Cuánto tiempo hace que están casados sus padres?

E. Traducir. Traduzca las siguientes frases. Algunas pueden tener más de una traducción.

1. The woman had been in the hospital for two years.
2. She had not seen her town for a long time.
3. I have not seen her for two years.
4. My father has been a doctor for twenty years.
5. He had been living in this country for ten years.

Pedro Espinosa Bravo 1934 -

*I*n addition to being a novelist and short story writer, Espinosa Bravo is also editor of a periodical and director of Radio Miramar in Barcelona, where he was born and still lives. He attended the University of Barcelona, pursuing the course of study in law, like so many others in Spain who eventually decided to devote themselves to a career in writing.

By the time he was seventeen years old, he was beginning to publish short stories in literary journals. Two of his books, *Vosotros desde cerca* and *Todos somos accionistas,* received honorable mention for the first Premio Leopoldo Alas and the Premio Libros Plaza, respectively. *La fábrica,* part of a trilogy of short novels, was published in 1959.

Well acquainted with modern novelistic techniques and with the work of such American writers as Hemingway, Steinbeck, Faulkner, Dos Passos, and others, Espinosa Bravo has assumed a respectable position among the vanguard novelists of Spain, and his reputation continues to increase steadily throughout the land. From his collection of short stories, *El viejo de las naranjas* (1960), we have chosen *El limpiabotas,* a story with a delicate, poetic and mysterious tinge to its realistic setting, written in neat and expressive sentences.

El limpiabotas[1]

—¿Limpio[2], señor?

El hombre ha mirado con un poco de curiosidad al limpiabotas.

El limpiabotas no es ni alto, ni bajo, ni joven, ni viejo. Es flaco y rugoso al sol[3]. Lleva una boina[4] sucia y un pitillo[5] —a lo chulo[6]—en la oreja.

El hombre se mira ahora los zapatos. Unos zapatos corrientes[7] y negros, algo polvorientos y cansados. Por fin, va hacia el limpiabotas. Y apoya un pie sobre la banqueta[8].

El limpiabotas se ha dado por aludido[9]. En seguida, esgrime el cepillo[10] en el aire, con una exacta voltereta[11]. Y comienza a tantear el terreno[12].

—¿Le pongo tinte[13]?

—Bueno...

El sol revienta[14] contra la pared que sirve de fondo. Se enrojece en sus ladrillos[15]. Y cae, al fin, suciamente en la acera[16], cerca del limpiabotas. Es esa hora de la tarde en la que el sol empieza a tener importancia.

El limpiabotas sigue arrodillado frente al cliente.

Le ha mirado de manera furtiva. Y:

—Bonito sol, ¿eh?

—Bonito...

—Aquí, en esta esquina, siempre da[17] el sol. Es una suerte. Hay mucha luz...

—Sí.

El limpiabotas se ha dado cuenta de que molestaba. Y no continúa. Se limita a cepillar con más fuerza y rapidez. Se cala[18] otro poco la boina. Oscura, gastada[19], irónica. Y aplasta[20] los labios con desprecio.

Ha pasado una mujer. Alta y provocativa como el vino. Contonea[21] ligeramente. El limpiabotas:

—¡Anda[22]!; ya...

---

[1] **limpiabotas** shoeshine boy or man
[2] **limpio** shine
[3] **rugoso al sol** wrinkled by the sun
[4] **boina** beret
[5] **pitillo** cigarette
[6] **a lo chulo** like a chulo (flashy, affected fellow in the lower classes of Madrid)
[7] **corriente** common, ordinary
[8] **banqueta** stool
[9] **se ha dado por aludido** saw that he had a customer
[10] **esgrimir el cepillo** to wield or brandish the brush
[11] **voltereta** circular motion

[12] **tantear el terreno** to size up the terrain (i.e., the shoe)
[13] **tinte** polish
[14] **reventar** to smash, to burst
[15] **ladrillo** brick
[16] **acera** sidewalk
[17] **dar** (here) to shine
[18] **calar** to pull down
[19] **gastada** worn
[20] **aplastar** to flatten
[21] **contonear** to strut
[22] **¡Anda!** Wow!

(Aquí una retahila[23] de palabras inconfundibles e inescuchables[24].)

—¡Anda, qué mujer!

El hombre parece más alto desde el suelo. No es joven, desde luego[25]. Pero tiene
30   el pelo negro y profundo. Aún sigue sin hablarle, sin inmutarse[26]. Mira hacia lo
lejos, hacia el final de la calle, hacia el final de alguna parte, con una seriedad respe-
table. Quizá, por eso, el limpiabotas ha decidido callar de nuevo. Y continúa sacan-
do brillo[27] a la piel arrugada del zapato.

Por cierto, ya ha terminado. Lo mira satisfecho. Con orgullo de artista. Y solicita
35   el otro pie al cliente.

—Estos zapatos... Estos zapatos han andado ya mucho...¡Buenos zapatos!, ¿eh?...

—Desde luego.

—Va a quedar como charol[28].

—Eso espero.

40   De repente, el limpiabotas observa fijo el zapato, con un gesto contrariado[29],
firme.

—¿Oiga?...

El hombre sigue sin hacerle caso. Sigue mirando lejos, indiferente. Tiene los ojos
despreocupados[30] y grises y una extraña sonrisa involuntaria.

45   —Perdone, señor... sus zapatos están manchados.

—¿De veras?

—Sí.

El limpiabotas los tiñe afanosamente[31]. Hay una mancha de un rojo pardo[32]
cerca de los cordones. Parece sangre. El limpiabotas ha asombrado[33] los ojos con
50   mucha intriga[34].

—No se va.... Parece sangre. ¡Es raro que no se vaya!..

—¿A ver?

—¡Qué extraño!..

—Déjeme ver.

55   El hombre se ha mirado el zapato. Para hacerlo, tiene que levantar cómicamente
la rodilla. Al fin, con sorpresa:

—¿Dónde?

—Cerca del cordón.

—No veo nada... ¡Oiga! ¿me está tomando el pelo[35]?

60   —Señor, yo...

---

[23] **retahila** string, stream
[24] **inconfundibles e inescuchables** unmistakable and unmentionable
[25] **desde luego** evidently
[26] **inmutarse** to change (countenance)
[27] **sacar brillo** a to shine, to get a shine our of
[28] **charol** patent leather
[29] **contrariado** vexed, upset
[30] **despreocupado** distinterested
[31] **los tiñe afanosamente** polishes them painstakingly
[32] **rojo pardo** reddish brown
[33] **asombrar** to shade
[34] **con mucha intriga** in amazement
[35] **tomar el pelo** to make fun of, to kid

Ahora, el limpiabotas ha reprimido una exclamación. La mancha ha desapareci-
do, casi tan misteriosamente como llegó.

—¡Le aseguro!..

—¡Limpie y déjese de cuentos[36]!

—Sí, sí ...

Otra vez, el limpiabotas se inclina reverente hacia el zapato. Lo cepilla con fruición[37]. Parece como si estuviese rezando. En sus ojos hay un poco de sorpresa, de
incomprensión.

El zapato tiene personalidad propia. Con arrugas simétricas y afiladas, parece algo
vivo, caliente. Sin embargo, el limpiabotas no se fija en eso. Está muy azorado[38].
Cepilla sin rechistar[39].

Descuelga el pitillo de la oreja. Aplastado, vulgar. Lo enciende con preocupación.

Mientras, el hombre ha vuelto a alejar la mirada. Sigue tranquilo. Sonríe aún
involuntariamente.

El limpiabotas aseguraría que la calle ha quedado vacía y solemne. Casi silencio-
sa. Con un silencio extraño y terrible. Pero no se atreve a comentarlo.

Por fin, ha concluido. Ha tardado más con este zapato. Le ha nacido, de repente,
un cariño inexplicable por él. Es una mezcla de compasión y miedo. No sabe a ciencia cierta[40] por qué, ni cómo.

Con indiferencia, el hombre busca la cartera. Le paga.

—¡Gracias, señor!

El hombre mira a un lado y a otro, con cierta indecisión. Al fin, va hacia el
bordillo[41].

Antes de que baje a la calzada[42], el limpiabotas ha visto de nuevo la mancha.
Parduzca, desparramada[43]. Y, ahora, brillante como los mismos zapatos. Va a decir
algo. Levanta el brazo y señala. Pero, de súbito, un coche dobla a gran velocidad la
esquina, y embiste[44] rabiosamente a aquel hombre.

Se ha oído un frenazo[45], un golpe tremendo...

El coche desaparece a la misma velocidad.

Todo ha sucedido en un momento. La calzada se está manchando de sangre. Es
un rojo intensísimo y vivo, como el de los ladrillos al sol. El hombre yace de bruces[46]
contra el suelo.

El limpiabotas no ha dicho nada. No puede decir nada. Sólo se ha sentado anárquicamente[47] sobre la banqueta.

Pronto, un grupo de gente rodea a la víctima.

[36] **déjese de cuentos** enough of this nonsense
[37] **fruición** enjoyment
[38] **azorar** to excite
39 **rechistar** to speak, to say a word
[40] **a ciencia cierta** with certainty, for sure
[41] **bordillo** curb
[42] **calzada** road, street
[43] **parduzca, desparramada** light brown, spreading
[44] **embestir** to hit, to strike
[45] **frenazo** squealing of brakes
[46] **yace de bruces** is lying face down
[47] **anárquicamente** numbly

—¡Estos coches, Dios mío, estos coches!...
—¿Qué sucede?
—¡Pobre hombre!
—¡Un atropello[48]!
100   —¿Quién es?
—¡Desgraciado!

El limpiabotas ha quedado sentado en la banqueta. Sin fuerza, sin voluntad para evitarlo. Se descubre lenta y respetuosamente. Estrecha la boina con un gesto desconcertado entre sus manos. Y piensa. Tiene la mirada lejana. Hacia el final de la
105   calle. Hacia el final de alguna parte.

Y el sol continúa reventando contra la pared. Se enrojece en los ladrillos, como sangre. Es esa hora de la tarde en la que el sol empieza a tener importancia.

---

[48] **atropello** collision *Cf.* **atropellar** to knock down,
   to run over

DESPUÉS DE LEER

A. Cuestionario.

1. ¿Dónde y a qué hora tiene lugar esta escena?
2. ¿Tendrá la hora, repetida varias veces, alguna importancia?
3. Describa usted a cada uno de los dos hombres.
4. ¿Cómo es la comversación de los dos?
5. ¿Le parece a Ud. típica la reacción del limpiabotas al ver pasar a la mujer?
6. ¿Qué le sorprende de repente al limpiabotas?
7. ¿Por qué se enfada el hombre?
8. ¿Qué es lo misterioso de la mancha en el zapato?
9. Describa la calle antes y después del accidente.
10. ¿Cuál es el simbolismo de la mancha de sangre?
11. ¿Es posible que el atropello fuese un accidente, causado por el sol? ¿Un acto delibe-rado? ¿Un acto predestinado?
12. ¿Qué le da al cuento una cualidad de irreal?

VOCABULARIO

B. Sinónimos. De la siguiente lista, escoja un sinónimo para las palabras en negrita de las frases.

a ciencia cierta	de súbito	descubrirse
pitillo	fijarse en	por cierto
de nuevo	solicitar	embestir
mirar hacia lo lejos	lápiz	preguntar

1. **Se quita la boina** respetuosamente.
2. Le ha nacido, **de repente**, un cariño por el zapato.
3. No sabe **de seguro** por qué, ni cómo.
4. Tiene un **cigarrillo** en la oreja.
5. El hombre no **puso atención** en la mancha.
6. El hombre no es joven, **desde luego**.
7. El limpiabotas ha decidido callar **otra vez**.
8. Al terminar un zapato, el limpiabotas **pide** el otro pie al cliente.
9. El coche dobla la esquina y **choca con** aquel hombre.
10. Mientras, el hombre ha vuelto a **alejar la mirada**.

REPASO GRAMATICAL

Adverbs

Most adverbs of manner are formed by adding -**mente** to the feminine singular form of the adjective. The adverb retains the original accent mark (**rápido, rápidamente**).

When two or more of these adverbs in -**mente** modify the same word, -**mente** is omitted from all but the last; the preceding adverbs remain in the feminine singular (see the third example below).

Examples from the text:

> **suciamente (sucio)**
> **misteriosamente (misterioso)**
> **Se descubre lenta y respetuosamente**

C. Supply the adverbs of the adjectives in parentheses in the following sentences:

1. (cómico) Tiene que levantar _____ la rodilla.
2. (tranquilo, involuntario) Sigue sonriendo _____ y aun _____
3. (loco) Mi hermana está _____ enamorada de un torero.
4. (rabioso) Un coche embiste _____ a aquel hombre.
5. (cortés, frío) Su padre me trata _____ pero _____
6. (anárquico) Sólo se ha sentado _____ sobre la banqueta.
7. (triste, profundo) Ha sido _____ y _____ afectado por la muerte del hombre.

Common meanings of *mismo* and *propio*

Mismo means: (1) (*the*) same (preceding the noun), (2) *himself, herself,* etc., with the noun (placed after, but also frequently before, the noun), (3) emphatic -*self* with subject and object pronouns, and (4) *very.*

Example from the text:

brillante como los mismos zapatos   *gleaming like the shoes themselves*

Other examples:

Leemos la misma novela.	*We are reading the same novel.*
Me lo dio el rey mismo.	*The king himself gave it to me.*
Ellos mismos lo hicieron.	*They did it thcmselves.*
Se lo mandé a ella misma.	*I sent it to her (herself).*
Viven en el mismo centro de Madrid.	*They live in the very center of Madrid.*

Propio means 1) *one's own,* 2) *characteristic, typical, peculiar to,* 3) *appropriate, suitable,* 4) *very, exact, precise,* 5) *himself,* etc.

Example from text:

El zapato tiene personalidad propia.   *The shoe has a personality of its own.*

Other examples:

mi propia casa	*my own house*
Es su propio pelo.	*It's her own hair.*
Eso es muy propio de ella.	*That is very typical of her.*
Ésas fueron sus propias palabras.	*Those were his very words.*
Me lo dijo el propio rey.	*The king himself told me.*

D. Traducir. Traduzca las siguientes frases. Algunas pueden tener más de una traducción.

1. Es muy propio de él marcharse sin despedirse.
2. El autor mismo ha firmado esta carta.
3. Fue muerto por mis propias manos.
4. El autobús para en su misma calle.
5. Ese traje no es propio para ir al teatro.
6. Lo haré yo mismo.
7. El ministro fue asesinado por el propio dictador.
8. Entiendo este poema porque el mismo poeta me lo ha explicado.
9. El ladrón fue condenado por su propia confesión.
10. Murió en casa propia.

Mercedes Salisachs 1916 -

Among the women writers who figure so prominently in the revival of the Spanish novel in the post-Civil War period, such as Ana María Matute (in this anthology), Mercedes Salisachs is one of the most prolific and well known. Born in Barcelona, she attended a religious school, and later took courses in commerce and mercantilism before marrying at the age of eighteen. After an early novel in 1940, she did not publish another until 1955. Her output of some twenty novels and several collections of short stories since then is truly remarkable.

In her work, Mercedes Salisachs follows the prevailing novelistic tendencies of the past thirty years, from social realism *(Una mujer llega al pueblo* (1956), translated into seven languages), to the religious theme, and to introspective analysis in, for example, *La gangrena* (1975), her best known novel. This long work was awarded the prestigious Premio Planeta and has become a best seller, having gone through more than twenty-six printings. Through the device of the protagonist's self-analysis while in prison, the author presents a devastating picture of society—the bourgeois class of the preceding forty years—corrupted by the gangrene of power and money.

Mercedes Salisachs has also traveled widely and lectured throughout Spain, as well as in France, England, Russia, and in many universities of this country. The story that follows is from the collection *Pasos conocidos* (1957).* This time the author shows what can happen when three gossipy friends forget about the young son of one of them.

---

* Barcelona, Spain: Editorial Pareja y Borrás.

El niño del Café de la Paix

Entraron en el local tres francesas (sombrero obligatorio, pelo cano[1], nariz sin empolvar, peto de encaje) y un niño.

Era rubio, ojos rasgados y cara pecosa[2].

Se sentaron los cuatro a una mesa. El niño de espaldas a[3] la entrada. Frente a él sólo había tres o cuatro mesas de señoras tomando el té.

Era la hora del encuentro femenino, de las discusiones domésticas, de las quejas contra el sexo contrario.

A las mujeres les gusta mucho tener una hora fija para cumplir su tarea de chismosas[4], y amenizar[5] esa tarea con pastelillos, té, o chocolate.

En aquella mesa cumplían fielmente su misión: Hablaban de lo caras que[6] se habían puesto las cosas, de lo importante que resulta mantener la estabilidad de un hogar para la sociedad civilizada, de las sirvientas españolas y de lo mucho que había crecido Pierre.

Pierre las escuchaba con aire musarañico[7] entre dormido y fastidiado. Se notaba que sus diez o doce años soportaban mal el entusiasmo verbal de aquellas tres mujeres. Poco a poco un aburrimiento plúmbeo[8] iba acumulándose en él. De vez en cuando miraba al techo, bostezaba[9] y volvía a hundirse en su aburrimiento.

Era extraño verlo tan resignado a aquel aburrimiento suyo, acariciante[10], viscoso e ineludible. Podría decirse que se dejaba acoger por él[11] como si lo hinoptizase.

Pasó un cuarto de hora; trajeron el servicio: teteras[12], chocolateras, tazas, pasteles, tostadas, mermeladas... y el niño seguía dócilmente asido a su aburrimiento.

Comía silenciosamente mientras las tres mujeres hablaban, hablaban...

La sala entera se fundía ahora en[13] un murmullo vago, cálido y cordial de voces femeninas mezcladas al tintineo[14] de las cucharillas, a los pasos de las sirvientas y al rastrear[15] de objetos.

Era un murmullo internacional, común a todos los salones de té alfombrados y de buena reputación.

---

[1] **pelo cano... encaje** gray hair, unpowdered nose, lace jabot (pleated cloth decorating the front of a blouse or dress)

[2] **ojos... pecosa** wide eyes and freckled face

[3] **de espaldas a** with his back to

[4] **cumplir... chismosas** to carry out their routine of gossiping

[5] **amenizar** to make pleasant

[6] **de lo caras que** how expensive

[7] **musarañico** indifferent, vacant

[8] **aburrimiento plúmbeo** a leaden boredom

[9] **bostezar** to yawn

[10] **acariciante... ineludible** caressing, sticky, and inescapable

[11] **acoger por él** to be absorbed in it (the boredom)

[12] **teteras** teapots

[13] **se fundía... en** now melted into

[14] **tintineo** tinkling

[15] **el rastrear** the moving

En aquella mesa, a medida que[16] las tazas y los platos se vaciaban, el murmullo iba creciendo. También el aburrimiento de Pierre. Nunca un aburrimiento ha sido más visible que aquél. Nunca un aburrimiento ha tenido mayor cuerpo ni ha podido superar su aspecto arrollador[17].

Tan grande se hizo, que empezó a emanciparse del niño. Se colocaba aquí, allí, en cualquier objeto. Era ya como si toda la sala se hubiese invadido de aburrimiento. Y las tres mujeres, hablaban, hablaban...

La mirada de Pierre cambió de expresión. Sus ojos de niño "cansado" se convirtieron en ojos de niño furioso.

Empezó a observar minuciosamente a las tres mujeres. Se fijó en todos los detalles: Vio las partículas de espuma[18] que se acumulaban en las comisuras[19] de sus labios, vio el gesto de una de ellas cuando pronunciaba la palabra "indecente," vio las pecas[20] de las manos, sus venas y sus tendones. Vio los meñiques[21] levantados cuando sostenían las tazas. Y las sonrisas falsas cuando se alababan[22] mutuamente. Y los ceños cuando censuraban[23]. Y la displicencia[24] de los ojos cuando hablaban de arte moderno...

El desastre se avecinaba[25]. Sin darse cuenta, aquellas tres mujeres iban elaborándolo minuciosamente. Hubiera sido inútil advertirles: "Cuidadito: la paciencia de Pierre está llegando a su límite." La mayoría de las gentes no cree en los límites y menos en los de la paciencia. Hubieran contestado sin duda: "Los niños no tienen derecho a protestar. Los niños tienen la obligación de resignarse a su aburrimiento. Para algo son niños. Para algo son ágiles y alegres, y tienen una vida por delante."

La lluvia empezaba a aliarse al aburrimiento. Caía más allá de los ventanales, insistente, monótona, siseante[26]. Aburrimiento y lluvia compaginaban[27] ya a la perfección.

Las mujeres, tras la merienda[28], se habían vuelto más eufóricas. Ninguna de las tres escuchaba lo que decía la otra. Hablaba cada una de "sus" problemas, de "sus" teorías, de "sus" gustos... Reían "sus" propias ocurrencias[29] y se argumentaban a sí mismas.

El silencio no llegaba. El silencio era algo legendario en total desacuerdo con el aburrimiento.

El niño ya no era niño: Se le habían puesto facciones de viejo[30]. Sus pecas parecían surcos[31], sus ojillos tenían cercos[32], su pelo rubio parecía blanco.

---

[16] **a medida que** as
[17] **superar... arrollador** surpass its devastating aspect
[18] **partículas de espuma** particles of foam
[19] **las comisuras** the edges
[20] **pecas** freckles
[21] **los meñiques** their little fingers
[22] **alabar** to praise
[23] **los ceños... censuraban** their frowns when they criticized
[24] **la displicencia** the disapproval

[25] **se avecinaba** was about to happen
[26] **siseante** hissing
[27] **compaginaban** came together
[28] **merienda** snack
[29] **ocurrencias** witticisms
[30] **Se le habían... viejo** He had taken on the look of an old man.
[31] **surcos** wrinkles
[32] **cercos** circles

Tenía las manos crispadas sobre el mantel[33]. Eran peligrosas. Parecía extraño que ninguna de aquellas tres mujeres comprendiese el peligro que encerraban aquellas manos.

Y el desastre estaba ya cerca, muy cerca. Nadie hubiese podido evitarlo.

Ocurrió a la velocidad de un parpadeo[34].   65

Hubo un estruendo[35]. Las mujeres se pusieron rápidamente en pie. Sin discusiones, sin comentarios de ninguna especie. Los labios abiertos.

La mesa desnuda.

En todos los ojos, estupor. Las mejillas, blancas. Los sombreros, ladeados[36].

En la alfombra un revoltijo de loza hecha añicos[37]: Terrones[38] de azúcar simula-   70
ban barricadas. Las faldas chorreaban[39] té y chocolate. La mermelada de fresa[40] parecía un río de sangre.

Cuando las mujeres gritaron, el niño todavía ondeaba[41] el mantel con aire triunfante.

Acudió un enjambre[42] de camareras. Se oyeron exclamaciones incongruentes,   75
impropias[43] de los salones de té, se oyeron risas...

Las mujeres amenazaron, increparon[44], insultaron... El niño fue zarandeado, zurrado, sacudido[45]... Le vaticinaron[46] castigos. Le pusieron rápidamente el abrigo y lo sacaron de allá.

A pesar de todo, iba sonriendo, como sonríen los niños.   80

---

[33] **crispadas sobre el mantel** twitching on the tablecloth
[34] **parpadeo** blink of an eye
[35] **estruendo** crash
[36] **ladeados** askew
[37] **un revoltijo...añicos** china (**loza**) smashed to smithereens
[38] **Terrones** Lumps
[39] **chorreaban** dripped

[40] **fresa** strawberry
[41] **ondear** to wave
[42] **Acudió un enjambre** A swarm (of waitresses) rushed up
[43] **impropias de** unsuitable for
[44] **increparon** they rebuked
[45] **zarandeado, zurrado, sacudido** shoved, spanked, shaken
[46] **Le vaticinaron** They promised him

DESPUÉS DE LEER

A. Cuestionario.

1. ¿En qué tipo de local entraron las tres mujeres?
2. ¿Para qué fueron allá? ¿De qué suelen (**soler**) hablar cuando van?
3. ¿Cómo se manifiesta primero el aburrimiento del niño?
4. ¿Le hacen caso las mujeres? ¿Por qué?
5. ¿Cómo indica la autora que el aburrimiento va creciendo rápidamente?
6. ¿Qué empieza Pierre a observar minuciosamente?
7. El niño se transforma en algo así como el Dr. Jeckyll en Mr. Hyde. ¿Cómo y por qué?
8. ¿Qué desastre ocurrió "a la velocidad de un parpadeo"?
9. Al fin, las mujeres sí que hacen caso al niño. ¿Qué hacen?
10. La exageración se utiliza para el efecto cómico. Señale Ud. algunos ejemplos.
11. ¿Cómo caracterizaría Ud. a estas mujeres?
12. ¿Está Ud. de acuerdo en que "los niños no tienen derecho a protestar"?

B. Repaso del texto. De las tres posibilidades entre paréntesis, seleccione la palabra apropiada según el cuento.

1. Había tres o cuatro mesas de señoras tomando el té y _____. (riñendo, riendo, chismorreando).
2. Poco a poco un _____ iba acumulándose en el niño. (dolor, aburrimiento, odio)
3. Pierre las escuchaba con aire _____. (fastidiado, curioso, satisfecho)
4. La sala entera se fundía ahora en _____ internacional. (un murmullo, una melancolía, un incidente)
5. Los ojos del niño "cansado" ahora se convirtieron en ojos de niño _____ . (obediente, alegre, furioso)
6. El desastre se acercaba. La _____ de Pierre llegaba a su límite. (paciencia, energía, distracción)
7. _____ empezaba a aliarse al aburrimiento. (La rebelión, la lluvia, la camarera)
8. Las mujeres no _____ ni por un momento. (se quejaban, se callaban, se reñían)
9. En la alfombra _____ parecía un río de sangre. (la sangría, la mermelada de fresa, el vino)
10. Las mujeres _____ al niño. (amenazaron, acariciaron, besaron).

REPASO GRAMATICAL

Lo _____ que

The neuter article **lo** is used with an adjective or an adverb and **que** to indicate extent or degree. It corresponds to the English *how,* but not in an exclamation or a *direct* question. The adjective agrees in gender and number with the noun it refers to.

Examples from the text:

Hablaban de lo caras que se habían pues-   *They spoke of how expensive things had*
to las cosas.   *become.*

(Note the agreement of **caras** with cosas.)

Hablaban de lo mucho que había crecido   *They spoke of how much Pierre had grown.*
Pierre.

C. Traducir. Traduzca las palabras entre paréntesis:

1. No te das cuenta de (how easy) _____ es.
2. ¿(How do you know) _____ que yo soy americano?
3. ¿Ves (how obedient) _____ están mis hijos?
4. No sabe usted (how delicious) _____ son estas peras.
5. ¡(How bored) _____ está Pierre!
6. Me dice (how happy we would be) _____ si nos casáramos.
7. ¿(How did he learn) _____ que ellas son francesas?
8. Nunca deja de hablar de (how good) _____ está mi sopa.

Antes de traducir las frases, haga un repaso de las siguientes expresiones y reglas gramaticales:

de vez en cuando	*from time to time*
volver a + inf.	*to (do something) again*
convertirse en	*to become*
darse cuenta de	*to realize*
a pesar de	*in spite of*
como si + *past subjunctive*	*as if*
(es extraño que) + *subjunctive*	*Impersonal expressions + subj.*

D. Traducir. Traduzca las siguientes frases.

1. Do you realize how boring those women are?
2. From time to time the child looked at the people and sank (**hundirse**) again into his boredom.
3. It was inevitable that he would become a monster for a moment.
4. In spite of what he did, Pierre left the café as if nothing had happened.
5. Parents should know how important it is to think of (**en**) their children now and then.

Camilo José Cela 1916-

*I*n 1942, post Civil War Spanish letters received a badly needed shot in the arm with the appearance of a "tremendous" novel, *La familia de Pascual Duarte,* by a young writer named Camilo José Cela, born in Galicia in 1916. Today he is generally acknowledged to be Spain's foremost novelist. The harshly realistic story of Pascual Duarte established the controversial reputation of its author as well as the vogue of the **tremendista** novel: realism characterized by physical and spiritual violence, directness of style, and such common themes as anguish, despair, pessimism, loneliness.

Since then, Cela has written excellent books of short stories, lyrical accounts of his many travels throughout Spain, and many other novels, the most prominent of which still is *La colmena* (The Hive), (1951). Imitating a technique used by others (e.g., John Dos Passos), Cela presents his bitter "slice of life" in a series of short but powerfully precise vignettes, or candid-camera shots. Among the many awards that Cela has received, the most prestigious one was the Nobel Prize for Literature in 1989.

A kind of *enfant terrible* of contemporary Spanish literature, Cela is aggressive, egotistic, experimental, independent. His individualism and the boldness and vigor of his style remind us very much of Pío Baroja, whom he greatly admired. Cela's language and characters are not restricted by convention; indeed, he does not hesitate to bend reality to caricature and the grotesque. His humor is ironic. His tone is often mocking, sometimes bitter, but not without compassion, as you will see in the story that follows.

Claudito, el espantapájaros[1]

NOVELA

NOTA

Por un error puramente casual, esta novela apareció anunciada, en su primera edición, de una manera distinta[2] a la verdadera. Donde se leía: "Don Abundio y el espantapájaros" debiera haberse leído[3], como hoy se lee: "Claudito, el Espantapájaros", que es el título originario y primitivo de esta dulce historia de Navidad, concebida para ser comentada al amor de la lumbre[4].   5

Don Abundio es un tio de nuestro personaje; pero esta razón no puede considerarse como suficiente para llevar su nombre a la cabecera[5] de este trabajito. Hombre desleal[6], de pocos amigos, y que no nos inspira ninguna confianza, no queremos contribuir a darle aire[7], y, a pesar del anuncio, retiramos su nombre del título. Claudito, en cambio, ya es otro cantar[8]. Claudito es un tonto crecido[9]...   10

CAPÍTULO I

Era la Nochebuena[10]. Sobre el paisaje nevado[11], Claudito, que era un tonto crecido y con cara de mirlo[12], se dedicaba a pasear, para arriba y para abajo, tocando en su ocarina los tristes, los amargos valses de las fiestas de familia, esas fiestas presididas[13], siempre por el pertinaz recuerdo de aquel hijo muerto en la flor de su   15
juventud.

Claudito, calado hasta los huesos[14], con una gota color marfil colgada de la nariz, soplaba[15], en su ocarina el Good night o el Vals de las velas, mientras sus manos, rojas de sabañones[16], malvolaban[17] sobre los agujeritos[18], por donde salían las notas y el viento.   20

Detrás de los visillos[19], Clementina, su viejo y platónico amor, lloraba furtivas lágrimas de compasión.

---

[1] **Espantapájaros** scarecrow
[2] **distinta a** different from
[3] **debiera haberse leído** it should have read
[4] **al amor de la lumbre** by the fireside
[5] **cabecera** beginning, head of (cf. **cabeza**)
[6] **desleal** disloyal, traitorous
[7] **aire** (here) importance, prestige
[8] **otro cantar** another story, horse of a different color
[9] **crecido** full-fledged

[10] **Nochebuena** Christmas Eve
[11] **nevado** snow-covered
[12] **mirlo** blackbird
[13] **presididas** governed, overshadowed
[14] **calado hasta los huesos** soaked to the skin
[15] **soplar** to blow
[16] **sabañones** chilblains
[17] **malvolaban** moved clumsily
[18] **agujeritos** little holes (of the ocarina)
[19] **visillos** curtains

CAPÍTULO II

Don Abundio Hogdson (esta historia no es española, sino neworleansiana), el padre de Clementina y tío carnal[20] de Claudito, sorprendió el amoroso espiar[21] de la hija.

—Pero Clementina, ¡a tus años!

—¡Papá!

—¡Sí hija, yo soy tu papá, aunque tu abuelito siempre decía que no había más nietos seguros que los hijos de las hijas. ¿Por qué me das estos disgustos? Yo creo, hija mía, que no me merezco este despiadado[22] trato. ¿Por qué no me dejas de mirar[23] ya Claudito?

Clementina suspiró, mientras arreciaba[24] la nevada y el soplar del primo tonto.

—Es que el corazón...

—Sí, Clementina; ya lo sé. Pero dominando los locos raptos[25] del corazón deben prevalecer siempre los convenientes raciocinios[26] del cerebro.

Clementina estaba ahogada por el llanto.

—Ya me hago cargo[27], papá; pero...

—Pero, ¿qué, hijita? ¿Qué duda puede aún caber[28] en esa cabecita loca?

Don Abundio Hogdson, propietario del restorán "La digestiva Lubina Cuáquera[29]", cambió el tono de su voz:

—Y además, hija, ¿tú no sabes que los hijos de primos —Clementina, con las mejillas arreboladas[30], bajó la vista—, tú no sabes que los hijos de primos, aunque ninguno de los dos sea tonto, suelen salir algo tontos?

CAPÍTULO III

Mi muy querido e imposible corazón:

Renuncio a ser tuya jamás[31]. Sé bien que esta decisión me puede acarrear[32] la muerte, pero no me importa: a todo estoy decidida. Debo sacrificarme y lo hago. No me pidas que te explique nada: no podría hacerlo. Reza por mí.

Adiós, vida. Adiós, buenas tardes. Que la vida te colme[33] de dichas. Que seas muy feliz sin mí. Si no soy tuya, te juro que tampoco seré de nadie. Recuerda siempre a tu desgraciada,

Clementina

—¡Qué tía[34]! —exclamó Claudito—. ¡Qué cartas escribe! ¡Y parecía tonta!

---

[20] **tío carnal** "blood" uncle
[21] **espiar** to spy (with **el**, spying)
[22] **despiadado** cruel
[23] **mirar para** concern yourself with
[24] **arreciaba** grew stronger
[25] **rapto** rapture, ecstasy
[26] **convenientes raciocinios** beneficial reasoning
[27] **hacerse cargo** to make oneself responsible for

[28] **caber** (here) to remain, to be
[29] **La digestiva Lubina Cuáquera** "The Quaker Haddock Cafe"
[30] **mejillas arreboladas** red cheeks, blushing
[31] **jamás** forever
[32] **acarrear** to cause
[33] **Que...colme** May...fill
[34] **tía** woman

CAPÍTULO IV

Por el campo cubierto por el blanco sudario[35] de la nieve, etc., Claudito echó a andar en compañía de su ocarina.

Llegando que hubo[36] a una pradera... Vamos[37], queremos decir: en cuanto llegó a una pradera se puso en pie[38], como una cigüeña[39], y se dijo: "Los pajarillos del cielo vendrán a reconfortar mis flacos ánimos."[40]

Pero los pajarillos del cielo, al verlo, echaron a volar despavoridos.

—¡Un espantapájaros mecánico! —se decían unos a otros los pajarillos de New Orleáns—. ¡Un espantapájaros filarmónico!

CAPÍTULO V

Claudito, el espantapájaros, fue durante unos días el héroe local de su pueblo.

—Pero, ¡hombre, Claudito! ¿Cómo se te ocurrió ir a tocarles el Good night a los gorriones?

—Pues, ¡ya ves!...

—Pero, ¿y no tenías frío?

—Sí, algo...

—¡Claro, hombre, claro! Oye: nos han dicho que te cogieron tieso[41] sobre una pata, como las grullas[42]. ¿Es verdad eso?

—Pues sí...

—¿Y por qué te pusiste sobre una pata?

—Pues, ¡ya ves...!

Clementina, en el fondo de su corazón, estaba orgullosa del proceder[43] de Claudito.

Fuera, la nieve caía mansamenente.

---

[35] **sudario** shroud
[36] **Llegado que hubo** Arrived as he had
[37] **Vamos** Well, all right
[38] **ponerse en pie** to stand up (here) on one foot
[39] **cigüeña** stork

[40] **flacos ánimos** weak spirits
[41] **te cogieron tieso** they found you stiff
[42] **grullas** cranes
[43] **proceder** the action

DESPUÉS DE LEER

A. Cuestionario.

1. ¿Quién es don Abundio? ¿Por qué se retiró su nombre del título?
2. ¿Cómo demuestra Claudito que es "un tonto crecido"?
3. ¿Considera Ud. esta historia buena "para ser comentada al amor de la lumbre", o es la frase irónica?
4. ¿Qué disgustos le da Clementina a su padre?
5. ¿Le parece a Ud. lógico que ella esté enamorada de "un tonto crecido"?
6. ¿Por qué decidió Clementina escribir la carta?
7. ¿Cómo es el tono de la carta? ¿Le parece inverosímil *(implausible)* en este cuento?
8. ¿Por qué se puso en pie Claudito al llegar a la pradera?
9. ¿Cómo se hizo Claudito el héroe de su pueblo?
10. Señale *(point out)* ejemplos del tono con el que está escrito el cuento.

B. Comprensión. Indique cuáles de las siguientes frases son falsas, y corríjalas.

1. El estilo del cuento no es típico del autor. (Véase la introducción.)
2. El cuento tiene lugar en febrero, en el sur del país.
3. Según don Abundio, los hijos de primos suelen salir algo tontos.
4. Claudito se dedicaba a tocar valses alegres para Clementina.
5. Clementina no hace caso a su padre.
6. Ella jura que si no es de Claudito, no será de nadie.
7. Don Abundio dice que Clementina debe comportarse *(behave)* según la razón, y no el corazón.
8. Don Abundio es profesor en el colegio del pueblo.
9. La carta de Clementina es típica de una heroína trágica.
10. Claudito toca la ocarina en la orquesta filarmónica de New Orleans.

VOCABULARIO

C. Para las palabras subrayadas de las frases, escoja un sinónimo de la lista siguiente.

cruel	estar	acostumbrar	cesar	controlar
antiguo	llanura	creencia	desafortunada	desagradable

1. Es el título **primitivo** de esta dulce historia.
2. Don Abundio no nos inspira ninguna **confianza.**
3. Claudito tocaba los **amargos** valses de las fiestas de familia.
4. No merezco este **despiadado** trato.
5. ¿Por qué no **dejas** de mirar para Claudito?
6. Hay que **dominar** los locos raptos del corazón.
7. ¿Qué duda puede aún **caber** en esta cabecita?
8. ¿No sabes que los hijos de primos **suelen** salir tontos?
9. Claudito, recuerda siempre a tu **desgraciada.**
10. En cuanto llegó a una **pradera** se puso en pie.

D. Traducir. Observe las expresiones siguientes sacadas del cuento, y traduzca las frases que van a continuación.

echar a + infinitive	dejar de + infinitive
querer decir	en cambio
tener frío	a pesar de

1. What a fool! He didn't stop playing his ocarina in spite of the cold.
2. Claudito, I must sacrifice myself. May life be happy for you without me.
3. On the other hand, the little birds started to fly when they saw Claudito.
4. Do you mean that you were not cold in the meadow?
5. I want you to put this idea in your crazy little head: You will never marry your cousin.
6. It was Christmas Eve and the countryside was covered with snow.
7. I don't think that Cela is cruel in spite of his tone; if he ceases to use irony he won't be Cela.

Ana María Matute 1926-

Quite a few women writers have joined such male novelists as Camilo José Cela and Miguel Delibes (in this anthology) in bringing the novel in Spain back to a place of literary prominence from its decline in the 1930s. Leading this group is Ana María Matute. A native of Barcelona, Matute belongs to the generation of writers who were children at the outbreak of the Spanish Civil War (1936–1939), which serves as background for many of her major works.

Ana María Matute first came into prominence at the age of twenty-two with her novel *Los Abel* (1948), which deals with one of her recurrent themes: the ambivalence of love and hate in human relationship. Her literary production since then has been prolific and impressive: some fifteen novels, many short novels, and numerous short stories. She has been awarded a large number of important prizes, including the coveted Premio Nadal in 1960 for *Primera memoria.*

A woman of extraordinary sensitivity, Ana María Matute seeks and finds in her works the image of her own spiritual reality. Tenderness, death, grief are the determinant factors of her literary production. She writes with a vigorous, bold, and poetic style. A somewhat negative and deterministic attitude seems to run through her work, both in the portrayal of human loneliness and in the numerous stories she has written about children. From *El arrepentido* (1967), we have chosen the title story. It is an admirable example of the author's talent in depicting mood and character.

* Barcelona, Spain: Editorial Juventud, 1967.

El arrepentido [1]

El café era estrecho y oscuro. La fachada principal[2] daba a[3] la carretera y la posterior a la playa. La puerta que se abría a la playa estaba cubierta por una cortina de cañuelas[4], bamboleada[5] por la brisa. A cada impulso sonaba un diminuto crujido[6], como de un pequeño entrechocar de huesos[7].

Tomeu el Viejo estaba sentado en el quicio[8] de la puerta. Entre las manos acariciaba lentamente una petaca de cuero[9] negro, muy gastada. Miraba hacia más allá de la arena, hacia la bahía. Se oía el ruido del motor de una barcaza[10] y el coletazo[11] de las olas contra las rocas. Una lancha vieja, cubierta por una lona[12], se mecía blandamente, amarrada[13] a la playa.

—Así que es eso[14] —dijo Tomeu, pensativo. Sus palabras eran lentas y parecían caer delante de él, como piedras. Levantó los ojos y miró a Ruti.

Ruti era un hombre joven, delgado y con gafas. Tenía ojos azules, inocentes, tras los cristales.

—Así es —contestó. Y miró al suelo.

Tomeu escarbó[15] en el fondo de la petaca, con sus dedos anchos y oscuros. Aplastó una brizna[16] de tabaco entre las yemas de los dedos[17] y de nuevo habló, mirando hacia el mar:

—¿Cuánto tiempo me das?

Ruti carraspeó[18]:

—No sé... a ciencia cierta[19], no puede decirse así. Vamos: quiero decir, no es infalible.

—Vamos, Ruti. Ya me conoces; dilo.

Ruti se puso encarnado. Parecía que le temblaban los labios.

—Un mes..., acaso dos...

—Está bien, Ruti. Te lo agradezco, ¿sabes?... Sí; te lo agradezco mucho. Es mejor así.

Ruti guardó silencio.

---

[1] **arrepentido** the repentant man
[2] **fachada principal** the main part in front
[3] **dar a** to look out on, to face
[4] **cañuela** fescue grass
[5] **bambolear** to swing, sway
[6] **crujido** creak
[7] **entrechocar de huesos** rattling of bones
[8] **quicio** opening (lit. door jamb)
[9] **petaca de cuero** leather tobacco pouch
[10] **barcaza** barge

[11] **coletazo** lash
[12] **lona** canvas
[13] **amarrar** to moor to tie up
[14] **Así que es eso** So that's the way it is.
[15] **escarbar** to scratch
[16] **Aplastó una brizna** He crushed a hunk
[17] **yemas de los dedos** fingertips
[18] **carraspeó** said hoarsely
[19] **a ciencia cierta** with certainty

—Ruti —dijo Tomeu—. Quiero decirte algo: ya sé que eres escrupuloso, pero quiero decirte algo, Ruti. Yo tengo más dinero del que[20] la gente se figura: ya ves, un pobre hombre, un antiguo pescador, dueño de un cafetucho de camino[21]... Pero yo tengo dinero, Ruti. Tengo mucho dinero.

Ruti pareció incómodo. El color rosado de sus mejillas se intensificó:

—Pero, tío..., yo... ¡no sé por qué me dice esto!

—Tú eres mi único pariente, Ruti—repitió el viejo, mirando ensoñadoramente[22] al mar—. Te he querido mucho.

Ruti pareció conmovido.

—Bien lo sé —dijo—. Bien me lo ha demostrado siempre.

—Volviendo a lo de antes[23]: tengo mucho dinero, Ruti. ¿Sabes? No siempre las cosas son como parecen.

Ruti sonrió. (*Acaso quiere hablarme de sus historias de contrabando. ¿Creerá acaso que no lo sé? ¿Se figura, acaso, que no lo sabe todo el mundo? ¡Tomeu el Viejo! ¡Bastante conocido, en ciertos ambientes! ¿Cómo hubiera podido[24] costearme la carrera de no ser así?*) Ruti sonrió con melancolía. Le puso una mano en el hombro:

—Por favor, tío... No hablemos de esto. No, por favor... Además, ya he dicho: puedo equivocarme. Sí: es fácil equivocarse. Nunca se sabe...

Tomeu se levantó bruscamente. La cálida brisa le agitaba los mechones grises[25]:

—Entra, Ruti. Vamos a tomar una copa juntos.

Apartó con la mano las cañuelas de la cortinilla y Ruti pasó delante de él. El café estaba vacío a aquella hora. Dos moscas se perseguían, con gran zumbido[26]. Tomeu pasó detrás del mostrador y llenó dos copas de coñac. Le ofreció una:

—Bebe, hijo.

Nunca antes le llamó hijo. Ruti parpadeó y dio un sorbito[27]. —Estoy arrepentido— dijo el viejo, de pronto.

Ruti le miró fijamente.

—Sí —repitió—, estoy arrepentido.

—No le entiendo, tío.

—Quiero decir: mi dinero, no es un dinero limpio. No, no lo es.

Bebió su copa de un sorbo, y se limpió los labios con el revés de la mano.

—Nada me ha dado más alegría: haberte hecho lo que eres, un buen médico.

—Nunca lo olvidaré —dijo Ruti, con voz temblorosa. Miraba al suelo otra vez, indeciso.

---

[20] **del que** than
[21] **cafetucho de camino** cheap roadside cafe
[22] **ensoñadoramente** nostalgically
[23] **lo de antes** what I was just saying
[24] **¿Cómo hubiera podido... así?** How could he have afforded to pay for my studies if it were not so?
[25] **mechones grises** gray head of hair
[26] **zumbido** buzzing
[27] **parpadeó... sorbito** blinked and took a little sip

—No bajes los ojos, Ruti. No me gusta que desvíen[28] la mirada cuando yo hablo. Sí, Ruti: estoy contento por eso. ¿Y sabes por qué?

Ruti guardó silencio.

—Porque gracias a ello tú me has avisado de la muerte. Tú has podido reconocerme[29], oír mis quejas, mis dolores, mis temores... Y decirme, por fin: *acaso un mes, o dos.* Sí, Ruti: estoy contento, muy contento. 65

—Por favor, tío. Se lo ruego. No hable así..., todo esto es doloroso. Olvidémoslo.

—No, no hay por qué olvidarlo. Tú me has avisado y estoy tranquilo. Sí, Ruti: tú no sabes cuánto bien me has hecho.

Ruti apretó la copa entre los dedos y luego la apuró[30], también de un trago. 70

—Tú me conoces bien, Ruti. Tú me conoces muy bien.

Ruti sonrió pálidamente.

El día pasó como otro cualquiera. A eso de las ocho, cuando volvían los obreros del cemento, el café se llenó. El viejo Tomeu se portó[31] como todos los días, como si no quisiera amargar las vacaciones de Ruti, con su flamante título recién estrenado[32]. 75 Ruti parecía titubeante[33], triste. Más de una vez vio que le miraba en silencio.

El día siguiente transcurrió, también, sin novedad. No se volvió a hablar del asunto entre ellos dos. Tomeu más bien parecía alegre. Ruti, en cambio, serio y preocupado.

Pasaron dos días más. Un gran calor se extendía sobre la isla. Ruti daba paseos en 80 barca, bordeando[34] la costa. Su mirada azul, pensativa, vagaba[35] por el ancho cielo. El calor pegajoso[36] le humedecía la camisa, adhiriéndosela al cuerpo[37]. Regresaba pálido, callado. Miraba a Tomeu y respondía brevemente a sus preguntas .

Al tercer día, por la mañana, Tomeu entró en el cuarto de su sobrino y ahijado[38]. El muchacho estaba despierto. 85

—Ruti —dijo suavemente.

Ruti echó mano de sus gafas[39], apresuradamente. Su mano temblaba:

—¿Qué hay, tío?

Tomeu sonrió.

—Nada —dijo—. Salgo, ¿sabes? Quizá tarde[40] algo. No te impacientes. 90

Ruti palideció:

—Está bien —dijo. Y se echó hacia atrás, sobre la almohada.

—Las gafas, Ruti —dijo Tomeu—. No las rompas.

---

[28] **desviar** to turn away
[29] **reconocer** to examine
[30] **apurar** to drain, to finish
[31] **portarse** to conduct oneself
[32] **flamante... estrenado** brand new M.D. recently used
[33] **titubeante** shaky
[34] **bordeando** staying close to

[35] **vagar** to roam to wander
[36] **pegajoso** sticky
[37] **adhiriéndosela al cuerpo** making it stick to his body
[38] **ahijado** godchild
[39] **echó... gafas** put on his glasses
[40] **tarde** (present subjunctive of tardar) Perhaps I'll be a little late.

Ruti se las quitó despacio y se quedó mirando al techo. Por la pequeña ventana entraban el aire caliente y el ruido de las olas.

Era ya mediodía cuando bajó al café. La puerta que daba a la carretera estaba cerrada. Por lo visto su tío no tenía intención de atender a la clientela.

Ruti se sirvió café. Luego, salió atrás, a la playa. La barca amarrada se balanceaba lentamente.

A eso de las dos vinieron a avisarle. Tomeu se había pegado un tiro[41], en el camino de la Tura. Debió de hacerlo cuando salió, a primera hora de la mañana.

Ruti se mostró muy abatido. Estaba pálido y parecía más miope[42] que nunca.

—¿Sabe Ud. de alguna razón que llevara a su tío a hacer esto?

—No, no puedo comprenderlo..., no puedo imaginarlo. Parecía feliz.

Al día siguiente, Ruti recibió una carta. Al ver la letra con su nombre en el sobre[43], palideció y lo rasgó[44], con mano temblorosa. Aquella carta debió de echarla su tío al correo antes de suicidarse, al salir de su habitación.

Ruti leyó:

"Querido Ruti: Sé muy bien que no estoy enfermo, porque no sentía ninguno de los dolores que te dije. Después de tu reconocimiento consulté a un médico y quedé completamente convencido. No sé cuánto tiempo habría vivido aún con mi salud envidiable, porque estas cosas, como tú dices bien, no se saben nunca del todo[45]. Tú sabías que si me creía condenado, no esperaría la muerte en la cama, y haría lo que he hecho, a pesar de todo; y que, por fin, me heredarías. Pero te estoy muy agradecido, Ruti, porque yo sabía que mi dinero era sucio, y estaba ya cansado. Cansado y, tal vez, eso que se llama arrepentido. Para que Dios no me lo tenga en cuenta[46] —tú sabes, Ruti, que soy buen creyente a pesar de tantas cosas—, dejo mi dinero a los niños del Asilo[47]."

---

[41] **se había pegado un tiro** had shot himself
[42] **miope** myopic, nearsighted
[43] **sobre** envelope
[44] **lo rasgó** he tore it open

[45] **del todo** completely
[46] **no... cuenta** not hold it against me
[47] **Asilo** asylum, home (for poor, orphans, etc.)

DESPUÉS DE LEER

A. Cuestionario.

1. ¿Dónde está situado el café de Tomeu?
2. Cuando vemos a Tomeu por primera vez, ¿por qué parece pensativo?
3. ¿Quién es Ruti, y por qué está en este lugar?
4. ¿Cuál es la reacción de Tomeu al oír lo que Ruti le avisa?
5. ¿Se ha hecho rico Tomeu con su café?
6. ¿Con qué acto generoso había demostrado Tomeu su amor a su sobrino?
7. Si Ruti, el médico, lo reconociera a Ud., ¿buscaría Ud. una segunda opinión? ¿Por qué?
8. ¿Cómo pasaba Ruti sus días de vacaciones?
9. ¿Qué le avisaron a Ruti? ¿Fue una gran sorpresa?
10. ¿Cómo se explica que Ruti recibió una carta de su tío al día siguiente?
11. ¿Qué le avisa Tomeu a Ruti en la carta?
12. A su juicio, ¿ha logrado la autora un desenlace final inesperado?
13. ¿Por qué cree Ud. que se suicidó Tomeu?
14. ¿En qué consiste la ironía del cuento?

VOCABULARIO

B. Reemplace las palabras en negrita de las oraciones con un sinónimo de la siguiente lista. Algunas exigen cambios gramaticales.

si	volver a	eso
deber de	imaginarse	quizá
equivocarse	examinar	transcurrir

1. Sacó un cigarrillo y **de nuevo** habló.
2. Salgo, ¿sabes? **Acaso** no vuelva.
3. **De no ser** rico mi tío, yo nunca hubiera terminado la carrera.
4. Volviendo a **lo** de ayer; ¿cuánto tiempo me das?
5. **Se habrá suicidado** a primera hora de la mañana.
6. El hijo **se figuraba** ser un gran médico.
7. No te preocupes. Puedo **estar en error.**
8. El médico lo **reconoció** sin encontrar enfermedad alguna.
9. El día siguiente **pasó** sin novedad.

REPASO GRAMATICAL

"Than"

When a noun is the object of comparison in a sentence with two clauses, *than* becomes **de** plus the definite article that agrees with the noun plus **que**. Example from text:

Yo tengo más dinero del que la gente se figura.	*I have more money than people imagine. (i.e., I have more money than [the money which] people imagine [that I have].*
Este caballo tiene más defectos de los que crees.	*This horse has more defects than [those that] you think (he has).*

When an adjective, an adverb, or a whole idea is being compared, *than* becomes **de** plus **lo que**.

Es más inteligente de lo que esperábamos.	*He is more intelligent than we hoped.*
Sabe más de lo que crees.	*He knows more thanyou think.*

C. Comprensión. Translate the "than" in the sentences below. Use *que* (or *de* before numbers) alone where appropriate.

1. Tomeu es más viejo *than* Ruti.
2. Trabaja más *than* creíamos.
3. Me dio menos cerveza *than* había pedido.
4. Su carrera le costó más *than* diez mil pesetas.
5. Mi hermano es mayor *than* yo.
6. Lee más rápidamente *than* se figura.
7. Tiene más amigos *than* puede invitar.
8. Canta mejor *than* nos habían dicho.
9. Esta iglesia es más grande *than* todas la iglesias de España.
10. Los alumnos entienden más *than* creemos.

D. Traducir. Traduzca las siguientes frases.

echar al correo	*to mail*
deber de + inf.	*to express conjecture or probability*

1. There is more sand on the beach than you think.
2. The waves (**olas**) of the sea could be heard in the café.
3. Where are your eyeglasses (**gafas**)? Don't break them.
4. He is crazier than you and I. He killed himself although he wasn't sick.
5. Let's have a drink together, Ruti.
6. Tomeu was more repentant than Ruti suspected (**sospechar**).
7. His uncle must have mailed that letter before committing suicide.
8. He left all his money to the children of the Asylum.

Lydia Cabrera 1900-1991

$\mathcal{G}$ enerally regarded as Cuba's foremost female author of the twentieth century, Lydia Cabrera, daughter of a famous Cuban jurist and historian, spent her youth at home in Havana. In 1927 she went to Paris to study painting, her first love, and while there became interested in the theme of negritude. She turned to writing, and began a series of short stories based on the tales she had heard during her childhood from black nannies and servants. In 1936, just before she returned to Havana, she published twenty two of her tales in Paris, in a French translation, which was instantly acclaimed as a masterpiece of black folklore.

When back in Havana to live, Cabrera devoted her time to the study of Afro-Cuban folklore, stories, legends, magic, and language. Later, she was to write many scholarly volumes about Yoruba and other African languages, religious traditions, rituals, and their influence on white Cuban culture and language. These works on Afro-Cuban folklore are important sources of information for the anthropologist, ethnographer, historian, and linguist. In 1940 her book in French was published in the original Spanish in Havana as *Cuentos negros de Cuba,* a rich tableau of the customs, beliefs, language, and psychology of Cuba's black population. To these stories Cabrera added twenty-eight more in her book *¿Por qué?: Cuentos negros de Cuba.* Both books reflect the Afro-Cuban magical and animistic conception of reality, that is, the belief that natural objects and natural phenomena possess souls. This reality is closely identified with a nature possessed of personified natural objects and animals, and of good and evil gods.

In her stories Cabrera mixes fantasy and reality; her characters are real people who live in a world that is both real and mystical. *Cuentos negros de Cuba,* from which the following story comes, remains one of the most widely read books in literature and an excellent example of magic realism.

El limo[1] del Almendares

El alcalde dio un bando[2] proclamando que en todo el mundo no había mulata más linda que Soyán Dekín.

Billillo, un calesero[3], quería a Soyán Dekín, pero nunca se lo había dicho por temor a un desaire: que si ella era linda, pretenciosa, resabiosa[4], él no era negro de pacotilla[5].

Hubo una fiesta en el Cabildo[6], en honor a Soyán Dekín. Fue el Alcalde. Y Soyán Dekín, reina, pavonéandose. Arrollando[7] con la bonitura. Y baila que baila con el Alcalde.

A Billillo esto se le hizo veneno en el corazón. Sin querer mirarla tan fantasiosa[8] —porque desprecio no repara[9]—, se le iban los ojos detrás de su brillo[10] y su contoneo; y siempre la encontraba con el blanco, platicando[11] o de pareja.

Contimás, cariñosa[12].

¡Caramba[13] con la mulata!, que debió haber nacido para untarse[14] esencias y mecerse en el estrado. Era de ringo-rango[15]. ¡Y con aquel mantón de seda que coquetea, y la bata de nansú[16], buena estaba la mulata, buena estaba Soyán Dekín en su apogeo, para querida[17] de un Don! ¡Y a echárselas[18] con los negros de lirio blanco!

Billillo afiló[19] su odio.

Para no desgraciarse dejó la fiesta, y los demonios se lo iban llevando por las calles oscuras. Y el cornetín[20], allá en el Cabildo, tenía a la noche en vela. Y Billillo —ya Dios lo haya perdonado— fue donde el brujo[21] de la Ceiba, que vivía metido en la muerte y solo se ocupaba en obras malas.

Soyán Dekín dormía las mañanas con señorío[22]. Ni los ruidos de la calle tempranera, ni la rebujiña[23] del vecindario en el patio común, le espantaban el sueño.

---

[1] **limo** mire

[2] **dio un bando** issued a decree

[3] **calesero** carriage driver

[4] **resabiosa** cunning

[5] **negro de pacotilla** just any old black man

[6] **Cabildo** town hall

[7] **arrollando...bonitura** her beauty leaving them speechless

[8] **fantasiosa** vain

[9] **desprecio no repara** scorn takes no heed

[10] **su brillo y su contoneo** her glitter and her swaying

[11] **paliqueando o de pareja** chatting or arm in arm

[12] **Contimás, cariñosa** Besides, she was affectionate.

[13] **Caramba con** damn

[14] **untarse... estrado** anoint herself with perfumes and rock herself in front of people

[15] **Era de ringo-rango** she was a decorative trinket

[16] **la bata de nansú** white cotton dress

[17] **para querida...** just right to be the mistress of a gentleman

[18] **echárselas... de lirio blanco** and to pose before blacks as a white lily!

[19] **afiló su odio** harbored his hatred

[20] **el cornetín... tenía a la noche en vela** the cornet... kept vigil all night long

[21] **el brujo** the medicine man

[22] **con señorío** like royalty

[23] **la rebujiña del vecindario** the neighborhood racket

Hasta muy sonadas las once, no pensaba en levantarse; y por su cara bonita, nunca hacía nada. Era su madre —planchadora inmejorable— quien trajinaba[24] en la casa y quien ganaba el sustento: ella al espejo o en la ventana. ¡Zangandonga[25]!

Soyán Dekín volvió del cabildo de madrugada. Y no se acostó. A la hora de las frutas y las viandas, cuando la calle se llenó de pregones[26] y el chino vendedor de pescado llamó en el postigo[27], Soyán Dekín le dijo a su madre:

—"Dame la ropa sucia; voy a lavar al río."

—"¡Tú tan linda, y después del baile lavando la ropa!"

Pero Soyán Dekín, como si alguien invisible se lo ordenaba susurrándole al oído, gravemente repitió:

—"Sí, Mamita, venga la ropa; hoy tengo que lavar en el río."

La vieja, que se había acostumbrado a no contrariarla en lo más mínimo, hizo un lío[28] de toda la ropa que había en la casa y lo entregó a su hija, que se marchó llevando el burujón en la cabeza.

Y dicen que el sol no ha vuelto a ver criatura mejor formada, ni más graciosa, ni más cimbreña[29] —la brisa en su bata[30] y por nimbo la mañana—, que Soyán Dekín aquel día, camino del Almendares. Ni en todo el mundo ha habido mulata más linda que Soyán Dekín: mulata de Cuba, habanera, sabrosa, lavada de albahaca[31], para ahuyentar pesares[32]...

Donde el río se hizo arroyo y el agua se hizo niña, jugando a flor de tierra[33] Soyán Dekín desató el lío de ropa y arrodillándose sobre una piedra, se puso a lavar.

Todo era verde como una esmeralda y Soyán Dekín se fue sintiendo presa, aislada en un cerco mágico: sola en el centro de un mundo imperturbable de vidrio.

Una presencia nueva en la calma la hizo alzar los ojos y vio a Billillo a pocos pasos de ella, metido en el agua, armado de un fusil e inmóvil como una estatua. Y Soyán Dekín tuvo miedo: miedo al agua niña, sin secreto, al silencio, a la luz; al misterio, tan desnudo de repente...

—"¡Qué casualidad, Billillo, encontrarte aquí! ¿Has venido a cazar, Billillo? Billillo, anoche en el baile te anduvieron buscando Altagracia y Eliodora, y María Juana, la del Limonar... Y yo pensé, Billillo, que bailarías conmigo. Billillo... no te lo digo por falacia[34], nadie borda[35] el baile en un ladrillo como tú."

Pero Billillo no oía, ausente de la vida. Tenía los ojos fijos, desprendidos[36] y vidriosos de un cadáver. Sus brazos empezaron entonces a moverse rígidos y lentos; como un autómata cargaba el fusil y disparaba al aire en todas direcciones.

---

[24] **trajinar** to bustle about, slave away

[25] **¡Zangandonga!** The lazy good-for-nothing

[26] **pregones** vendors' cries

[27] **en el postigo** at the side of the door

[28] **lío** *(and later)* **burujón** bundle

[29] **cimbreña** supple, lithe

[30] **en su bata... mañana** blowing her dress and the morning for her halo

[31] **albahaca** basil

[32] **ahuyentar pesares** to drive away sorrows

[33] **a flor de tierra** with the shore

[34] **por falacia** to deceive you

[35] **borda... ladrillo** dances as perfectly

[36] **desprendidos, vidriosos** detached, glassy

—"¡Billillo!"

Soyán Dekín quiso huir. No pudo levantar los pies: la piedra la retuvo; El lecho[37]
60 del arroyo, de tan poco fondo, y donde los guijarros[38], al alcance de la mano, brillaban como las cuentas azules, desprendidas de un collar de Yemayá[39], se iba ahondando[40]; el agua limpia y clara que antes jugaba infantil a flor de tierra, se tornó
grande, profunda y secreta.

La piedra avanzó por sí sola, llevándose cautiva a Soyán Dekín, que se halló en
65 mitad de un río anchuroso, turbio, y empezó a hundirse lentamente.

Tan cerca, que casi podía rozarlo, Billillo seguía inmutable, cargando y disparando
su fusil a los cuatro vientos; y el agua no se abría a sus pies, insondable[41], para
tragárselo como a ella, poco a poco.

—"¡Billillo! —gritaba Soyán Dekín— ¡Sálvame! ¡Mírame! Ten compasión de mí.
70 Yo tan linda... ¿cómo he de morir?"

(Pero Billillo, no oía, no veía.)

—"¡Billillo, negro malo, corazón de piedra!"

—(Y Soyán Dekín se hundía despacio, fatalmente.)

Ya le daba el agua por la cintura. Pensó en su madre, y la llamó...

75 —"¡Soyán Dekín. Dekín Soyán!

¡Soyán Dekín, Dekín, duelo yo[42]!"

La vieja que estaba planchando con arte, pecheras[43] blancas de mil alforzas, tembló
toda de angustia.

—"¡Soyán Dekín. Dekín Soyán!

80 ¡Soyán Dekín, Dekín, duelo yo!"

Se lanzó a la calle desesperada, medio desnuda, sin echarse a los hombros su
pañalón[44], fue a pedir auxilio, llorando, a las vecinas. Llamaron a un alguacil.

—"¿Quién ha visto pasar a Soyán Dekín? Soyán Dekín, que iba al río..."

Recorrieron las dos orillas del Almendares.

85 La vieja seguía escuchando los lamentos de su hija, en la celada[45] del agua.

—"¡Dekín! ¡Duelo yo!..."

También la oían ahora las vecinas y el alguacil. Todos, menos Billillo.

Ya Soyán Dekín sólo tenía la cabeza de fuera.

—"¡Ay, Billillo, esto es bilongo[46]! Negritillo, adiós... Y yo que te quería, mi
90 santo, y tú que me gustabas, negro, y no te lo daba[47] a entender por importancioso.
¡Por no sufrir un desaire!"

---

[37] **el lecho** bed
[38] **guijarros** pebbles
[39] **Yemayá** The goddess of water
[40] **se iba ahondando** was sinking
[41] **insondable, para tragárselo** bottomless, to swallow him
[42] **duelo yo** I am suffering

[43] **pecheras... alforzas** shirt fronts with a thousand pleats
[44] **pañalón** shawl
[45] **en la celada** trapped in
[46] **bilongo** curse
[47] **no te lo daba...importancioso** I didn't let you know so you wouldn't get a swelled head.

Billillo pareció despertar bruscamente de su sueño. Un sueño que hubiera durado[48] mucho tiempo o toda la vida.

El río había cubierto totalmente a Soyán Dekín; flotaba su cabellera inmensa en el agua verde, sombría.

95

Rápido, Billillo, libres todos sus miembros, la asió por el pelo; tiró de ella con todas sus fuerzas.

La piedra no soltó su presa... Billillo se quedó con un mechón[49] en cada mano.

Tres días seguidos las mujeres y el alguacil buscaron el cuerpo de Soyán Dekín.

El Almendares lo guardó para siempre. Y aseguran —lo ha visto Chémbe, el camaronero[50]— que en los sitios donde es más limpio y más profundo el río se ve en el fondo una mulata bellísima, que al moverse dilata[51] el corazón del agua.

100

Soyán Dekín en la pupila verde del agua.

De noche, la mulata emerge y pasea la superficie[52], sin acercarse nunca a la orilla. En la orilla, llora un negro...

105

(El pelo de Soyán Dekín es el limo del Almendares.)

---

[48] **hubiera durado** had lasted. In literary style, equivalent to the past perfect indicative.
[49] **mechón** lock
[50] **camaronero** shrimp fisherman
[51] **dilatar** to expand, dilate
[52] **pasea la superficie** strolls on the surface

DESPUÉS DE LEER

A. Cuestionario.

1. ¿Qué diferencias existen entre Soyán y Billillo?
2. ¿Qué pone rabioso (furioso) a Billillo una noche?
3. ¿Adónde se dirige Billillo, llevado por los demonios?
4. ¿Qué sabemos de Soyán? ¿Tiene ella la culpa enteramente por ser cómo es?
5. ¿Cómo se explica que Soyán insiste en ir a lavar la ropa?
6. ¿Hay quizás cierta ironía en enfocarse más enfáticamente en la belleza incomparable de Soyán aquel día?
7. Explique por qué Billillo no dice palabra alguna.
8. Soyán quiso huir, pero no pudo. ¿Por qué?
9. ¿Por qué Billillo carga y dispara su fusil repetidas veces?
10. ¿Cree Ud. que Soyán dice la verdad cuando le dice a Billillo al final que "yo te quería"?
11. ¿Encuentra Ud. lírico y musical el estilo de este cuento?
12. ¿Hay una moraleja *(moral)* en el relato? Explique.

B. Comprensión. Opcional, oral o escrito. Señale (oral o escrito) ejemplos concretos de las creencias supersticiosas y del realismo en el cuento.

REPASO GRAMATICAL

The future tense. It may be used to express probability or conjecture with regard to an action in the present. **Deber (de) + infinitive** expresses the same idea.

¿Ha visto a Juan? Estará malo.	*He must be (probably is) sick.*
or	
Debe de estar malo.	
Tendrá mucho dinero.	*He must have (I guess he has) a lot of money.*

The conditional tense. It may indicate probability in past time.

Serían las dos cuando llegué.	*It was probably two o'clock when I came.*
Tendría mala suerte.	*He must have had bad luck.*

The future perfect tense. It is similarly used referring to a recently completed event.

Text: **(Soyán) debió haber nacido para...** *She must have been born to...*

or

habrá nacido...

C. Traducir. Observe las expresiones siguientes y traduzca las frases.

pensar en + infinitive	**pavonear**	**desaire**
volver a + infinitive	**veneno**	**planchar**
ponerse a + infinitive	**presuntuoso**	**fusil**
hundirse	**hechizo**	

1. Soyán must have been a beautiful baby, but now she is a conceited young woman who thinks only of her beauty.
2. When she began to dance, she would strut the whole night, and poor Billillo would have poison in his heart.
3. He must be in love with Soyán, but he has never told her for fear of (a) a rebuff.
4. While Soyán's mother tried to earn a living ironing clothes, her daughter spent hours at the mirror.
5. The next time she saw Billillo again was at the river; he must have wanted to kill her because he was armed with a rifle.
6. Billillo finally awakened from his spell, but Soyán was sinking; he would never see her again.

Horacio Quiroga 1878 - 1937

Quiroga was born in a border town of Uruguay, but the family lived in Montevideo for most of his youth. From the age of twenty-two until his death, he lived in Buenos Aires, except for the seven years he spent in the jungle of northeastern Argentina. The jungle and the wilderness, which he loved, inspired many of his finest stories.

Although he cultivated other literary genres, it was the short story that brought him renown, and his popularity is still evident today. Quiroga published over two hundred stories, the majority of which contain his favorite themes of horror, death, violence, psychological abnormalities, and others. His own personal circumstances may account for this obsession: his first wife committed suicide, he accidentally killed one of his best friends, among other hardships and tragedies, and he himself committed suicide.

Quiroga was an assiduous reader of authors like Maupassant, Dostoevsky, and Kipling *(The Jungle Book,* 1894), but his self-acclaimed master was Edgar Allan Poe. Like the latter, he stresses the importance of economy of expression and the necessity of careful planning. Quiroga is a master also of creating suspense and of character study; the impact of many of the tales is felt after the ending. In spite of the regional settings, his themes and concerns about mankind are universal.

Quiroga achieved great popularity also with his jungle stories. The jungle is always a threat to man in its proximity to plantations, and many stories do have the man-against-nature theme. The jungle, however, is not just a setting; it often serves as a way of evaluating mankind, forcefully portraying the best and the worst in man, as you will see in **Juan Darién,** one of Quiroga's best animal stories.

Juan Darién

Aquí se cuenta la historia de un tigre que se crió[1] y educó entre los hombres y que se llamaba Juan Darién. Asistió cuatro años a la escuela vestido de pantalón y camisa, y dio sus lecciones correctamente, aunque era un tigre de las selvas; pero esto se debe a que su figura era de hombre, conforme[2] se narra en las siguientes líneas.

Una vez, a principios de otoño, la viruela[3] visitó un pueblo de un país lejano y mató a muchas personas. Los hermanos perdieron a sus hermanitas, y las criaturas que comenzaban a caminar quedaron sin padre ni madre. Las madres perdieron a su vez a sus hijos, y una pobre mujer joven y viuda llevó ella misma a enterrar a su hijito, lo único que tenía en este mundo. Cuando volvió a su casa, se quedó sentada pensando en su chiquito. Y murmuraba:

—Dios debía haber tenido más compasión de mí, y me ha llevado a mi hijo. En el cielo podrá haber ángeles, pero mi hijo no los conoce. Y a quien él conoce bien es a mí, ¡pobre hijo mío!

Y miraba a lo lejos, pues estaba sentada en el fondo de su casa, frente a un portoncito[4] donde se veía la selva.

Ahora bien; en la selva había muchos animales feroces que rugían al caer la noche y al amanecer. Y la pobre mujer, que continuaba sentada, alcanzó a ver en la obscuridad una cosa chiquita y vacilante que entraba por la puerta, como un gatito que apenas tuviera fuerzas para caminar. La mujer se agachó[5] y levantó en las manos un tigrecito de pocos días, pues aún tenía los ojos cerrados. Y cuando el mísero cachorro[6] sintió el contacto de las manos, runruneó[7] de contento, porque ya no estaba solo. La madre tuvo largo rato suspendido en el aire aquel pequeño enemigo de los hombres, a aquella fiera indefensa que tan fácil le hubiera sido exterminar. Pero quedó pensativa ante el desvalido[8] cachorro que venía quien sabe de dónde, y cuya madre con seguridad había muerto. Sin pensar bien en lo que hacía llevó al cachorrito a su seno, y lo rodeó con sus grandes manos. Y el tigrecito, al sentir el calor del pecho, buscó postura cómoda, runruneó tranquilo y se durmió con la garganta adherida[9] al seno maternal.

La mujer, pensativa siempre, entró en la casa. Y en el resto de la noche al oír los gemidos de hambre del cachorrito, y al ver cómo buscaba su seno con los ojos cerrados, sintió en su corazón herido que, ante la suprema ley del Universo, una vida equivale a otra vida...

[1] **se crió** was raised
[2] **conforme se narra** as is narrated
[3] **la viruela** smallpox
[4] **portoncito** door
[5] **agachar** to bend; to crouch
[6] **el mísero cachorro** the poor cub
[7] **runrunear** to purr
[8] **desvalido** helpless
[9] **la garganta adherida** its tongue sticking

Y dio de mamar[10] al tigrecito.

El chachorro estaba salvado, y la madre había hallado un inmenso consuelo. Tan grande su consuelo, que vio con terror el momento en que aquel le sería arrebatado[11], porque si se llegaba a saber en el pueblo que ella amamantaba a un ser salvaje, matarían con seguridad a la pequeña fiera. ¿Qué hacer? El cachorro, suave y cariñoso —pues jugaba con ella sobre su pecho—, era ahora su propio hijo.

En estas circunstancias, un hombre que una noche de lluvia pasaba corriendo ante la casa de la mujer oyó un gemido áspero —el ronco[12] gemido de las fieras que, aún recién nacidas, sobresaltan[13] al ser humano. El hombre se detuvo bruscamente, y mientras buscaba a tientas[14] el revólver, golpeó la puerta. La madre, que había oído los pasos, corrió loca de angustia a ocultar al tigrecito en el jardín. Pero su buena suerte quiso que al abrir la puerta del fondo se hallara ante una mansa, vieja y sabia serpiente que le cerraba el paso. La desgraciada mujer iba a gritar de terror, cuando la serpiente habló así:

—Nada temas, mujer —le dijo—. Tu corazón de madre te ha permitido salvar una vida del Universo, donde todas las vidas tienen el mismo valor. Pero los hombres no te comprenderán, y querrán matar a tu nuevo hijo. Nada temas, ve tranquila. Desde este momento tu hijo tiene forma humana; nunca lo reconocerán. Forma su corazón, enséñale a ser bueno como tú, y él no sabrá jamas que no es hombre. A menos... a menos que una madre de entre los hombres lo acuse; a menos que una madre le exija[15] que devuelva con su sangre lo que tú has dado por él, tu hijo será siempre digno de ti. Ve tranquila, madre y apresúrate, que el hombre va a echar la puerta abajo.

Y la madre creyó a la serpiente, porque en todas las religiones de los hombres la serpiente conoce el misterio de las vidas que pueblan los mundos. Fue, pues, corriendo a abrir la puerta, y el hombre, furioso, entró con el revólver en la mano y buscó por todas partes sin hallar nada. Cuando salió, la mujer abrió, temblando, el rebozo[16] bajo el cual ocultaba al tigrecito sobre su seno, y en su lugar vio a un niño que dormía tranquilo. Traspasada[17] de dicha, lloró largo rato en silencio sobre su salvaje hijo hecho hombre; lágrimas de gratitud que doce años más tarde ese mismo hijo debía pagar con sangre sobre su tumba.

Pasó el tiempo. El nuevo niño necesitaba un nombre: se lo puso Juan Darién. Necesitaba alimentos, ropa, calzado: se le dotó[18] de todo, para lo cual la madre trabajaba día y noche. Ella era aún muy joven y podría haberse vuelto a casar, si hubiera querido; pero le bastaba el amor entrañable[19] a su hijo, amor que ella devolvía con todo su corazón.

---

[10] **mamar** to breast feed
[11] **aquel le sería arrebatado** it would be snatched from her
[12] **ronco** hoarse
[13] **sobresaltar** to attack; to frighten
[14] **buscaba a tientas** groped for

[15] **exija (exigir)** to demand
[16] **el rebozo** long shawl
[17] **traspasada de dicha** overcome with happiness
[18] **se le dotó de** she supplied him with
[19] **entrañable** deep

Juan Darién era, efectivamente, digno de ser querido: noble, bueno y generoso 70 como nadie. Por su madre, en particular, tenía una veneración profunda. No mentía jamás. ¿Acaso por ser un ser salvaje en el fondo de su naturaleza? Es posible; pues no se sabe aún qué influencia puede tener en un animal recién nacido la pureza de un alma bebida con la leche en el seno de una santa mujer.

Tal era Juan Darién. E iba a la escuela con los chicos de su edad, los que se burla- 75 ban a menudo de él a causa de su pelo áspero y su timidez. Juan Darién no era muy inteligente; pero compensaba esto con su gran amor al estudio.

Así las cosas, cuando la criatura iba a cumplir diez años, su madre murió. Juan Darién sufrió lo que no es decible,²⁰ hasta que el tiempo apaciguó su pena. Pero fue en adelante un muchacho triste, que sólo deseaba instruirse. 80

Algo debemos confesar ahora: a Juan Darién no se le amaba en el pueblo. La gente de los pueblos encerrados en la selva no gustan de los muchachos demasiados generosos y que estudian con toda el alma. Era, además, el primer alumno de la escuela. Y este conjunto²¹ precipitó el desenlace de un acontecimiento que dio razón a la profecía de la serpiente. 85

Apróntábase²² el pueblo a celebrar una gran fiesta, y de la ciudad distante habían mandado fuegos artificiales²³. En la escuela se dio un repaso general a los chicos, pues un inspector debía venir a observar las clases. Cuando el inspector llegó, el maestro hizo dar la lección al primero de todos: a Juan Darién. Juan Darién era el alumno más aventajado²⁴, pero con la emoción del caso, tartamudeó²⁵ y la lengua se 90 le trabó con un sonido extraño.

El inspector observó al alumno un largo rato, y habló en seguida en voz baja con el maestro.

—¿Quién es ese muchacho? —le preguntó—. ¿De dónde ha salido?

—Se llama Juan Darién —respondió el maestro—, y lo crió una mujer que ya ha 95 muerto; pero nadie sabe de dónde ha venido.

—Es extraño, muy extraño... —murmuró el inspector, observando el pelo áspero y el reflejo verdoso que tenían los ojos de Juan Darién cuando estaba en la sombra.

El inspector sabía que en el mundo hay cosas mucho más extrañas que las que nadie puede inventar, y sabía al mismo tiempo que con preguntas a Juan Darién 100 nunca podría averiguar si el alumno había sido antes lo que él temía: esto es, un animal salvaje. Pero así como hay hombres que en estados especiales recuerdan cosas que les han pasado a sus abuelos, así era también posible que, bajo una sugestión hipnótica, Juan Darién recordara su vida de bestia salvaje. Y los chicos que lean esto y no sepan de qué se habla, pueden preguntarlo a las personas grandes. 105

---

²⁰ **lo que no es decible** what words cannot describe	²³ **fuegos artificiales** fireworks
²¹ **este conjunto... el desenlace** these two things... outcome	²⁴ **aventajado** outstanding
²² **Apróntábase el pueblo** the people were preparing	²⁵ **tartamudeó y se le trabó** he stammered and became tongue-tied

Por lo cual el inspector subió a la tarima²⁶ y habló así:

—Bien, niño. Deseo ahora que uno de ustedes nos describa la selva. Ustedes se han criado casi en ella y la conocen bien. ¿Cómo es la selva? ¿Qué pasa en ella?

110 Esto es lo que quiero saber. Vamos a ver, tú —añadió dirigiéndose a un alumno cualquiera—. Sube a la tarima y cuéntanos lo que hayas visto.

El chico subió, y aunque estaba asustado, habló un rato. Dijo que en el bosque hay árboles gigantes, enredaderas²⁷ y florecillas. Cuando concluyó, pasó otro chico a la tarima, y después otro. Y aunque todos conocían bien la selva, todos respondieron

115 lo mismo, porque los chicos y muchos hombres no cuentan lo que ven, sino lo que han leído sobre lo mismo que acaban de ver. Y al fin el inspector dijo:

—Ahora le toca al alumno Juan Darién.

Juan Darién dijo más o menos lo que los otros. Pero el inspector, poniéndole la mano sobre el hombro, exclamó:

120 —No, no. Quiero que tú recuerdes bien lo que has visto. Cierra los ojos.

Juan Darién cerró los ojos.

—Bien —prosiguió el inspector—. Dime lo que ves en la selva.

Juan Darién, siempre con los ojos cerrados, demoró²⁸ un instante en contestar.

—No veo nada —dijo al fin.

125 —Pronto vas a ver. Figurémonos que son las tres de la mañana, poco antes del amanecer. Hemos concluído de comer, por ejemplo... Estamos en la selva, en la obscuridad... Delante de nosotros hay un arroyo... ¿Qué ves?

Juan Darién pasó otro momento en silencio. Y en la clase y el bosque próximo había también un gran silencio. De pronto Juan Darién se estremeció, y con voz

130 lenta, como si soñara, dijo:

—Veo las piedras que pasan y las ramas que se doblan... y el suelo... Y veo las hojas secas que se quedan aplastadas²⁹ sobre las piedras...

—¡Un momento! —le interrumpió el inspector.

—Las piedras y las hojas que pasan, ¿a qué altura las ves?

135 El inspector preguntaba esto porque si Juan Darién estaba "viendo" efectivamente lo que él hacía en la selva cuando era animal salvaje e iba a beber después de haber comido, vería también que las piedras que encuentra el tigre o una pantera que se acercan muy agachados al río pasan a la altura de los ojos. Y repitió:

—¿A qué altura ves las piedras?

140 Y Juan Darién, siempre con los ojos cerrados, respondió:

—Pasan sobre el suelo... Rozan las orejas... Y las hojas sueltas se mueven con el aliento... Y siento la humedad del barro en...

La voz de Juan Darién se cortó.

---

²⁶ **la tarima** platform, dais
²⁷ **enredaderas** climbing plants
²⁸ **demorar** to delay
²⁹ **aplastadas** lying flat

—¿En dónde? —preguntó con voz firme el inspector—. ¿Dónde sientes la humedad del agua?

—¡En los bigotes! — dijo con voz ronca Juan Darién, abriendo los ojos espantados.

Comenzaba el crepúsculo, y por la ventana se veía cerca la selva ya lóbrega[30]. Los alumnos no comprendieron lo terrible de aquella evocación; pero tampoco se rieron de esos extraordinarios bigotes de Juan Darién, que no tenía bigote alguno. Y no se rieron, porque el rostro de la criatura estaba pálido y ansioso.

La clase había concluído. El inspector no era un mal hombre; pero, como todos los hombres que viven muy cerca de la selva, odiaba ciegamente a los tigres; por lo cual dijo en voz baja al maestro:

—Es preciso matar a Juan Darién. Es una fiera del bosque, posiblemente un tigre. Debemos matarlo, porque, si no él, tarde o temprano, nos matará a todos. Hasta ahora su maldad de fiera[31] no ha despertado; pero explotará un día u otro, y entonces nos devorará a todos, puesto que le permitimos vivir con nosotros. Debemos, pues, matarlo. La dificultad está en que no podemos hacerlo mientras tenga forma humana, porque no podremos probar ante todos que es un tigre. Parece un hombre, y con los hombres hay que proceder con cuidado. Yo sé que en la ciudad hay un domador[32] de fieras. Llamémoslo, y él hallará modo de que Juan Darién vuelva a su cuerpo de tigre. Y aunque no pueda convertirlo en tigre, las gentes nos creerán y podremos echarlo a la selva. Llamemos en seguida al domador, antes que Juan Darién se escape.

Pero Juan Darién pensaba en todo menos en escaparse, porque no se daba cuenta de nada. ¿Cómo podía creer que él no era hombre, cuando jamás había sentido otra cosa que amor por todos, y ni siquiera tenía odio a los animales dañinos?

Mas las voces fueron corriendo de boca en boca, y Juan Darién comenzó a sufrir sus efectos. No le respondían una palabra, se apartaban vivamente a su paso, y lo seguían desde lejos de noche.

—¿Qué tendré? ¿Por qué son así conmigo? —se preguntaba Juan Darién.

Y ya no solamente huían de él, sino que los muchachos le gritaban:

—¡Fuera de aquí! ¡Vuélvete donde has venido! ¡Fuera!

Los grandes también, las personas mayores, no estaban menos enfurecidas que los muchachos. Quien sabe qué llega a pasar si la misma tarde de la fiesta no hubiera llegado por fin el ansiado domador de fieras. Juan Darién estaba en su casa preparándose la pobre sopa que tomaba, cuando oyó la gritería de las gentes que avanzaban precipitadas hacia su casa. Apenas tuvo tiempo de salir a ver qué era: Se apoderaron de él, arrastrándolo hasta la casa del domador.

---

[30] **lóbrega** dark
[31] **maldad de fiera** his animal wildness
[32] **domador** animal tamer

180   —¡Aquí está! —gritaban, sacudiéndolo—. ¡Es éste! ¡Es un tigre! ¡No queremos saber nada con tigres! ¡Quítele su figura de hombre y lo mataremos!

Y los muchachos, sus condiscípulos a quienes más quería, y las mismas personas viejas, gritaban:

—¡Es un tigre! ¡Juan Darién nos va a devorar! ¡Muera Juan Darién!

185   Juan Darién protestaba y lloraba porque los golpes llovían sobre él, y era una criatura de doce años. Pero en ese momento la gente se apartó, y el domador, con grandes botas de charol[33], levita roja y un látigo en la mano, surgió ante Juan Darién. El domador lo miró fijamente, y apretó con fuerza el puño[34] del látigo.

—¡Ah! —exclamó—. ¡Te reconozco bien! ¡A todos puedes engañar, menos a mí!

190   ¡Te estoy viendo, hijo de tigres! ¡Bajo tu camisa estoy viendo las rayas del tigre! ¡Fuera la camisa, y traigan los perros cazadores! ¡Veremos ahora si los perros te reconocen como hombre o como tigre!

En un segundo arrancaron toda la ropa a Juan Darién y lo arrojaron dentro de la jaula[35] para fieras.

200   —¡Suelten los perros, pronto! —gritó el domador—. ¡Y encomiéndate[36] a los dioses de tu selva, Juan Darién!

Y cuatro feroces perros cazadores de tigres fueron lanzados dentro de la jaula.

El domador hizo esto porque los perros reconocen siempre el olor del tigre; y en cuanto olfatearan a Juan Darién sin ropa, lo harían pedazos, pues podrían ver con

205   sus ojos de perros cazadores las rayas de tigre ocultas bajo la piel de hombre.

Pero los perros no vieron otra cosa en Juan Darién que al muchacho bueno que quería hasta a los mismos animales dañinos. Y movían apacibles la cola al olerlo.[37]

—¡Devóralo! ¡Es un tigre! ¡Toca! ¡Toca! —gritaban a los perros. Y los perros ladraban y saltaban enloquecidos por la jaula, sin saber a qué atacar.

210   La prueba[38] no había dado resultado.

—¡Muy bien! —exclamó entonces el domador.

—Estos son perros bastardos, de casta[39] de tigre. No lo reconocen. Pero yo te reconozco, Juan Darién, y ahora nos vamos a ver nosotros.

Y así diciendo entró él en la jaula y levantó el látigo.

215   —¡Tigre! —gritó—. ¡Estás ante un hombre, y tú eres un tigre! ¡Allí estoy viendo, bajo tu piel robada de hombre, las rayas de tigre! ¡Muestra las rayas!

Y cruzó el cuerpo de Juan Darién de un feroz latigazo. La pobre criatura desnuda lanzó un alarido[40] de dolor, mientras las gentes, enfurecidas, repetían:

—¡Muestra las rayas de tigre!

---

[33] **botas de charol, levita, látigo** patent leather boots, coat, whip
[34] **el puño** handle
[35] **jaula** cage
[36] **encomiéndate** commit, entrust yourself

[37] **la cola al olerlo** their tails while sniffing him
[38] **la prueba** test
[39] **casta** breed
[40] **alarido** howl, scream

Durante un rato prosiguió el atroz suplicio[41]; y no deseo que los niños que me oyen vean martirizar[42] de este modo a ser alguno.

—¡Por favor! ¡Me muero! —clamaba Juan Darién.

—¡Muestre las rayas! —le respondían.

—¡No, no! ¡Yo soy hombre! ¡Ay, mamá! —sollozaba el infeliz.

—¡Muestra las rayas! —le respondían.

Por fin el suplicio concluyó. En el fondo de la jaula, arrinconado, aniquilado[43] en un rincón, sólo quedaba su cuerpecito sangriento de niño, que había sido Juan Darién. Vivía aún, y aún podía caminar cuando se le sacó de allí; pero lleno de tales sufrimientos como nadie los sentirá nunca.

Lo sacaron de la jaula, y empujándolo por el medio de la calle, lo echaban del pueblo. Iba cayéndose a cada momento, y detrás de él los muchachos, las mujeres y los hombres maduros, empujándolo.

—¡Fuera de aquí, Juan Darién! ¡Vuélvete a la selva, hijo de tigre y corazón de tigre! ¡Fuera, Juan Darién!

Y los que estaban lejos y no podían pegarle, le tiraban piedras.

Juan Darién cayó del todo, por fin, tendiendo en busca de apoyo sus pobres manos de niño. Y su cruel destino quiso[44] que una mujer, que estaba parada a la puerta de su casa sosteniendo en los brazos a una inocente criatura, interpretara mal ese ademán de súplica[45].

—¡Me ha querido robar mi hijo! —gritó la mujer—. ¡Ha tendido las manos para matarlo! ¡Es un tigre! ¡Matémosle en seguida, antes que él mate a nuestros hijos!

Así dijo la mujer. Y de este modo se cumplía la profecía de la serpiente: Juan Darién moriría cuando una madre de los hombres le exigiera la vida y el corazón de hombre que otra madre le había dado con su pecho.

No era necesario otra acusación para decidir a las gentes enfurecidas. Y veinte brazos con piedras en la mano se levantaban ya para aplastar a Juan Darién, cuando el domador ordenó desde atrás con voz ronca:

—¡Marquémoslo con rayas de fuego! ¡Quemémoslo en los fuegos artificiales!

Ya comenzaba a obscurecer, y cuando llegaron a la plaza era noche cerrada. En la plaza habían levantado un castillo de fuegos de artificio, con ruedas, coronas y luces de bengala.

Ataron en lo alto del centro a Juan Darién, y prendieron la mecha[46] desde un extremo. El hilo de fuego corrió velozmente subiendo y bajando, y encendió el castillo entero. Y entre las estrellas fijas y las ruedas gigantes de todos colores, se vio acá arriba a Juan Darién sacrificado.

—¡Es tu último día de hombre, Juan Darién! —clamaban todos—. ¡Muestra las rayas!

---

[41] **el atroz suplicio** the vicious punishment
[42] **martirizar** to torment
[43] **aniquilado** wiped out; half dead
[44] **quiso** would have it that
[45] **ademán de súplica** gesture of help
[46] **prendieron la mecha** they lighted the wick

—¡Perdón, perdón! —gritaba la criatura, retorciéndose[47] entre las chispas y las nubes de humo. Las ruedas amarillas, rojas y verdes giraban vertiginosamente[48], unas a la derecha y otras a la izquierda. Los chorros[49] de fuego tangente trazaban grandes circunferencias; y en el medio, quemado por los regueros[50] de chispas que le cruzaban el cuerpo, se retorcía Juan Darién.

—¡Muestra las rayas! —rugían aún de abajo.

—¡No, perdón! ¡Yo soy hombre! —tuvo aún tiempo de clamar la infeliz criatura. Y tras un nuevo surco[51] de fuego, se pudo ver que su cuerpo se sacudía convulsivamente; que sus gemidos adquirían un timbre profundo y ronco, y que su cuerpo cambiaba poco a poco de forma. Y la muchedumbre, con un grito salvaje de triunfo, pudo ver surgir por fin, bajo la piel del hombre, las rayas negras, paralelas y fatales del tigre.

La atroz obra de crueldad se había cumplido; habían conseguido lo que querían. En vez de la criatura inocente de toda culpa, allá arriba no había sino un cuerpo de tigre que agonizaba rugiendo.

Las luces de bengala se iban también apagando. Un último chorro de chispas con que moría una rueda alcanzó la soga[52] atada a las muñecas (no: a las patas del tigre, pues Juan Darién había concluído), y el cuerpo cayó pesadamente al suelo. Las gentes lo arrastraron hasta la linde[53] del bosque, abandonándolo allí para que los chacales[54] devoraran su cadáver y su corazón de fiera.

Pero el tigre no había muerto. Con la frescura nocturna volvió en sí, y arrastrándose presa[55] de horribles tormentos se internó en la selva. Durante un mes entero no abandonó su guarida[56] en lo más tupido del bosque, esperando con sombría paciencia de fiera que sus heridas curaran. Todas cicatrizaron[57] por fin, menos una, una profunda quemadura en el costado, que no cerraba, y que el tigre vendó con grandes hojas.

Porque había conservado de su forma recién perdida tres cosas: el recuerdo vivo del pasado, la habilidad de sus manos, que manejaba como un hombre, y el lenguaje. Pero en el resto, absolutamente en todo, era una fiera, que no se distinguía en lo más mínimo de los otros tigres.

Cuando se sintió por fin curado, pasó la voz a los demás tigres de la selva para que esa misma noche se reunieran delante del gran cañaveral[58] que lindaba con los cultivos. Y al entrar la noche se encaminó silenciosamente al pueblo. Trepó a un árbol de los alrededores, y esperó largo tiempo inmóvil. Vio pasar bajo él, sin

[47] **retorciéndose entre las chispas** writhing in the sparks
[48] **giraban vertiginosamente** whirled dizzily
[49] **chorros** spurts, streams
[50] **regueros** the flow (of sparks)
[51] **surco** line
[52] **la soga... muñecas** the rope tied to his wrists
[53] **la linde** the edge, border
[54] **chacales** jackals
[55] **presa** victim
[56] **guarida... tupido** hiding place... thick
[57] **cicatrizar** to heal
[58] **cañaveral que lindaba con** cane field that bordered

inquietarse a mirar siguiera, pobres mujeres y labradores fatigados, de aspecto miserable; hasta que al fin vio avanzar por el camino a un hombre de grandes botas y levita roja.

El tigre no movió una sola ramita al recogerse[59] para saltar. Saltó sobre el domador; de una manotada lo derribó desmayado, y cogiéndolo entre los dientes por la cintura, lo llevó sin hacerle daño hasta el juncal[60].

Allí, al pie de las inmensas cañas que se alzaban invisibles, estaban los tigres de la selva moviéndose en la oscuridad, y sus ojos brillaban como luces que van de un lado para otro. El hombre proseguía desmayado. El tigre dijo entonces:

—Hermanos: Yo viví doce años entre los hombres, como un hombre mismo. Y yo soy tigre. Tal vez pueda con mi proceder[61] borrar más tarde esta mancha. Hermanos: esta noche rompo el último lazo que me liga al pasado.

Y después de hablar así, recogió en la boca al hombre, que proseguía desmayado, y trepó con él a lo más alto del cañaveral, donde lo dejó atado entre dos bambúes. Luego prendió fuego a las hojas secas del suelo, y pronto una llamarada crujiente[62] ascendió.

Los tigres retrocedían espantados ante el fuego. Pero el tigre les dijo: "¡Paz, hermanos!" Y aquéllos se apaciguaron, sentándose de vientre con las patas cruzadas a mirar.

El juncal ardía como un inmenso castillo de artificio. Las cañas estallaban[63] como bombas, y sus gases se cruzaban en agudas flechas de color. Las llamaradas ascendían en bruscas[64] y sordas bocanadas, dejando bajo ellas lívidos huecos[65]; y en la cúspide[66], donde aún no llegaba el fuego, las cañas se balanceaban[67] crispadas por el calor.

Pero el hombre, tocado por las llamas, había vuelto en sí. Vio allá abajo a los tigres con los cárdenos alzados a él, y lo comprendió todo.

—¡Perdón, perdóneme! —aulló retorciéndose—. ¡Pido perdón por todo!

Nadie contestó. El hombre se sintió entonces abandonado de Dios, y gritó con toda su alma:

—¡Perdón, Juan Darién!

Al oír esto, Juan Darién, alzó la cabeza y dijo fríamente:

—Aquí no hay nadie que se llame Juan Darién. No conozco a Juan Darién. Este es un nombre de hombre, y aquí somos todos tigres.

Y volviéndose a sus compañeros, como si no comprendiera, preguntó:

—¿Alguno de ustedes se llama Juan Darién?

---

[59] **recogerse** to gather himself
[60] **el juncal** growth of rushes
[61] **proceder** conduct, behavior
[62] **una llamarada crujiente** a crackling flame
[63] **estallar** to burst

[64] **bruscas y sordas bocanadas** brusque, silent puffs (of smoke)
[65] **huecas** hollows
[66] **cúspide** peak
[67] **se balanceaban crispadas** were swaying convulsed

Pero ya las llamas habían abrasado el castillo hasta el cielo. Y entre las agudas luces de bengala que entrecruzaban la pared ardiente, se pudo ver allá arriba un cuerpo negro que se quemaba humeando.

330   —Ya estoy pronto, hermanos —dijo el tigre—. Pero aún me queda algo por hacer.

Y se encaminó de nuevo al pueblo, seguido por los tigres sin que él lo notara. Se detuvo ante un pobre y triste jardín, saltó la pared, y pasando al costado de muchas cruces y lápidas[68], fue a detenerse ante un pedazo de tierra sin ningún adorno,

335   donde estaba enterrada la mujer a quien había llamado madre ocho años. Se arrodilló —se arrodilló como un hombre—, y durante un rato no se oyó nada.

—¡Madre! —murmuró por fin el tigre con profunda ternura—. Tú sola supiste, entre todos los hombres, los sagrados derechos a la vida de todos los seres del Universo. Tú sola comprendiste que el hombre y el tigre se diferencian únicamente

340   por el corazón. Y tú me enseñaste a amar, a comprender, a perdonar. ¡Madre! Estoy seguro que me oyes. Soy tu hijo siempre, a pesar de lo que pase en adelante, pero de ti sólo. ¡Adios, madre mía!

Y viendo al incorporarse los ojos cárdenos[69] de sus hermanos que lo observaban tras la tapia, se unió otra vez a ellos.

345   El viento cálido les trajo en ese momento, desde el fondo de la noche, el estampido de un tiro[70].

—Es en la selva —dijo el tigre—. Son los hombres. Están cazando, matando, degollando.[71]

Volviéndose entonces hacia el pueblo que iluminaba el reflejo de la selva encen-

350   dida, exclamó:

—¡Raza sin redención! ¡Ahora me toca a mí!

Y retornando a la tumba en que acaba de orar, arrancóse de un manotón la venda de la herida y escribió en la cruz con su propia sangre, en grandes caracteres, debajo del nombre de su madre:

355

Y

JUAN DARIÉN

—Ya estamos en paz —dijo. Y enviando con sus hermanos un rugido de desafío[72] al pueblo aterrado, concluyó:

—Ahora, a la selva. ¡Y tigre para siempre!

---

[68] **lápidas** gravestones
[69] **cárdenos** livid
[70] **el estampido de un tiro** the report of a gun

[71] **degollando** cutting throats
[72] **desafío** (a roar of) defiance, challenge

DESPUÉS DE LEER

A. Cuestionario.

1. ¿Qué características tienen en común este cuento y una fábula, como las de Esopo, por ejemplo?
2. ¿Por qué empieza el autor su cuento con eso de la viruela?
3. ¿Cuál es la advertencia que hace la serpiente? ¿Es pertinente a la trama *(plot)*?
4. ¿Por qué a Juan Darién no se lo aman ni en la escuela ni en el pueblo?
5. ¿Por qué comienza el inspector a sospechar de Juan Darién?
6. Describa los medios por los cuales se saca la verdad de Juan Darién .
7. ¿Por qué no termina el autor su cuento con el terrible suplicio de Juan Darién que habría dejado muerto a cualquier otra persona?
8. ¿Cómo se venga el tigre Juan Darién al final?
9. ¿Está Ud. de acuerdo con esta venganza o cree que el tigre Juan Darién debería haber perdonado a su atormentador?

B. Comprensión. Opcional, oral o escrito.

A su juicio, ¿cuál es el tema de este cuento? ¿Lo escribió Quiroga para enseñarnos una moraleja, como en las fábulas, o hay un comentario más significativo?

REPASO GRAMATICAL

Diminutives. One of the distinctive linguistic features in this story is the use of diminutives. The most frequently seen and heard is -**ito** (and its variants -**cito**, -**ecito**). In addition to smallness of size, it is used to express endearment or affection without necessarily connoting size. Observe the spelling:

hijo–hijito   tigre–tigrecito
chico–chiquito   mujer–mujercita *(a dear little woman)*
nuevo–nuevecito *(nice and new)*

C. Lea las siguientes citas sacadas del texto y reemplace las palabras en negrita con sus diminutivos.

1. Los hermanos perdieron a sus **hermanas**.
2. Estaba frente a un **portón**.
3. Una cosa, como un **gato**, entraba...
4. Llevó al **cachorro** a su seno.
5. Dijo que hay árboles gigantes y **flores**.
6. En la jaula sólo quedaba su **cuerpo** sangriento.
7. Los **chorros** de fuego tangente
8. El tigre no movió una sola **rama**.

D. Traduzca Ud. empleando el diminutivo de las palabras en negrita.

1. The child's *fingers* and *face* were dirty.
2. My *granddaughter* is coming with her father.
3. There are no *lions* in this town.
4. Show me *a little* pity (la piedad), my *friend.*
5. The *blows* fell upon him, a *lad* (mozo) of twelve.

The imperative. This is another widely used feature in the story. Recall the following:

With **usted,** use the corresponding form of the present subjunctive, both affirmative and negative:

Abra Ud. la puerta; no la abra.

The familiar affirmative command (**tú**) is the same as the third person singular of all verbs except the irregular verbs below:

decir:	di	**salir:**	sal
hacer:	haz	**ser:**	sé
ir:	ve	**tener:**	ten
poner:	pon	**venir:**	ven

Examples: **Ve** tranquila.   **Abre** los ojos.

The corresponding subjunctive is used for the negative:

No vayas.   No abras.   No digas, etc.

The first person plural command *(let's* or *let us)* is expressed by the subjunctive:

Entremos ahora.   **No lo dejemos allí.**   **Vamos a casa.**

The only exception is **vamos** for **vayamos** in the affirmative only. When the reflexive pronoun **nos** is attached to the affirmative command, the final -s is dropped from the verb, and a written accent is added to retain the original stress:

Sentemos nos = Sentémonos   *Let's sit down.*
Levantémonos temprano   *Let's get up early.*

The final -s is dropped also before **se:**

Digamos se lo = Digámoselo   *Let's tell it to him.*

The spelling changes that occur in many verbs will necessarily be required also in the commands.

Piénselo Ud. (pensar)   *Think about it.*
No rías tanto. (reír)   *Don't laugh so much.*

E. In the following exercise, supply in the open spaces the appropriate command form of the verbs in parentheses. Most examples are taken from the text.

1. **(temer)** —Nada _____, mujer — le dijo la serpiente.
2. **(ir, apresurarse)** _____ tranquila, madre, y _____.
3. **(cerrar, decir)** _____ los ojos, Juan, y _____ me lo que ves.
4. **(figurarse)** _____ tú y yo que son las tres de la mañana.
5. **(volverse)** ¡Fuera de aquí! ¡_____ a la selva!
6. **(traer)** ¡Fuera la camisa, y _____ los perros!
7. **(tocar)** ¡Es un tigre! ¡No lo _____!
8. **(mostrar)** Eres un tigre. ¡_____ las rayas!

F. In the following exercise, supply a comment or answer using the imperative (with both **tú** and **usted**) with at least one verb.

Example: —¡María, hay un tigre en tu jardín!
         —¡Ay, no me lo digas!

1. No sé si debiera seguir una asignatura de química.
2. ¿Qué hago si los chicos se burlan de mí?
3. Tengo un gran miedo a los animales feroces.
4. Quisiera discutir mi dilema contigo.
5. Me extraña que este chico ande tan bien en sus asignaturas.

Ignacio Aldecoa 1925-1969

$\mathcal{T}$he career of this promising novelist and outstanding short story writer was cut short by an early death. Educated at the universities of Salamanca and Madrid, Aldecoa began to establish a reputation with his first novel in 1954, and became well known in 1958 with the publication of his award winning novel *Gran Sol.* This was the first of a trilogy that deals with the life of fishermen. In it the author tries to provide an objective, intimate study of the characters through their own "testimony," as if he had recorded their thoughts and conversations. The tragic, paradoxical destiny of man, a common theme in Aldecoa's work, reaches its most human evocation in this novel. Another outstanding characteristic of his work is the richness and effectiveness of his style, with its precision, economy of language, and a lyricism spiced with bold poetic images and metaphors.

The major part of Aldecoa's literary career, however, has been devoted to the short story, which incorporates many of the stylistic and thematic features of the novels. In most of his vast production of stories we find Aldecoa's concern for social justice, particularly with regard to the lower classes: the beggars, the gypsies, the prostitutes, and many others. They are all very moving and human stories. Thus, in the one that follows, *Un cuento de Reyes,* we find Aldecoa's concern for human dignity and his love for the humble and unfortunate expressed with great tenderness.

* Reprinted from Ignacio Aldecoa, *Cuentos completos* (Madrid: Editorial Alianza, 1973).

Un cuento de Reyes [1]

El ojo del negro es el objeto de una máquina fotográfica[2]. El hambre del negro es un escorpioncito[3] negro con los pedipalpos[4] mutilados. El negro Omicrón Rodríguez silba por la calle, hace el visaje[5] de retratar a una pareja, siente un pinchazo[6] doloroso en el estómago. Veintisiete horas y media lleva sin comer; doce y tres cuartos, no contando la noche, sin retratar; la mayoría de las[7] de su vida, silbando.

Omicrón vivía en Almería[8] y subió, con el calor del verano pasado, hasta Madrid. Subió con el termómetro. Omicrón toma, cuando tiene dinero, café con leche muy oscuro en los bares de la Puerta del Sol[9], y copas de anís[10], vertidas en vasos mediados de agua, en las tabernas de Vallecas[11], donde todos le conocen. Duerme, huésped[12], en una casita de Vallecas, porque a Vallecas llega antes que a cualquier otro barrio la noche. Y por la mañana, muy temprano, cuando el sol sale, da en su ventana un rayo tibio que rebota[13] y penetra hasta su cama, hasta su almohada. Omicrón saca una mano de entre las sábanas y la calienta en el rayo de sol, junto a su nariz de boxeador principiante, chata[14], pero no muy deforme.

Omicrón Rodríguez no tiene abrigo, no tiene gabardina, no tiene otra cosa que un traje claro y una bufanda[15] verde como un lagarto, en la que se envuelve el cuello cuando, a cuerpo limpio[16], tirita por las calles. A las once de la mañana se esponja[17], como una mosca gigante, en la acera donde el sol pasea, porque el sol pasea sólo por un lado, calentando a la gente sin abrigo y sin gabardina que no se puede quedar en casa, porque no hay calefacción[18] y vive de vender[19] periódicos, tabaco rubio, lotería, hilos de nylon[20] para collares, juguetes de goma y de hacer fotografías a los forasteros.

Omicrón habla andaluza y onomatopéyicamente[21]. Es feo, muy feo, feísimo, casi horroroso. Y es bueno, muy bueno; por eso aguanta todo lo que le dicen las mujeres de la boca del Metro[22], compañeras de fatigas.

---

[1] Reyes the Three Wise Men (Magi)
[2] objeto...fotográfica. the view finder of a camera. (The idea is that he holds his camera up to his eyes to suggest taking a picture, as indicated also in footnote 5, below.)
[3] escorpioncito little scorpion
[4] pedipalpos legs (of an insect)
[5] hace...retratar makes a gesture of photographing
[6] pinchazo doloroso a gnawing pain
[7] las i.e., las horas
[8] Almería city and province of the same name in southern Spain
[9] Puerta del Sol central square in Madrid
[10] copas... agua "shots" of anisette (a liqueur), poured into glasses half filled with water

[11] Vallecas a section (barrio) of Madrid
[12] huésped as a boarder
[13] rebota bounces
[14] chata flat
[15] bufanda...lagarto scarf... lizard
[16] a cuerpo limpio, tirita... without a coat, he shivers
[17] se esponja he puffs up
[18] calefacción heat
[19] vive de vender (the people who) live by selling...
[20] hilos de nylon... nylon thread (for necklaces, rubber toys)
[21] andaluza y... with an Andalusian accent and ono-matopoetically
[22] de la boca del Metro who hang around the subway entrance

25 —Satanás, muerto de hambre, ¿por qué no te enchulas[23] con la Rabona?

—No me llames Satanás, mi nombre es Omicrón.

—¡Bonito nombre! Eso no es cristiano. ¿Quién te lo puso, Satanás?

—Mi señor padre.

—Pues vaya humor[24]. ¿Y era negro tu padre?

30 Omicrón miraba a la preguntante casi con dulzura:

—Por lo visto.

De la pequeña industria fotográfica, si las cosas iban bien, sacaba Omicrón el dinero suficiente para sostenerse. Le llevaban[25] veintitrés duros por la habitación alquilada en la casita de Vallecas. Comía en restaurantes baratos platos de lentejas y

35 menestras[26] extrañas. Pero días tuvo en que se alimentó con una naranja, enorme, eso sí, pero con una sola naranja. Y otros en que no se alimentó.

Veintisiete horas y media sin comer y doce y tres cuartos, no contando la noche, sin retratar son muchas horas hasta para Omicrón. El escorpión le pica una y otra vez en el estómago y le obliga a contraerse. La vendedora de lotería le pregunta:

40 —¿Qué, bailas?

—No, no bailo.

—Pues chico, ¡quién lo diría!, parece que bailas.

—Es el estómago.

—¿Hambre?

45 Omicrón se azoró[27], poniendo los ojos en blanco[28], y mintió:

—No, una úlcera.

—¡Ah!

—¿Y por qué no vas al dispensario a que te miren?

Omicrón Rodríguez se azoró aún más:

50 —Sí, tengo que ir, pero...

—Claro que tienes que ir, eso es muy malo. Yo sé de un señor, que siempre me compraba[29], que se murió de no cuidarla.

Luego añadió nostálgica y apesadumbrada[30]:

—Perdí un buen cliente.

55 Omicrón Rodríguez se acercó a una pareja que caminaba velozmente.

—¿Una foto? ¿Les hago una foto?

La mujer miró al hombre y sonrió:

—¿Qué te parece, Federico?

---

[23] **¿Por qué no te enchulas con...?** Why don't you live off of (la Rabona)?

[24] **Pues vaya humor** Oh, that's funny (sarcastic)

[25] **Le llevaban** They charged him

[26] **lentejas y menestras** lentils and dried vegetables

[27] **azorarse** to get upset, mad

[28] **poniendo... blanco** rolling his eyes

[29] **compraba** i.e., a lottery ticket

[30] **apesadumbrada** grieved, distressed

—Bueno, como tú quieras...

—Es para tener un recuerdo. Sí, háganos una foto. Omicrón se apartó unos   *60*
pasos. Le picó el escorpioncito. Por poco[31] sale movida la fotografía. Le dieron la
dirección: Hotel... La vendedora de lotería le felicitó:

—Vaya, has empezado con suerte, negro.

—Sí, a ver si hoy se hace algo.

Rodríguez hizo un silencio lleno de tirantez[32].   *65*

—Casilda, ¿tú me puedes prestar un duro?

—Sí, hijo, sí; pero con vuelta.

—Bueno, dámelo y te invito a café.

—¿Por quién me has tomado? Te lo doy sin invitación.

—No, es que quiero invitarte.   *70*

La vendedora de lotería y el fotógrafo fueron hacia la esquina. La volvieron y se
metieron en una pequeña cafetería. Cucarachas pequeñas, pardas, corrían por el
mármol donde estaba asentada la cafetera exprés[33].

—Dos con leche.

Les sirvieron. En las manos de Omicrón temblaba el vaso alto, con una cuchari-   *75*
lla amarillenta y mucha espuma. Lo bebió a pequeños sorbos[34]. Casilda dijo:

—Esto reconforta, ¿verdad?

—Sí.

El "sí" fue largo, suspirado.

Un señor, en el otro extremo del mostrador, les miraba insistentemente. La ven-   *80*
dedora de lotería se dio cuenta y se amoscó[35].

—¿Te has fijado, negro, cómo nos mira aquel tipo? Ni que tuviéramos monos en
la jeta[36]. Aunque tú, con eso de ser negro, llames la atención, no es para tanto[37].

Casilda comenzó a mirar al señor con ojos desafiantes. El señor bajó la cabeza,
preguntó cuánto debía por la consumición[38], pagó y se acercó a Omicrón: *85*

—Perdonen ustedes.

Sacó una tarjeta del bolsillo.

—Me llamo Rogelio Fernández Estremera, estoy encargado[39] en el Sindicato
del... de organizar algo en las próximas fiestas de Navidad.

—Bueno —carraspeó[40]—, supongo que no se molestará[41].   *90*

---

[31] **Por poco... fotografía** The picture was almost ruined.

[32] **tirantez** tenseness, strain

[33] **donde... exprés** where the espresso coffee machine was placed

[34] **sorbos** sips

[35] **se amoscó** became annoyed

[36] **Ni que... jeta** We're not that funny looking (lit., we don't have monkeys on our faces)

[37] **no es para tanto** it's not that bad

[38] **consumición** order (of food or drink)

[39] **encargado... organizar** in charge, in my union, of organizing

[40] **carraspeó** he said hoarsely

[41] **supongo... molestará** I hope you don't mind

Yo le daría veinte duros si usted quisiera hacer el Rey negro[42] en la cabalgata de Reyes[43].

Omicrón se quedó paralizado.

—¿Yo?

95 —Sí, usted. Usted es negro y nos vendría muy bien[44], y si no, tendremos que pintar a uno, y cuando vayan los niños a darle la mano o besarle en el reparto de juguetes se mancharán[45].

¿Acepta?

Omicrón no reaccionaba. Casilda le dio un codazo[46]:

100 —Acepta, negro, tonto... Son veinte *chulís*[47] que te vendrán muy bien.

El señor interrumpió:

—Coja la tarjeta. Lo piensa[48] y me va a ver a esa dirección.

¿Qué quieren ustedes tomar?

—Yo un doble de café con leche —dijo Casilda—, y éste un sencillo y una copa

105 de anís, que tiene esa costumbre.

El señor pagó las consumiciones y se despidió.

—Adiós, piénselo y venga a verme.

Casilda le hizo una reverencia[49] de despedida.

—*Orrevuar*[50], caballero. ¿Quiere usted un numerito del próximo sorteo[51]?

110 —No, muchas gracias; adiós.

Cuando desapareció el señor, Casilda soltó la carcajada[52].

—Cuando cuente a las compañeras que tú vas a ser Rey se van a partir[53] de risa.

—Bueno, eso de que voy a ser Rey... —dijo Omicrón.

Omicrón Rodríguez apenas se sostenía en el caballo. Iba dando tumbos[54].

115 Le dolían las piernas. Casi se mareaba[55]. Las gentes desde las aceras sonreían al verle pasar. Algunos padres alzaban a sus niños.

— Mírale bien, es el rey Baltasar.

A Omicrón Rodríguez le llegó la conversación de dos chicos.

—¿Será[56] de verdad negro o será pintado?

---

[42] **el Rey negro** Balthasar, one of the three Wise Men (**Reyes Magos**) who came from the Orient bearing gifts for the Christ child

[43] **la cabalgata de Reyes** the procession of the three Wise Men

[44] **vendría muy bien** would suit us very well

[45] **reparto... se mancharán** in the distribution of gifts (the children) will get dirty. (In Spain, presents are brought to the children not by Santa Claus on Christmas, but by the Three Wise Men on Epiphany, January 6.)

[46] **le dio un codazo** poked him with an elbow

[47] **veinte chulís** twenty **duros** (100 pesetas)

[48] **Lo piensa** (you) think it over

[49] **le hizo una reverencia** made a bow

[50] **Orrevuar** i.e., "Au revoir"

[51] **sorteo** drawing (lottery)

[52] **soltó la carcajada** burst out laughing

[53] **partir** to split, to break

[54] **Iba dando tumbos** He was swaying unsteadily.

[55] **Casi se mareaba** He was almost sick.

[56] **¿Será...?** (future of conjecture) Can he really be...?

Omicrón Rodríguez se molestó. Dudaban por vez primera en su vida si él era *120* blanco o negro, y precisamente cuando iba haciendo de Rey.

La cabalgata avanzaba. Sentía que se le aflojaba el turbante[57]. Al pasar cercano a la boca del Metro, donde se apostaba[58] cotidianamente, volvió la cabeza, no queriendo ver reírse a Casilda y sus compañeras. La Casilda y sus compañeras estaban allí, esperándole; se adelantaron de la fila; se pusieron frente a él y, cuando esperaba que iban *125* a soltar la risa, sus risas guasonas[59], temidas y estridentes, oyó a la Casilda decir:

—Pues, chicas, va muy guapo, parece un rey de verdad.

Luego unos guardias las echaron hacia la acera.

Omicrón Rodríguez se estiró en el caballo y comenzó a silbar tenuemente[60]. Un niño le llamaba, haciéndole señales con la mano: *130*

—¡Baltasar, Baltasar!

Omicrón Rodríguez inclinó la cabeza solemnemente. Saludó.

—¡Un momento, Baltasar!

Los *flash* de los fotógrafos de Prensa le deslumbraron[61].

135

---

[57] **se le aflojaba el turbante** his turban was loose
[58] **se apostaba cotidianamente** he stationed himself every day
[59] **guasonas** churlish, heavy
[60] **silbar tenuemente** to whistle softly, lightly
[61] **deslumbrar** to dazzle

DESPUÉS DE LEER

A. Cuestionario.

1. El autor establece ciertos datos importantes en el primer párrafo. ¿Cuáles son?
2. ¿Qué sabemos de Omicrón y de su vida en Madrid?
3. ¿Por qué se despierta tan temprano por la mañana?
4. Describa usted por qué es importante el sol para Omicrón y la otra gente de su barrio.
5. ¿Quiénes son sus "compañeras de fatigas"? ¿Son crueles con Omicrón?
6. ¿Qué episodio concreto demuestra el hambre excesiva de Omicrón?
7. ¿Por qué se puede decir que la vendedora de lotería es la mejor amiga de Omicrón?
8. ¿Qué escena importante tiene lugar en el café?
9. ¿Por qué es importante que el rey Baltasar sea un verdadero negro?
10. ¿Se rieron de él la Casilda y sus compañeras al ver pasar a Omicrón?
11. ¿Cómo se explica que Omicrón está en la gloria al final?
12. ¿Por qué es tan eficaz la última frase del cuento?

VOCABULARIO

In the story we find the following idioms and expressions, and the use of the definite article with parts of the body (instead of the possessive article). You will also find instances where two adverbs are used together; remember that the first drops the -**mente**, remaining in the feminine singular.

eso de	*that matter (business) of*
hacer una foto (a)	*to take a picture (of)*
hacer (de)	*to play the role of*
soltar la carcajada	*to burst out laughing*
venir bien	*to fit, suit, become*

B. Traducir. Traduzca Ud. las siguientes frases.

1. Omicrón does not close his eyes when he takes a picture.
2. His companions have been working near the subway for many months.
3. Omicrón bowed (**inclinar**) his head proudly and solemnly.
4. Nobody burst out laughing when he played the part of Baltasar.
5. You would suit us very well because you are black.
6. That business of the three Wise Men (**Reyes Magos**) who bring presents on January 6th is an old Spanish custom.
7. Omicrón must feel like a real king when the press photographer takes his picture.
8. Have you been reading other Spanish short stories for some time?

REPASO GRAMATICAL

Llevar

Llevar is used much like **hacer** in time expressions. Unlike **hacer**, however, **llevar** is the main verb in this kind of sentence:

Llevo tres años aquí.
Hace tres años que estoy aquí. } *I have been here for three years.*

Lleva media hora esperando.
Hace media hora que espera. } *He has been waiting for half an hour.*

With a negative, **llevar** is followed by **sin** and an infinitive. Example from the text:

Veintisiete horas y media lleva
sin comer.

Hace veintisiete horas y media
que no come (*or* **que no ha comido**). } *She hasn't eaten for twenty-seven hours.*

C. Traducir. Traduzca las siguientes frases, empleando tanto **llevar...** como **hacer...**

1. She has been selling lottery tickets for twenty years.
2. How long (**cuánto tiempo**) have you been in this school?
3. Omicrón has not eaten for two days.
4. His companions have been waiting for him for an hour.
5. Have you been studying Spanish for a long time?

D. Contestar. Conteste en español.

1. ¿Lleva usted mucho tiempo en esta ciudad?
2. ¿Cuánto tiempo llevas sin ver a tu familia?
3. ¿Cuántos años llevan de casados sus padres?
4. ¿Cuántas horas lleva él escribiendo esa carta?
5. ¿Cuánto tiempo hace que Ud. conoce a su profesor(a) de español?

E. Comprensión. Llene los espacios en blanco con una palabra apropiada de la lista siguiente.

andaluz	silbar	hacer fotos
café con leche	abrigo	eso de
hacer	reírse	fotógrafo
alimentarse	lotería	insistentemente

1. Aunque tiene hambre, Omicrón _____ por la calle.
2. El negro se gana la vida _____.

3. Habla con un acento _____.
4. Cuando tiene dinero, toma _____ en los bares.
5. Tiene días en que no _____.
6. Tirita por las calles porque no tiene _____.
7. Casilda es una vendedora de _____.
8. Un señor les miraba _____ en el bar.
9. El señor quiere que Omicrón _____ el Rey negro.
10. Omicrón se preocupa por _____ ser Rey.
11. Temía ver _____ a Casilda y sus compañeras.
12. Los _____ de Prensa hacen fotos al Rey Baltasar.

Luisa Valenzuela 1938-

Born in Buenos Aires, Luisa Valenzuela has become probably the most translated contemporary female author from Latin America. By the time she was twenty she had already published articles in many Argentinean newspapers and journals, and from 1958 to 1961 she lived in Paris. It was here that she developed a strong interest in feminist themes. In 1969 she came to the United States on a Fulbright grant, and ten years later she left Buenos Aires and settled in New York.

Luisa Valenzuela has traveled extensively and has lectured and taught throughout the Western Hemisphere, including at several universities in this country. In addition to countless articles, she has published many short stories and more than a half dozen novels. Her fiction reflects, among other themes, a violent break with tradition, often satirizing irreverently the taboos of social institutions. Her works, in spite of the occasional humorous and playful style, carry a tremendous impact with regard to the political realities of authoritarian power: the infamous disappearances, persecution, torture, murder.

The collection of stories that best reflects this theme is *Aquí pasan cosas raras.* Its stories were inspired by the ruthless treatment of the Argentinean people by the military dictatorship, in the 1970s and early 1980s. Valenzuela shows how one of the most frightening consequences of the sustained oppression is its psychological effect on the individual, who is reduced to a state of debasement; he is only "poca cosa". Witness what happens under a police state in the story that follows, taken from this same collection.

La historia de Papito*

Una pared delgada nos ha separado siempre, por fin sonó la hora de que la pared nos una.

En el ascensor no solía dar un cinco[1] por él, ni en el largo pasillo hasta llegar a nuestras respectivas puertas. Él era esmirriado[2], cargaba toda la trivialidad de la estación Retiro hasta dentro de la casa: un humo de tren que empañaba[3] los espejos de la entrada, algunos gritos pegados[4] al oído que lo hacían sordo a mis palabras corteses: lindo día, ¿no? O bien: parece que tendremos lluvia. O: este ascensor, cada día más asmático[5]...

Pocas veces él contestaba sí, no, indiscriminadamente, y yo sólo podía barajar[6] los monosílabos y ubicarlos[7] donde más me gustara. De él prefería esa libertad que me daba para organizar nuestros humildes diálogos según mi propia lógica.

(Otra cosa de él no podía gustarme hasta esta noche: sus espaldas caídas[8], su cara gris sin cara[9], sus trajes arrugados, su juventud tan poco transparente.) (Esta noche, sin embargo, hubiera debido estirar una mano a través de la pared y obligarlo de una vez por todas a aceptar nuestro encuentro.)

Al fin y al cabo fue culpa de él el estruendo[10] que acabó con mi sueño. Y yo —Julio— creí que era a mi puerta que llamaban y daban de patadas[11] y que abrí hijo e'puta[12] me estaba destinado.

Que tengo yo que ver con policías, me dije medio dormido palpándome[13] de armas a lo largo y lo ancho del piyama.

Tiramos la puerta abajo, gritaban. Entrégate[14] que tenemos rodeada la manzana. Y mi puerta impávida[15] y supe que era al lado y él tan borradito[16], tan poquita cosa, ofreciéndome de golpe asistir a su instante de gloria y rebeldía.

No pude abrir mi puerta para verles la cara a los azules[17] dopados por el odio. El odio de los que se creen justos es algo que está un paso más allá de la cordura[18] y prefiere ignorarlo.

---

* **Papito** lit. "daddy" or some of the terms of endearment
[1] **no solía dar un cinco** I never paid much attention to him.
[2] **esmirriado** self-absorbed
[3] **humo... empañaba** smoke that steamed up
[4] **gritos pegados al oído** shouts that stuck in his ears
[5] **asmático** rickety
[6] **barajar** to shuffle
[7] **ubicarlos** place them
[8] **sus espaldas caídas** his hunched shoulders
[9] **sin cara** barely translucent
[10] **estruendo** uproar
[11] **daban de patadas** were kicking
[12] **que abrí... destinado** that "Open up you so-and-so (vulgar)" was addressed to me
[13] **palpándome... lo ancho** searching all up and down for a weapon
[14] **Entrégate... manzana** Give up; we've got the block surrounded
[15] **impávida** unscathed
[16] **borradito** forgettable
[17] **a los azules dopados** the cops' faces, drugged with hatred
[18] **la cordura... ignorarlo** reason, and it's better not to confront it

Me quedé por lo tanto con él de su lado del pasillo y pegue[19] la oreja al tabique para saber si podía acompañarlo. La voz de la mujer tenía el timbre agudo de la histeria:

—Entrégate. Qué va a ser de mí. Entrégate.

Y él, tan poquita cosa hasta entonces, ahora agrandado[20].

—No, no me entrego nada.

—Sí, entrégate. Van a tirar la puerta abajo y me van a matar a mí. Nos van a matar a los dos.

—Vamos a joderlos[21]. Nos matamos nosotros antes. Vení, mátate conmigo.

—Estás loco, papito, no digas eso. Yo fui buena con vos. Sé bueno ahora conmigo, papito.

Empiezo a toser porque también a mi departamento están entrando los gases lacrimógenos[22]. Corro a abrir la ventana aunque quisiera seguir con la oreja pegada al tabique y quedarme con vos, papito.

Abro la ventana. Es verdad que estás rodeado, papito: montones de policías y un carro de asalto. Todos para vos y vos tan solo.

Bang, grita el revólver de papito para probar que está armado. Y los canas[23]:

—Que salga la mujer. Haga salir a la mujer.

Crash, pum, sale la mujer.

No le dice chau[24] papito, ni buena suerte, ni nada. Hay un ninaderío[25] ahí dentro, chez papito... Hasta yo lo oigo y eso que suelo ser muy duro de oídos para lo que no resuene[26]. Oigo el ninaderío que no incluye la respiración de papito, el terror de papito, nada. El terror de papito debe de ser inconmesurable[27] y no me llega en efluvios[28], qué raro, como me llegan los gases que lo estarán ahogando.

Entréguese, gritan, patean[29], aúllan de furia. Entréguese. Contamos hasta tres y echamos la puerta abajo y entramos tirando.

Hasta tres, me digo, que poco recuento[30] para la vida de un hombre. Padre, Hijo y Espíritusanto son tres y qué puede hacer papito con una trinidad tan sólo para él y en la que se le va la vida.

Uno, gritan los de afuera creyéndose magnánimos. Fuerza, papito, y él debe de estar corriendo en redondo por un departamento tan chico como el mío y en cada ventana se debe topar con[31] el ojo invisible de una mira telescópica.

---

[19] **pegué... tabique** I glued my ear to the wall
[20] **agrandado** now gaining in stature
[21] **Vamos a joderlos** (vulgar) To hell with them
[22] **gases lacrimógenos** tear gas
[23] **los canas** cops
[24] **chau** i.e. ciao (Ital.), so-long
[25] **ninaderío** a deafening nothingness
[26] **para lo que no resuene** when there's no sound
[27] **inconmensurable** immeasurable
[28] **en eflugios** in waves
[29] **patean, aúllan** they kick, howl
[30] **que poco recuento** not much of a countdown
[31] **topar con** run into, come across

Yo no enciendo las luces por si acaso[32]. Pongo la cara contra la pared y ya estoy con vos, papito, dentro de tu pellejo. Dos, le gritan me gritan y él contesta: no insistan, si tratan de entrar me mato.

Yo casi no oí el tres. El tiro lo tapó[33] todo y las corridas con pies de asombro y la puerta volteada[34] y el silencio.

Un suicida ahí no más[35], papito, ¿qué me queda ahora a mí al alcance de la mano? Me queda sentarme en el piso con la cabeza sobre mis propias rodillas sin consuelo y esperar que el olor a pólvora se disipe y que tu dedo se afloje[36] en el gatillo.

Tan solo, papito, y conmigo tan cerca.

Después de las carreras, una paz de suceso irremediable[37]. Abrí mi puerta para asomar la nariz, la cabeza, todo el cuerpo, y pude escurrirme[38] al departamento de al lado sin que nadie lo note.

Papito poca cosa era un harapo[39] tirado sobre el piso. Lo movieron un poco con el pie, lo cargaron sobre unas angarillas[40], lo taparon con una manta sucia y se fueron con él camino de la morgue.

Quedó un charco[41] de sangre que había sido papito. Una mancha sublime del color de la vida.

Mi vecino era grande en esa mancha, era importante. Me agaché y le dije:

—Gríteme su nombre y no se inquiete. Puedo conseguirle un buen abogado.

Y no obtuve respuesta, como siempre.

---

[32] **por si acaso** just in case
[33] **lo tapó** obliterated it
[34] **volteada** splintered
[35] **ahí no más** right here
[36] **tu dedo se afloje en el gatillo** for your finger to loosen on the trigger
[37] **una paz de suceso irremediable** the calm that follows an irremediable act
[38] **pude escurrirme** I managed to sneak into
[39] **Papito... harapo** Little-nothing Papito was a rag
[40] **sobre unas angarillas** on a stretcher
[41] **charco** puddle

DESPUÉS DE LEER

A. Cuestionario.

1. ¿Cree Ud. que "la pared" (en la primera frase) puede tener un significado simbólico?
2. Según el narrador, ¿cómo es papito?
3. ¿Qué sucedió aquella noche que hizo que el narrador no pudiera dormirse?
4. ¿Por qué piensa Ud. que papito, "tan poquita cosa", fue el blanco *(target)* de este ataque?
5. ¿Qué ironía hay en que *(the fact that)* la casa esté rodeada de "montones de policías"?
6. ¿Cómo sirve de contraste la compañera de papito?
7. ¿Qué le parece al narrador el recuento de tres que la policía le da a papito?
8. ¿Siente el narrador algún arrepentimiento *(regret, remorse)* por lo que ha sucedido?
9. Escoja algunos actos o palabras que capten bien el ambiente de terror.
10. ¿Por qué es "sublime" la mancha de sangre?
11. ¿Qué piensa Ud. de las últimas palabras del narrador dirigidas a papito?

B. Verb Review. En las siguientes frases, sacadas del cuento, dé la forma correcta de los verbos entre paréntesis. Hay varios usos del subjuntivo.

1. (**ver**) Qué tengo yo que _____ con la policía, me dije.
2. (**salir**) —Que _____ la mujer. Haga _____ la mujer.
3. (**dar**) En el ascensor yo no solía _____ un cinco por él.
4. (**disiparse**) Me queda esperar que el olor a pólvora _____.
5. (**correr**) El debe de _____ en redondo.
6. (**notar**) Pudo entrar sin que nadie lo _____.
7. (**resonar**) Suelo ser muy duro de oídos para lo que no _____.
8. (**unir**) Por fin sonó la hora de que la pared nos _____.

VOCABULARIO

You are already aware of the considerable number of Spanish and English words that resemble each other in form and meaning (cognates): **tragedia, fantasía, minoría**, etc. However, be careful of those that do not have similar meanings: in the story, **suceso** does not mean *success.*

C. Traducir. Traduzca las palabras en negrita, usando un diccionario cuando sea necesario.

1. Ese autor ha tenido mucho **éxito**.
2. ¿No deseas **quitarte** el sombrero?

3. No puedo **soportar** los bigotes.
4. Su madre habla varios **idiomas.**
5. Es el **único** amigo que tengo.
6. Te veré en la **librería.**
7. Vivimos en una casa **particular.**
8. Su amiga acaba de morirse. ¡Qué **desgracia!**
9. ¿Quieres **probarte** este traje?
10. Escribió una **apología** del cristianismo.

D. Exprese lo opuesto de las siguientes frases.

1. El narrador solía cenar de vez en cuando con papito.
2. Esa noche el narrador estiró una mano a través de la pared para ayudar a su amigo.
3. Sabiendo que los dos hombres son amigos, los policías echaron abajo la puerta del narrador.
4. La amiga de papito desafía a los "azules".
5. Cuando los policías llegan a "tres", papito sale corriendo.

E. Traduzca, teniendo en cuenta las expresiones siguientes.

al fin y al cabo	**deber de + infinitive**
soler + infinitive	**topar con**
tener que + infinitive	

1. In this country we are not accustomed to seeing this kind of terrorism.
2. After all, the noise that put an end to my sleep was his fault.
3. I don't know what papito had to do with politics that made him one more victim.
4. In this kind of government one is used to coming across these acts of brutality.
5. The author must have known well the fear with which the people live under a tyrant (**tirano**).

Luis Mateo Díez 1942 -

*B*orn in the province of León, Spain, Mateo Díez resides in
Madrid, where he obtained his degree in law. Early attracted
to literature, he co-founded the poetry journal *Claraboya* in the
sixties. His first book of short stories appeared in 1973 and since
then he has published four more collections of stories and four
novels, one of which, *La fuente de la edad* (1986) won the prestigious Premio Nacional de la Crítica and the Premio Nacional de
la Literatura in that same year.

There is an air of pessimism among the themes of many stories,
as in *Brasas de agosto* (1989), whose protagonist would like to
recapture a long-lost love that leads only to defeat and frustration.
Dante long ago advised that there is no greater grief than recalling
past happiness. Almost all the characters in the stories are frustrated
losers. Other themes in Mateo Díez, however, involve other kinds
of realities, like the rural "intrahistory" of traditions and daily
activities and the absurd and grotesque of certain situations of life.
And in the second part of his recent collection, *Los males menores*
(1993), he tries a new genre, "mini-stories," *cuentos mínimos* characterized by wit, humor, and surprise.

With regard to what the short story is or can be, its fascination
and power, Mateo Díez agrees with the statement of Julio
Cortázar that the novel and the short story can be compared ana-
logically to the cinema and to photography. Unlike the novel or
movie, the story (or photograph) in its brevity and compactness
obliges the writer to select or limit an image or an event that may
be significant and that has the power to direct the sensibilities of
the reader (or viewer) toward something that goes far beyond the
literary or visual anecdote contained in the story or photo. This is
true in the story that follows, from *Brasas de agosto,* in which the
frustration of the professor is presented in a lighter vein than in
the other stories of the book.

La llamada

El profesor Eliseo Degaña exprimió la rodaja[1] de limón en el té y limpió los dedos en la servilleta.

Sobre el cartapacio[2] que mantenía en las rodillas señaló, a modo de ejemplo, la cita[3] del Palacio de Jorsabad y, mientras apuraba[4] con sumo cuidado la infusión, recordó al rey Sargún y su hijo Senaquerib.

Dejó la taza sobre la mesa del tresillo[5] y se levantó para buscar la pipa.

—Caldeos y asirios[6] fueron brava gente —musitó[7] el profesor al recoger un fósforo y estremecer[8] la llama en la cacerola.

Se acercó a la ventana y, apartando los visillos[9] quedó absorto contemplando el cercano muro del jardín atestado de yedra[10] perezosa.

—Aprenderíamos mucho de las viejas civilizaciones si fuéramos más sensibles a la historia —dijo el profesor, consciente de que nadie le escuchaba.

—Pero henos aquí, descreídos y contumaces[11], en las babas[12] de este siglo impersonal.

El tasteo justo[13] de la pipa supuraba[14] un paladar levemente dulzón, muy al gusto holandés.

El profesor alzó la mano izquierda y con gesto aseverativo[15] se dirigió al desolado panorama otoñal.

—El tiempo acabará dándonos la razón a los eruditos. Las más hermosas verdades están depositadas en el subterráneo del pasado.

Bajó la mano y acarició femeninamente los botones del chaleco.

Después, cumpliendo una especie de tic solemne, comenzó a rascarse[16] la perilla.

—Sigamos con la arquitectura mesopotámica, Eliseo —se dijo cariñosamente.

El teléfono levantó un estrépito antihistórico en aquella habitación cuajada[17] de concienzudos mamotretos.

El profesor Eliseo Degaña sintió la flecha sonora acribillando[18] su imaginación, que acababa de posarse sobre la planta del Templo de Asur.

---

[1] **exprimió la rodaja** squeezed a slice
[2] **cartapacio** notebook
[3] **la cita**...the site... Jorsabad was a city in ancient Assyria; the palace was built by Sargon II in the 8th century B.C. Other names will refer to this region and period.
[4] **apurar... la infusión** to drain... tea
[5] **mesa del tresillo** living room table
[6] **Caldeos y asirios** Chaldeans and Assyrians
[7] **musitó** muttered
[8] **estremecer...cacerola** to light the burner under the saucepan
[9] **visillos** curtains
[10] **atestado de yedra** covered with ivy
[11] **contumaz** rebellious, stubborn
[12] **las babas** drivel
[13] **el tasteo justo** the very taste
[14] **superaba... dulzón** made foul a slightly sweet palate
[15] **aseverativo** positive
[16] **rascarse la perilla** to scratch his goatee
[17] **cuajada... mamotretos** stuffed with meticulous notebooks
[18] **acribillar** to riddle

Descolgó el auricular[19] y, apartando la pipa de la boca, musitó un <allo> desinteresado.

Hubo un ligero silencio y una voz femenina, muy incisiva y graciosa, dijo: 30

—Oh, querido profesor, es usted adorable.

El profesor Degaña dejó caer la pipa y sintió un sonrojo metafísico.

—¿Quién? —preguntó de una forma a todas luces[20] incongruente.

Al otro lado de la línea cortaron la comunicación.

Degaña, con el teléfono en la mano, tardó unos segundos en reaccionar. 35

De la pipa se habían desprendido pequeñas brasas[21] que empezaban a chamuscar el musgo de la alfombra.

—¿Quién es? —repitió el profesor consciente ya de que habían cortado.

Colgó el aparato y recogió nerviosamente la pipa, apagando las brasas con la mano. 40

Después recuperó su honorable contextura[22] tras leve jadeo.

Aquella voz empezó a martillear[23] machaconamente su cerebro sin perder el encanto de su timbre.

Fue al sillón del tresillo y, mientras se sentaba, la mano izquierda devolvió el tic a la perilla. 45

Tomó el cartapacio y consideró someramente[24] la planta del Templo del Al-Ubaid al tiempo que se repetía ya más calmado:

—¡Qué caiquilla descarada[25]! ¿Quién, demonios...?

E, inconscientemente, sus ojos volvieron al teléfono con un brillo entre airado[26] y temeroso. 50

Hizo un gesto de alivio estirando el chaleco y cuadró[27] perfectamente el cartapacio en las rodillas.

Al tomar el lapicero para anotar al lado del nombre del rey Sargón la fecha de construcción del Palacio de Jorsabad, sintió que los dedos se desleían[28] temblorosamente.

—Recuperemos la paz, Eliseo —se dijo con cariño—. Vamos a olvidar este des- 55 agradable incidente. Alguien ha intentado boicotearnos.

Y los dedos hicieron caso[29] a duras penas al cerebro científico del profesor.

El nuevo alarido[30] metálico del timbre ocasionó una raya[31] deforme sobre los números de la fecha 702-705.

El profesor apartó el cartapacio con el mismo sonrojo metafísico y se puso en pie 60 vibrando.

---

[19] **Descolgó...** He picked up the phone
[20] **a todas luces** manifestly
[21] **brasas... chamuscar el musgo** embers... to singe the pile
[22] **contextura ... jadeo** composure after a slight panting
[23] **martillear machaconamente** to hammer incessantly
[24] **someramente** briefly

[25] **¡Qué... descarada!** What imprudence!
[26] **airado** angry
[27] **cuadrar** to square
[28] **desleír** to dissolve, dilute
[29] **hicieron caso... penas** scarcely paid attention
[30] **alarido** noise, sound
[31] **ocasionó una raya deforme** caused a stray crooked line

Fue hasta el teléfono con gesto resolutivo y miedoso, lleno de íntimas ambigüedades.

Nada más acercar el auricular escuchó la misma voz morosa[32] y tierna:

65 —Oh, querido profesor, no sólo es usted adorable, sino tremendamente interesante. Le amo hasta la desesperación.

Y, al tiempo del clic, el profesor Degaña articuló desmadejadamente[33] algunas palabras:

—Señorita... Oiga... Señorita.

70 Un áspero sudor[34] le perlaba la frente y corría por sus manos.

Volvió a colgar al tiempo que mordía la pipa y se cercioraba[35] de que estaba apagada.

La voz, llena de arpegios sensuales, repetía esas palabras que el profesor, sin darse cuenta, estaba paladeando[36] a pesar del nerviosismo.

Comenzó a pasear por la habitación haciendo funcionar el cerebro.

75 —Es una broma absurda —se dijo—. Es un vilipendio[37], un boicot, una auténtica carnavalada[38].

Se detuvo ante la ventana y vio que sus manos estaban húmedas.

Sacó el pañuelo y limpió la frente, quitó las gafas y repasó los cristales[39].

—Una broma vergonzosa[40], Dios me libre, ¡qué falta de respeto!

80 Pensó que lo más oportuno era descolgar el teléfono para evitar más llamadas, pero esto le pareció en seguida un acto de debilidad y decidió que a la próxima actuaría severamente, sin contemplaciones.

—Es increíble que uno tenga que soportar estas pruebas de sadismo. ¡Qué locura! Vamos a actuar con eficacia. Eliseo, esa joven merece que la reprendan[41].

85 Volvió al sillón y encendió la pipa.

—¿Quién puede ser?

La memoria del profesor Eliseo Degaña hizo un recorrido veloz sobre el rostro de sus alumnas.

Comprobó[42] que todos esos rostros estaban perfectamente clasificados de acuerdo[43] a su personal teoría de la belleza femenina y esto le inquietó un poco.

90 —Son buenas chicas, no puedo sospechar de ninguna.

Recostó la cabeza enteramente en el respaldo del sillón y entrecerró los ojos.

El variado friso[44] de aquellas caras sonrientes traspasaba la imaginación del profesor que, algunas veces asociaba con mayor nitidez[45] que el rostro las figuras

---

[32] **morosa** soft; slow
[33] **desmadejadamente** weakly
[34] **áspero sudor le perlaba** a cold perspiration beaded
[35] **cerciorarse de** to make sure, to ascertain
[36] **paladear** to relish
[37] **vilipendio** insult
[38] **carnavalada** carnival stunt
[39] **repasó los cristales** wiped his glasses again

[40] **broma vergonzosa** dirty joke
[41] **reprender** to scold
[42] **comprobar** to verify
[43] **de acuerdo a** according to
[44] **variado friso** the varied frieze (as of a temple)
[45] **mayor nitidez que el rostro** greater clarity than their faces

estilizadas, el vértice[46] de unas tiernas rodillas, los promontorios[47] de unos pechos ágiles, la cabellera derramada[48] sobre el pupitre. _95_

El teléfono repicó por tercera vez.

Degaña fue hacia él componiéndose el chaleco y con el corazón lanzado[49] sin remedio.

La voz sonaba más cerca y pastosa[50], haciendo flexiones[51] entre el aliento. _100_

—Profesor, por lo que más quiera, déme una oportunidad, me volveré loca. Le amo. Estoy soñando con usted todo el día. ¿No se da cuenta? Oh, es usted adorable y quiero que me posea...

Al profesor Degaña le resbalaron las gafas por la nariz, su garganta[52] se atragantó a media palabra. _105_

—¿Me escucha, profesor? Es usted tan interesante, tan inteligente. Por ahora me conformaría con ser su Nefertiti[53] de una noche. Dígame que sí, profesor.

Degaña se quitó las gafas y las dejó caer al suelo.

—Pero, señorita, ¿quién es usted...? —masculló estúpidamente.

—Dígame que sí, profesor. Piénselo un momento y espere mi llamada, pero _110_ dígame que sí.

La voz se perdió tras el corte[54] y Eliseo Degaña tragó saliva mientras sujetaba[55] el aparato en la mano.

El sonido intermitente del teléfono penetraba con un desasosiego despiadado[56], algo parecido al canto de las sensuales sirenas de La Odisea[57]. _115_

—Voy a volverme loco —se dijo el profesor cuando regresó al sillón y tiró el cartapacio violentamente contra el suelo—. ¿Qué especie de dioses se han confabulado[58] contra mí?

Rascaba la perilla velozmente y sentía el cosquilleo[59] de los dedos en los pelos.

—Mi Nefertiti de una noche. ¡Dios te libre, Eliseo! Es demasiado peligroso, es _120_ absurdo. Una sádica. Y parece que sea una de mis alumnas.

De nuevo la memoria del profesor volvió al recuento de sus queridas alumnas y en el éxtasis investigatorio comprobó sus debilidades personales.

—Puede ser la Sotero. Gaby Sotero, claro. Es la más descocada[60]. En la fiesta del rector hacía el cerdo[61] con el adjunto de Estética[62] sin dejar de mirarme. Es ella. _125_

Degaña se levantó a coger las gafas.

---

[46] **el vértice** the tips
[47] **promontorios... pechos** the outlines of some breasts
[48] **la cabellera ... pupitre** the hair spilling over the desk
[49] **lanzado sin remedio** pounding uncontrollably
[50] **pastosa** mellow
[51] **haciendo flexiones... aliento** pausing between breaths
[52] **su garganta... palabra** his throat dried up on him
[53] **Nefertiti** Egyptian queen of the 14th century B.C.

[54] **el corte** the hanging up of the phone
[55] **sujetar** to hold, clutch
[56] **desasosiego despiadado** cruel anxiety
[57] **La Odisea** Homer's Odyssey
[58] **confabular** to scheme, plot
[59] **cosquilleo** tickling sensation
[60] **descocada** forward, insolent
[61] **hacía el cerdo con** was rude to
[62] **adjunto de Estética** adjunct professor of Aesthetics

—O Lolines, ¿quién me dice que no es Lolines? Tan pálida, tan mosquita muerta y con esas caderas rebosantes[63]... Lo que necesito es un whisky antes de que vuelva a llamar.

130   Fue el profesor a la librería[64] y extrajo de detrás de un diccionario de la Historia una botella de Johnny Walker y un vaso. Se sirvió y fue a sentarse bebiendo ávidamente.

—Es una locura —dijo antes de volver el vaso a la boca para dejarlo vacío—. Mi Nefertiti de una noche.

135   Recogió la botella y se sirvió de nuevo.

—Estamos evolucionando hacia formas históricamente imprevistas[65], Eliseo, tal vez sea preciso contemporizar[66].

El Johnny Walker arrugaba[67] suavemente el esófago del profesor.

Se sirvió un tercer whisky mientras observaba el cartapacio caído en el suelo.

140   —Mañana será difícil hablar de la arquitectura mesopotámica. Confundiremos el zigurat con el hilani[68].

—Veamos los efectos de la bella música en una situación tan mefistofélica.

Se levantó y entró en el dormitorio. Sobre la mesilla de noche estaba el pick-up[69] y encima de la cama un manojo de discos.

145   Puso un concierto de Vivaldi y conectó el bafle[70] del salón.

La suave densidad de la trompetería le arrullo[71] los oídos con un encantado despego de alambiquidades.

Mientras bebía, ligeramente embrujado[72] y lejos de caldeos y asirios, sonó el teléfono.

150   —Históricamente, el hombre, según Manus Stevens, está determinado a la concupiscencia[73]. Seamos cabales[74] con el destino, Eliseo —se dijo mientras fue a recoger la llamada.

La voz tembló por encima de lóbulo con una suavidad afrodisíaca.

—Querido profesor, estoy esperando con ansiedad, te necesito esta noche.

155   El profesor Eliseo Degaña, arrullado por Vivaldi y las salpicaduras[75] del whisky. acercó cuidadosamente el auricular a la boca y dijo con suavidad.

—Te espero, Nefertiti, no tardes. Siempre me he rendido ante el amor desinteresado[76] de mis diosas.

---

[63] **caderas rebosantes** large hips
[64] **librería** bookshelf
[65] **imprevistas** unforeseen
[66] **contemporizar** to temporize
[67] **arrugar** to soothe
[68] **el zigurat, el hilani** The ziggurat, or temple tower, was the dominant feature of religious architecture throughout the history of Mesopotamia. **Hilani** (prob. **hilada**) is a horizontal row of bricks or stones on a building.

[69] **el pick-up** phonograph
[70] **el bafle** loudspeaker
[71] **arrulló... alambiquidades** lulled him into a delightful state of indifference.
[72] **embrujar** to bewitch
[73] **concupiscencia** lust, greed
[74] **cabales** exact
[75] **salpicaduras** splashes
[76] **desinteresado** selfless

Y Degaña consideró que aquella había sido una bella frase.

—Oh profesor, eres un encanto, no sabes cómo te adoro.

—La historia nos enseña a sus vasallos a comprender el ritmo evanescente de Afrodita —remató[77] el profesor maravillado de su certera inspiración.

Y mientras su gesto embargado[78] por las mieles de la conquista se alargaba en una sonrisa de campeón olímpico, la misma voz, tan sumisa y tierna, cambió violentamente de tono para decirle.

—¿Sabes una cosa, profesor? Eres un pobre cerdo[79] históricamente caduco[80]. Búscate una guarra para esta noche de insomnio.

Y el clic desarticuló[81] los miembros interiores del profesor Eliseo Degaña.

El concierto de Vivaldi golpeaba sus oídos con la furia metálica de las trompetas.

Cuando colgó el teléfono se dijo sin demasiado convencimiento.

—Bien, Eliseo, volvamos al reino de Sargón, ella se lo pierde[82].

Ante las fichas[83] y los mamotretos siempre encontraba el profesor descanso y compensación para sus múltiples desengaños.

---

[77] **remató** concluded
[78] **embargado... conquista** paralyzed by the sweetness of his conquest
[79] **cerdo** (and **guarra**) pig
[80] **caduco** out-of-date
[81] **desarticuló los miembros** shook the limbs
[82] **Ella se lo pierde** she's ruining it
[83] **fichas** filing cards (and notebooks)

DESPUÉS DE LEER

A. Cuestionario.

1. ¿De qué materia es profesor Eliseo Degaña? Explique.
2. ¿Qué características estereotípicas de un profesor posee Eliseo?
3. ¿Está el profesor solamente enojado, o es que siente otra emoción?
4. ¿Qué rasgos humorísticos encuentra Ud. en el cuento?
5. Describa la voz de la que está llamando por teléfono.
6. ¿Diría Ud. que el profesor es sexista?

B. Comprensión. Discuta las razones posibles para explicar esta serie de llamadas. ¿Es un acto de venganza?

REPASO GRAMATICAL

Repaso del subjuntivo en frases condicionales

Observe the following example, taken from the text:

Aprenderíamos mucho... si fuéramos más sensibles a la historia. The subjunctive is used in the *if* clause that expresses contrary-to-fact and uncertainty in the future. Other examples:

Si yo fuera usted, no lo haría.	*If I were you I wouldn't do it.*
Si lloviera (lloviese) mañana, no iríamos.	*If it rained (should rain) tomorrow, we wouldn't go.*
Si Ud. me hubiese llamado, yo habría venido en seguida.	*If you had called me, I would have come immediately.*

Note that only a past or past perfect subjunctive is used in the *if* clause; the main verb will be the conditional or conditional perfect indicative.

The indicative is used in a simple condition, one which establishes a direct relation between a condition and a result. The condition assumes a fact that has a logical result.

Si no trabajas, no te pago.	*If you don't work, I won't pay you.*
Si vino ayer, no le vi.	*If he came yesterday, I didn't see him.*

The tenses in Spanish are generally the same as in the English sentence.

Note: The future, the conditional, and the present subjunctive are never used after **si** when it means *if.*

C. Diga cuál de las formas que están entre paréntesis es la correcta.

1. Yo no estudiaría si él (es, sería, fuera) mi profesor.
2. Si (haga, hace) buen tiempo, daremos un paseo por el parque.
3. Jorge, si me (habías escuchado, has escuchado, hubieras escuchado) habrías evitado esto.
4. Si (pintase, pintará, pintó) la casa, fue para satisfacerme.
5. Dígale a mi madre que estoy ocupada, si me (llame, llama, llamará).
6. Si él fuera su profesor, ¿(encontrará, encontraría, encuentra) interesante la historia antigua?
7. Si (recibiese, recibirá, recibió) usted tales llamadas, ¿se enojaría Ud.?
8. No me di cuenta si él me (llamara, llamó, llamará).

D. Conteste en español.

1. ¿Qué habría dicho usted si hubiera sido la alumna?
2. ¿Qué hará usted mañana si no hay clases?
3. ¿Se vengaría usted así si fuera esa mujer?
4. Si está usted enferma,. ¿me avisará *(inform)*?
5. ¿Te gustaría vivir en un país donde se hable español si pudieras?

E. Traducir. Observe Ud. los modismos siguientes y traduzca las frases.

hacer caso a	*to pay attention to*
darse cuenta de	*to realize*
tardar en + infinitive	*to be slow, delay in doing something*
soñar con	*to dream of, about*
dejar de + infinitive	*to stop (doing something)*
volver a + infinitive	*to do (something) again*

1. I shall not answer if she calls me again.
2. If Degaña delayed a few moments in speaking, it was because his voice was trembling (**temblar**).
3. Would you pay attention to the calls if you were the professor?
4. If you receive calls like those, will you stop picking up the receiver? (See footnote 18).
5. If you had dreamed about someone all day, would you have done the same thing?
6. If you told me that he is sexist, I would agree.

Julio Cortázar 1914-1984

One of the most innovative and talented writers of South America is the Argentinean Julio Cortázar. Like his famous countryman Jorge Luis Borges, Cortázar is extolled not only in his own country and throughout Latin America, but also in many non–Spanish countries as well. Having lived for many years abroad —his father was in the diplomatic service— Cortázar is cosmopolitan and Argentinean at the same time. The translation of two early novels, *Los premios* and *Rayuela,* brought him great acclaim.

Cortázar was early attracted by the literature of the fantastic and the absurd. He became an outstanding cultivator of the genre, as can be seen, for example, in his collection of stories entitled *Bestiario* (1951). He is a very original writer, fond of the irrational, the abstract, the incoherent, but preoccupied with the anguish and the moral dilemmas of the contemporary world.

Cortázar is also a realistic author. His stories, written in a very personal style, reflect all levels of society and settings, with exceptionally well-drawn characters. He was an early proponent of magic realism in his works. The real, humdrum, everyday happenings of daily life blend with unreal events often before the reader is fully aware of it. He sought ambiguity, providing his stories with multilevel meanings. In the one that follows, Cortázar's most compact story, you will find a good example of some of the themes and techniques mentioned above. This story within a story may interest you with its transition from a fictional plane to a concrete real one.

Continuidad de los parques

Había empezado a leer la novela unos días antes. La abandonó por negocios urgentes, volvió a abrirla cuando regresaba en tren a la finca[1]; se dejaba interesar lentamente por la trama[2], por el dibujo del personaje. Esa tarde, después de escribir una carta a su apoderado[3] y discutir con el mayordomo[4] una cuestión de aparcerías, volvió al libro en la tranquilidad del estudio que miraba hacia el parque de los robles[5]. Arrellanado[6] en su sillón favorito, de espaldas a la puerta que lo hubiera molestado como una irritante posibilidad de intrusiones, dejó que su mano izquierda acariciara una y otra vez el terciopelo[7] verde y se puso a leer los últimos capítulos. Su memoria retenía sin esfuerzo los nombres y las imágenes de los protagonistas; la ilusión novelesca[8] lo ganó casi en seguida. Gozaba del placer casi perverso de irse desgajando[9] línea a línea de lo que lo rodeaba, y sentir a la vez que su cabeza descansaba cómodamente en el terciopelo del alto respaldo, que los cigarrillos seguían al alcance de la mano, que más allá de los ventanales danzaba el aire del atardecer bajo los robles. Palabra a palabra, absorbido por la sórdida disyuntiva[10] de los héroes, dejándose ir hacia las imágenes que se concertaban[11] y adquirían color y movimiento, fue testigo[12] del último encuentro en la cabaña del monte. Primero entraba la mujer, recelosa[13], ahora llegaba el amante, lastimada[14] la cara por el chicotazo de una rama. Admirablemente restañaba[15] ella la sangre con sus besos, pero él rechazaba las caricias, no había venido para repetir las ceremonias de una pasión secreta, protegida por un mundo de hojas secas y senderos[16] furtivos. El puñal se entibiaba[17] contra su pecho, y debajo latía la libertad agazapada[18]. Un diálogo anhelante[19] corría por las páginas como un arroyo de serpientes, y se sentía que todo estaba decidido desde siempre. Hasta esas caricias que enredaban[20] el cuerpo del amante como queriendo retenerlo y disuadirlo, dibujaban abominablemente la

---

[1] **la finca** his estate
[2] **la trama** plot
[3] **apoderado** lawyer
[4] **el mayordomo... aparcerías** the manager (of his state)... joint ownership
[5] **los robles** oak trees
[6] **Arrellanado** sprawled
[7] **terciopelo** velvet (upholstery)
[8] **la ilusión novelesca** the novel's story
[9] **irse desgajando** gradually disengaging himself
[10] **disyuntiva** dilemma

[11] **se concertaban** were in harmony
[12] **testigo** witness
[13] **recelosa** apprehensive
[14] **lastimada... rama** his face cut by the backlash of a branch
[15] **restañar** to stanch
[16] **senderos** paths
[17] **El puñal se entibiaba** the dagger warmed itself
[18] **agazapada** waiting
[19] **anhelante** panting, lustful
[20] **enredaban** enturned

25 figura de otro cuerpo que era necesario destruir. Nada había sido olvidado: coarta-das[21], azares, posibles errores. A partir de esa hora cada instante tenía su empleo[22] minuciosamente atribuido. El doble repaso[23] despiadado se interrumpía apenas para que una mano acariciara una mejilla. Empezaba a anochecer.

Sin mirarse ya, atados rígidamente a la tarea que los esperaba, se separaron en la
30 puerta de la cabaña. Ella debía seguir por la senda que iba al norte. Desde la senda opuesta él se volvió un instante para verla correr con el pelo suelto. Corrió a su vez, parapetándose[24] en los árboles y los setos, hasta distinguir en la bruma malva[25] del crepúsculo la alameda[26] que llevaba a la casa. Los perros no debían ladrar y no ladraron. El mayordomo no estaría a esa hora, y no estaba. Subió los tres peldaños
35 del porche y entró. Desde la sangre galopando en su oídos le llegaban las palabras de la mujer: primero una sala azul, después una galería[27], una escalera alfombrada. En lo alto, dos puertas. Nadie en primera habitación, nadie en la segunda. La puerta del salón, y entonces el puñal en la mano, la luz de los ventanales, el alto respaldo de un sillón de terciopelo verde, la cabeza del hombre en el sillón leyendo
40 una novela.

---

[21] **coartadas; azares** alibis; unforeseen hazards
[22] **empleo... atribuido** its use... assigned
[23] **el doble repaso despiadado** the cold-blooded double reexamination (of the details)
[24] **parapetándose... los setos** crouching among... the hedges

[25] **bruma malva del crepúsculo** yellowish fog of dusk
[26] **la alameda** the avenue of trees
[27] **galería** hall

DESPUÉS DE LEER

A. Cuestionario.

1. ¿Cuántos asesinatos tienen lugar en este cuento? Explique.
2. ¿Es posible que todo sea un sueño?
3. ¿Es importante la discusión con el mayordomo al principio?
4. ¿Por qué parece que los amantes han estado en la cabaña más de una vez?
5. ¿Qué indicaciones hay de que el asesinato ha sido bien planeado?
6. ¿Cuál fue el papel principal de la mujer en esta conjuración *(conspiracy)*?
7. ¿Cómo explicaría Ud. que la mujer conoce a fondo esta finca?
8. A su juicio, ¿cuál sería el motivo para el asesinato?
9. ¿Logra Cortázar crear suspenso en el final del cuento?
10. ¿Le parece real o irreal el cuento, o las dos cosas?

B. Comprensión. Corrija las frases falsas.

1. El hombre dejó sus negocios urgentes para terminar la novela.
2. Quiere discutir con su mayordomo la oportunidad de hacerse copropietario de la finca.
3. El ambiente aquí es propicio *(favorable)* a leer una buena novela.
4. El hombre presenció *(witnessed)* la reunión de los amantes en la cabaña.
5. La mujer no se deja amar por el amante.
6. Ella va adelante porque lleva el puñal.
7. El amante conoce bien la casa por ser el primo del dueño.
8. Es posible que el dueño de la finca fuera asesinado por el mayordomo.

REPASO GRAMATICAL

The infinitive. It is used with verbs that express *cause* (**hacer**, *to cause, to have),* and *will* (**mandar**, *to order*, **permitir, prohibir, dejar**, and others). The translation is often equivalent to a passive in English, when a person is not the object of the verb. The infinitive usually follows the verb directly.

Hace construir una casa.	*He has a house built.*
Mandó limpiar la cárcel.	*He ordered the jail (to be) cleaned.*

The equivalent to the English passive is seen also when the verbs are reflexive.

Se dejaba interesar por la trama.	*He let himself get (be) interested by the plot.*
Se hizo temer.	*He made himself (to be) feared.*
Se hizo acortar la falda.	*She had her skirt shortened.*

The position of pronoun objects in this construction follows the normal pattern.

La hice construir.	*I had it built.*
Le *(indirect object)* **hizo acortar la falda.**	*She had her (a seamstress) shorten the skirt.*
or	
Se la hizo acortar.	**(le** becomes **se** before **la)**

C. Traducir. Siguiendo el modelo, traduzca las siguientes oraciones.

Hice que María barriese el cuarto. *I had Mary sweep the room.*

a. *I had it swept.* **Lo hice barrer.**
b. *I had her sweep it.* **Se lo hice barrer.**

1. Mandó a los soldados que evacuasen la ciudad.
   a. He ordered it evacuated.
   b. He ordered them to evacuate it.

2. Hace que los alumnos traduzcan los ensayos.
   a. He has them translated.
   b. He has them translate them.

3. No permite que su hija use la máquina.
   a. He doesn't allow it to be used.
   b. He doesn't allow her to use it.

D. Traducir. Traduzca Ud. las siguientes frases.

1. The man didn't hear anything because he had let himself become engrossed (**absorber**) in the novel.
2. The lovers saw themselves obliged to separate near the house.
3. He ordered the cabin left without a trace (**huella**) of their presence.
4. I think that the woman had the owner killed because she is his wife.
5. It is easy to let oneself be confused by this kind of doubling (**doblar**), which occurs several times in Cortázar's works.

Gregorio López y Fuentes

1897 - 1967

Those who believe that literature is primarily a mirror of life will find in the novels and stories of the Mexican Gregorio López y Fuentes a faithful panorama of modern Mexico. The social and human problems of the rural classes—Indians and peasants—and other aspects of Mexican life make up the themes of his major works. His novel *El indio* (1935) is a moving account of the exploitation of the Indian by the white man after the Revolution, and *Tierra* (1932) is a novelized account of the life of Emiliano Zapata.

As a boy, López y Fuentes got to know the country people who came into his father's grocery store, and learned more about them later when he fought for the Revolution in 1914. His first-hand knowledge of the customs and life of these people is clearly seen in his collection of short stories, ***Cuentos campesinos de México*** (1940), from which we have chosen *"Una carta a Dios,"* without question one of the most widely read and admired short stories in the Spanish language. Its popularity is due to its humor and irony and to its excellent portrayal of a humble peasant whose great faith is pitted against an antagonistic Nature.

*Mexico City: Editorial Cima, 1940.

Una carta a Dios

La casa —única en todo el valle— estaba subida[1] en uno de esos cerros truncados que, a manera de pirámides rudimentarias, dejaron algunas tribus[2] al continuar sus peregrinaciones... Entre las matas[3] del maíz, el frijol con su florecilla morada[4], promesa inequívoca de una buena cosecha.

Lo único que estaba haciendo falta a[5] la tierra era una lluvia, cuando menos un fuerte aguacero[6], de esos que forman charcos entre los surcos[7]. Dudar de que llovería hubiera sido lo mismo que dejar de creer en la experiencia de quienes[8], por tradición, enseñaron a sembrar[9] en determinado día del año.

Durante la mañana, Lencho —conocedor del campo, apegado a[10] las viejas costumbres y creyente a puño cerrado[11]— no había hecho más que examinar el cielo por el rumbo del[12] noreste.

—Ahora sí que se viene el agua[13], vieja.

Y la vieja, que preparaba la comida, le respondió:

—Dios lo quiera.

Los muchachos más grandes limpiaban[14] de hierba la siembra, mientras que los más pequeños correteaban cerca de la casa, hasta que la mujer les gritó a todos:

—Vengan que les voy a dar en la boca[15]...

Fue en el curso de la comida cuando, como lo había asegurado Lencho, comenzaron a caer gruesas gotas de lluvia.

Por el noreste se veían avanzar grandes montañas de nubes. El aire olía a jarro nuevo[16].

—Hagan de cuenta[17], muchachos —exclamaba el hombre mientras sentía la fruición de mojarse[18] con el pretexto de recoger algunos enseres[19] olvidados sobre una cerca de piedra[20]—, que no son gotas de agua las que están cayendo: son monedas nuevas: las gotas grandes son de a diez[21] y las gotas chicas son de a cinco...

Y dejaba pasear sus ojos satisfechos por la milpa[22] a punto de jilotear, adornada con las hileras[23] frondosas del frijol, y entonces toda ella cubierta por la transparente cortina de la lluvia. Pero, de pronto, comenzó a soplar un fuerte viento y con las

---

[1] **subida... cerros truncados** built on one of those low hills

[2] **tribus** tribes, subject of **dejaron**

[3] **matas... el frijol** stalks of corn, the bean

[4] **morada** purple

[5] **hacer falta a** to be lacking, to need

[6] **fuerte aguacero** a heavy shower

[7] **charcos entre los surcos** puddles in the ruts

[8] **quienes** those who

[9] **sembrar** to sow, to seed

[10] **apegado a** fond of, attached to

[11] **creyente a puño cerrado** a firm believer

[12] **por el rumbo del** in the direction of

[13] **Ahora... agua** Now it's really going to rain.

[14] **limpiaban de hierba la siembra** were weeding out the sown field

[15] **dar en la boca** to feed

[16] **olía a jarro nuevo** smelled of fresh clay

[17] **Hagan de cuenta** Just imagine

[18] **la fruición de mojarse** the enjoyment of getting wet

[19] **enseres** implements

[20] **cerca de piedra** stone fence

[21] **son de a diez** are ten-centavo coins

[22] **milpa... jilotear** cornfield ready to yield

[23] **hileras... frijol** leafy rows of beans

gotas de agua comenzaron a caer granizos[24] tan grandes como bellotas. Esos sí que parecían monedas de plata nueva. Los muchachos, exponiéndose a la lluvia, correteaban y recogían las perlas heladas de mayor tamaño. 30

—Esto sí que está muy mal —exclamaba mortificado el hombre—; ojalá que pase pronto...

No pasó pronto. Durante una hora, el granizo apedreó[25] la casa, la huerta, el monte, la milpa y todo el valle. El campo estaba tan blanco que parecía una salina[26]. Los árboles, deshojados. El maíz, hecho pedazos. El frijol, sin una flor. Lencho, con 35 el alma llena de tribulaciones. Pasada la tormenta, en medio de los surcos, decía a sus hijos:

—Más hubiera dejado una nube de langosta[27]... El granizo no ha dejado nada: ni[28] una sola mata de maíz dará una mazorca, ni una mata de frijol dará una vaina...

La noche fue de lamentaciones: 40

—¡Todo nuestro trabajo, perdido!

—¡Y ni a quién acudir[29]!

—Este año pasaremos hambre...

Pero muy en el fondo[30] espiritual de cuantos convivían bajo aquella casa solitaria en mitad del valle, había una esperanza: la ayuda de Dios. 45

—No te mortifiques tanto, aunque el mal es muy grande. ¡Recuerda que nadie se muere de hambre!

—Eso dicen: nadie se muere de hambre...

Y mientras llegaba el amanecer, Lencho pensó mucho en lo que había visto en la iglesia del pueblo los domingos: un triángulo y dentro del triángulo un ojo, un ojo 50 que parecía muy grande, un ojo que, según le habían explicado, lo mira todo, hasta lo que está en el fondo de las conciencias.

Lencho era hombre rudo[31] y él mismo solía decir que el campo embrutece[32], pero no lo era tanto[33] que no supiera escribir. Ya con la luz del día y aprovechando la circunstancia de que era domingo, después de haberse afirmado en su idea de que sí hay quien vele por 55 todos[34], se puso a escribir una carta que él mismo llevaría al pueblo para echarla al correo.

Era nada menos que una carta a Dios.

"Dios —escribió—, si no me ayudas pasaré hambre con todos los míos, durante este año: necesito cien pesos para volver a sembrar y vivir mientras viene la otra cosecha, pues el granizo..." 60

---

[24] **granizos... bellotas** hailstones... acorns
[25] **apedrear** to stone
[26] **salina** salt marsh
[27] **Más... una nube de langosta** a cloud of locusts would have left more
[28] **ni... vaina** we won't get a single ear of corn or a single pod
[29] **¡Y ni a quién acudir!** And no one to turn to!

[30] **muy en el fondo... convivían** deep inside those who lived together
[31] **rudo** coarse, uneducated
[32] **embrutecer** to make dull, brutish
[33] **no lo era tanto... escribir** but he wasn't so (dull) that he could not write
[34] **sí hay quien vele por todos** there is indeed someone who watches over us all

Rotuló el sobre[35] "A Dios," metió el pliego[36] y, aún preocupado, se dirigió al pueblo. Ya en la oficina de correos, le puso un timbre a la carta y echó ésta en el buzón.

Un empleado, que era cartero y todo en la oficina de correos, llegó riendo con toda la boca[37] ante su jefe: le mostraba nada menos que la carta dirigida a Dios. Nunca en su existencia de repartidor[38] había conocido ese domicilio. El jefe de la oficina —gordo y bonachón[39]— también se puso a reír, pero bien pronto se le plegó el entrecejo[40] y, mientras daba golpecitos en su mesa con la carta, comentaba:

—¡La fe! ¡Quién tuviera[41] la fe de quien escribió esta carta! ¡Creer como él cree! ¡Esperar con la confianza con que él sabe esperar! ¡Sostener correspondencia[42] con Dios!

Y, para no defraudar aquel tesoro de fe, descubierto a través de una carta que no podía ser entregada, el jefe postal concibió una idea: contestar la carta. Pero una vez abierta, se vio que contestar necesitaba algo más que buena voluntad, tinta y papel. No por ello[43] se dio por vencido: exigió[44] a su empleado una dádiva, él puso parte de su sueldo y a varias personas les pidió su óbolo[45] "para una obra piadosa."

Fue imposible para él reunir los cien pesos solicitados por Lencho, y se conformó con[46] enviar al campesino cuando menos lo que había reunido: algo más que la mitad. Puso los billetes en un sobre dirigido a Lencho y con ellos un pliego que no tenía más que una palabra, a manera de firma: DIOS.

Al siguiente domingo Lencho llegó a preguntar, más temprano que de costumbre, si había alguna carta para él. Fue el mismo repartidor quien le hizo entrega de[47] la carta, mientras que el jefe, con la alegría de quien ha hecho una buena acción, espiaba a través de un vidrio raspado[48], desde su despacho[49].

Lencho no mostró la menor sorpresa al ver los billetes —tanta era su seguridad—, pero hizo un gesto de cólera al contar el dinero... ¡Dios no podía haberse equivocado, ni negar lo que se le había pedido!

Inmediatamente, Lencho se acercó a la ventanilla para pedir papel y tinta. En la mesa destinada al público, se puso a escribir, arrugando mucho la frente[50] a causa del esfuerzo que hacía para dar forma legible a sus ideas. Al terminar, fue a pedir un timbre el cual mojó con la lengua y luego aseguró de un puñetazo[51].

En cuanto la carta cayó al buzón, el jefe de correos fue a recogerla. Decía:

"Dios: Del dinero que te pedí, sólo llegaron a mis manos sesenta pesos. Mándame el resto, que me hace mucha falta; pero no me lo mandes por conducto[52] de la oficina de correos, porque los empleados son muy ladrones[53]. Lencho."

[35] **rotuló el sobre** he addressed the envelope
[36] **pliego** sheet of paper
[37] **riendo... boca** laughing as hard as he could
[38] **repartidor** sorter, distributor
[39] **gordo y bonachón** fat and good-natured
[40] **se le plegó el entrecejo** wrinkled his brow, frowned
[41] **¡Quién tuviera...!** Would that I had
[42] **¡Sostener correspondencia...!** to correspond with
[43] **No por ello... vencido** He didn't give up because of that
[44] **exigió... dádiva** he demanded... gift
[45] **óbolo** contribution
[46] **se conformó con** he resigned himself to
[47] **le hizo entrega de** delivered to him
[48] **vidrio raspado** scratched glass
[49] **despacho** office
[50] **arrugando... frente** frowning
[51] **aseguró de un puñetazo** arfixed with a blow or his fist
[52] **por conducto... correos** through the mail
[53] **muy ladrones** a bunch of thieves

DESPUÉS DE LEER

A. Cuestionario.

1. ¿Cómo se ganaba Lencho la vida? ¿Recibe un sueldo que les permita vivir bien?
2. ¿Qué tipo de hombre era Lencho?
3. ¿Se preocupa él por la falta de agua? ¿Por qué?
4. ¿Por qué la lluvia deja de ser una bendición para convertirse en una maldición?
5. ¿Por qué no pierden la esperanza?
6. ¿A dónde se dirige Lencho el domingo después de la misa? ¿Para qué?
7. ¿Qué escribe Lencho en su carta?
8. ¿Qué idea concibe el jefe de la oficina de correos? ¿Por qué?
9. ¿Qué se necesitaba para cumplir con la petición de Lencho?
10. ¿Se alegra Lencho al abrir la "respuesta de Dios"?
11. ¿En qué consiste la ironía de la respuesta de Lencho?
12. ¿Le parece a Ud. extraordinaria la fe de este campesino?

VOCABULARIO

B. Reemplace las palabras en negrita en las frases con un equivalente apropiado de la siguiente lista.

cesar	necesitar	ojalá	considerarse
quien	empezar	todos los que	de nuevo

1. Lo que **hacía falta** a la tierra era una lluvia.
2. Se suele decir que **el que** vive en el campo es rudo.
3. Es imposible creer que Lencho **dejará de** tener fe en Dios.
4. En la mesa, Lencho **se puso** a escribir.
5. La fe de **cuantos** convivían bajo aquella casa era extraordinaria.
6. ¡**Quién tuviera** *(I wish I had)* la fe de aquel hombre!
7. Al ver el revólver, **se dio por** muerto.
8. Lencho necesita cien pesos para **volver a** sembrar.

REPASO GRAMATICAL

Compound nouns

Lo is used with an adjective or past participle to form a noun.

Observe from text:

lo único que...	*the only thing that...*
lo mismo que...	*the same (thing) as...*

Other examples:

Lo mío es mío.	*What's mine is mine.*
Devuelva lo robado.	*Return what was stolen.*

C. Traducir. Traduzca las palabras entre paréntesis..

1. *(The difficult thing)* es tener fe.
2. Eso fue *(the best part)* del viaje.
3. *(What is learned)* no se olvida.
4. ¿Buscaba don Quijote *(the impossible)*?
5. *(The bad thing)* es que no sabe nadar.
6. El granizo destruyó (what was sown: **sembrar**).

D. Haga un repaso de las expresiones siguientes y traduzca las frases:

echar (al correo)	*to mail*
oler a	*to smell like, or of*
pasar hambre	*to go hungry, starve*
pensar en	*to think of (about)*
hacer falta	*to need*
ni	*not even*
al + inf.	*on (doing, etc.)*
cuando menos	*at least*
lo que	*what, that which*

1. The sad thing is that they will have to go hungry this year.
2. The post office smelled of paper and ink.
3. Lencho needed one hundred pesos because he didn't have even a cent.
4. The postmaster *(head of the office)* began to laugh, but he sent the farmer at least what he had accumulated (**reunir**).
5. Lencho had to go to the village to mail the letter.
6. All farmers suffer the same thing as Lencho.
7. Lencho thought a lot about what he had seen in the church.
8. On seeing only sixty pesos, Lencho considered himself cheated (**defraudado**).

Alfonso Sastre 1926 -

$\mathcal{T}$he most articulate exponent, with Antonio Buero Vallejo, of serious theatre in postwar Spain, Sastre is recognized as one of the major Spanish dramatists of the past thirty-five years. As early as age nineteen, with several other students at the university of Madrid, he founded a movement called Arte Nuevo for the purpose of offering an alternative to the sterile and insipid theater that dominated the Spanish stage at that time. To this end they wrote their own avant–garde and experimental plays. In a subsequent movement called Teatro de Agitación Social, Sastre's principal artistic aim was to stimulate (agitate) the social awareness of the Spanish public, to present a theater which would encourage audiences to think, in whatever terms, about basic social and political questions.

Sastre's first important dramatic work was *Escuadra hacia la muerte (The Condemned Squad)* (1953), and although performed only three times because of protests from military authorities, it established his reputation as a major young dramatist. In spite of the climate of strict government censorship and economic hardship, Sastre went on to write over thirty more plays, two books of dramatic criticism, short stories, and hundreds of essays. This bold and aggressive innovator is one of the internationally significant figures of postwar Spanish letters.

Sastre's concern in the following story, *Estrépito y resplandor,* will be evident behind its grimly humorous facade. It was doubtlessly inspired by the atomic bombings of Nagasaki and Hiroshima in August 1945, and its theme is as relevant today as it was then.

* Reprinted from Antologia de cuentistas españoles contemporáneos (1937-1966) (Madrid: Editorial Gredos, 1971).

Estrépito y resplandor[1]

Como se sabe, yo soy uno de los trescientos dos supervivientes[2] de Madrid, ciudad que en el momento de la Explosión contaba —según el último censo— con 2.324.403 habitantes. Mi foto ha circulado profusamente; no voy a insistir en ello.

Lo que sí me divierte recordar ahora —en que la vida se me apaga por causa de las radiaciones y no tengo otro placer que mis recuerdos— es una anécdota que me sucedió pocos días después de la catástrofe. Lo cuento como cosa pintoresca y, en cierto modo, cómica, pues es verdad que el humor es una planta lo extraña que surge[3] hasta en las situaciones más trágicas y catastróficas.

Cuando yo volví en mí[4], estaba en un improvisado hospital que había montado[5] en Vitoria la Cruz Roja Suiza. En la cama de al lado dormitaba un señor cuyo aspecto resultaba un poco extraño, por causa de algunos aparatos empleados en su tratamiento, entre los que recuerdo el balón de oxígeno[6], el manómetro, unas gafas negras —luego supe que había perdido los ojos (no sólo la vista, entiéndase, sino también los órganos visuales)—, la pinza[7] metálica en que terminaba su antebrazo derecho (el brazo izquierdo lo había perdido como consecuencia de la Explosión; luego me enteré de[8] que seguía viviendo gracias a un corazón electrónico)... En este conjunto[9], una cosa me hizo gracia; en su boca brillaba un diente de oro. Pero no se trata de eso.

Yo no podía moverme; pues, como se sabe, había perdido los brazos y las piernas; soy una cabeza (completamente calva[10] como consecuencia de la intensa radiación que sufrí) y un tronco, en el que también faltan, no me avergüenza[11] decirlo, los órganos genitales. Así pues, sin moverme, hice un comentario en voz alta, por si[12] mi vecino quería conversar un poco para distraernos .

—Cuando yo oí el estrépito —dije— estaba en el Parque del Oeste leyendo tranquilamente una novela. Era una mañana deliciosa. ¡Quién me iba a decir que se avecinaba[13] una cosa tan horrible!

—¿Qué estrépito? —oí la voz ronca y metálica de mi vecino; evidentemente, le habían hecho una traqueotomía[14] o algo parecido (soy profano en la materia[15]), pues la voz salía a través de un orificio[16] de la garganta...

---

[1] Deafening noise and brilliant light
[2] **supervivientes** survivors
[3] **surgir** to spring up, appear
[4] **volví en mí** regained consciousness
[5] **que había montado... Suiza** which the Swiss Red Cross had set up...
[6] **balón... manómetro** oxygen tank, pressure gauge
[7] **pinza** clamp
[8] **me enteré de** I found out.

[9] **En este conjunto... gracia** In all of this, one thing amused me
[10] **calva** bald
[11] **No me avergüenza** I'm not embarrassed
[12] **por si** to see if
[13] **se avecinaba** was about to happen
[14] **traqueotomía** tracheotomy (cutting into the trachea)
[15] **soy... materia** I'm ignorant about such things
[16] **orificio de la garganta** opening in his throat

Me extrañaron sus palabras.   30

—El estrépito de la bomba —dije malhumoradamente—. ¿Qué estrépito va a ser?
Hubo un molesto silencio.

—Yo vivía —dijo él roncamente— en las Ventas del Espíritu Santo.

—¿Qué quiere decir con eso? —le interrogué.

—Era limpiabotas[17] —suspiró, y del agujero de su garganta se escapó, silbante,   35
un leve ronquido[18].

—¿Y?

—Había ido a los pinos de Canillejas esa mañana cuando, de pronto, me cegó el
resplandor —musitó[19] el vecino, cuya desmedrada[20] vitalidad se advertía en el
esfuerzo que le costaba dialogar conmigo.   40

—¿El resplandor? ¿De qué? —le pregunté con cierta insolencia.

—De la bomba —me contestó sin inmutarse[21], con un chasquido[22] desagradable.

—Se hizo una oscuridad absoluta[23] —le expliqué, paciente— al tiempo que se
oía el enorme ruido de la explosión atómica...

—¡Un resplandor enorme —me replicó con ira— y un perfecto silencio! Eso fue   45
lo extraño: que todo empezó a vacilar sin que se oyera ruido alguno.

Creí que se burlaba de mí o que su cerebro también había sido afectado por la
bomba.

Esta es, en suma, la pintoresca anécdota. Como se ve, su carácter cómico estriba en
que[24] ni mi vecino ni yo, en aquellos momentos, sabíamos que las dimensiones y dife- 50
rencias de las longitudes de onda (sonora y luminosa[25]) ocasionan ese fenómeno (que
—según he sabido después— ya fue observado de modo parecido en Hiroshima[26]) de
que[27] en los lugares más próximos al lugar en que cae la bomba —en este caso fue
Torrejón de Ardoz— se percibe un silencioso resplandor, mientras que, a partir de
cierto radio[28], se siente un gran estrépito y caen sobre el mundo las tinieblas.   55

Nuestra ignorancia produjo esta cómica situación que hoy me he complacido
en[29] recordar, y que no tuvo peores consecuencias porque ni él ni yo —permítaseme
que termine con esta chistosa[30] frase— podíamos, por razón de nuestras mutilacio-
nes, llegar a las manos[31].

                                                                                   60

---

[17] **limpiabotas** shoeshine boy or man
[18] **un leve ronquido** a slight rasping sound
[19] **musitar** to mumble
[20] **desmedrada** deteriorated
[21] **sin inmutarse** without getting upset.
[22] **chasquido** cracking sound.
[23] **se hizo... absoluta** it became completely dark.
[24] **estriba en que** is due to the fact that.
[25] **longitudes... luminosa** wave lengths of sound and
light.

[26] **Hiroshima** city in Japan where, on August 6,
1945 the U.S. dropped the first atomic bomb in
World War II.
[27] **de que** so that
[28] **a partir... radio** starting from a certain radius
[29] **me ha complacido en** it has pleased me
[30] **chistosa** humorous, witty
[31] **llegar a las manos** to come to blows

DESPUÉS DE LEER

A. Cuestionario.

1. ¿Quién es el narrador de este cuento?
2. ¿Cuál es el estado físico en que se encuentra? Explique por qué.
3. ¿A quién conoció en un improvisado hospital?
4. ¿Está éste tan mutilado como el narrador? ¿Cómo?
5. ¿Por qué tiene el vecino tanta dificultad al hablar?
6. ¿De dónde viene el desacuerdo entre los dos hombres?
7. ¿Cómo es posible que cada uno tenga razón?
8. ¿Cuál es la última observación del narrador? ¿Es chistosa, o quizás macabra, o las dos cosas?
9. ¿Cree Ud. que es posible encontrar humor en las situaciones más trágicas?
10. En su modo de ver, ¿cuál ha sido el motivo principal del autor para escribir este cuento?
11. ¿Está exagerado este cuadro de los efectos de la explosión de una bomba atómica?
12. ¿Cómo está ligado este cuento a la época en que vivimos hoy en día?

VOCABULARIO

B. Reemplace las palabras en negrita con una palabra equivalente de la lista siguiente.

enterarse de	estrépito	volver en sí	próximo
suceder	hacer gracia	relucir	reírse de
charlar	la catástrofe		

1. Cuando yo oí **el ruido** estaba leyendo una novela.
2. En su boca **brillaba** un diente de oro.
3. En la cama **de al lado** dormitaba otro señor.
4. Cuando él **recobró el conocimiento**, estaba en un hospital.
5. Creí que **se burlaba de mí**.
6. Luego **supe** que él tenía un corazón electrónico.
7. Quería **conversar** con mi vecino para distraerme.
8. Lo que sí **me divierte** recordar es una anécdota que me **ocurrió** pocos días después del **desastre**.

REPASO GRAMATICAL

The subjunctive after particular conjunction. The subjunctive is always used in a clause introduced by the following conjunctions which, by their nature, cannot introduce a fact.

sin que	*without (prep., sin)*
para que	*in order that, so that (prep., para)*
con tal (de) que	*provided that (prep., con tal de)*
en caso (de) que	*in case (prep., en caso de)*
a menos que	*unless (prep., a menos de)*

Example from the text:

(todo empezó a vacilar) sin que se oyera ruido alguno.	*(everything began to shake) without any sound being heard.*

Note that with **sin que** the subject usually follows the verb:

Salí sin que me viera nadie.	*I left without anyone's seeing me.*

If there is no change of subject in the two clauses, the preposition followed by the infinitive is used:

Salí sin verle.	*I left without seeing him.*

C. Dé la forma correcta de los verbos entre paréntesis en las frases siguientes. Recuerde que se usa el indicativo para expresar un hecho concreto.

1. La niña, en caso de que lo (**ser**) _____, se llamará Pilar.
2. Hay gente que roba sólo para (**comprar**) _____ drogas.
3. Yo te lo diré con tal que tú no (**reír**) _____ .
4. Aunque el hombre (**seguir**)_____ viviendo, su cuerpo está totalmente mutilado.
5. Mi novia y yo nos casamos sin que lo (**saber**) _____ nuestros padres.
6. Cuando yo (**volver**) _____ en mí, vi al lado un señor curioso.
7. Miguel, habla con tu hijo para que él no (**hacer**) _____ nada malo.
8. No lo hagas sin (**pedir**) _____ permiso a tu madre.

D. Traducir.

1. The bomb exploded (**estallar**) without my hearing the noise.
2. There are some persons who make fun of their tragedies.
3. What can we do so that the catastrophe will not happen again?
4. Do not drop (**dejar caer**) the bomb unless you want to destroy many people.
5. The strange thing (**Lo extraño**) was that the man heard the noise without seeing the bright light.

Marta Brunet 1897-1967

*M*arta Brunet spent her childhood in a small town in Chile, and in her earliest writings the rural setting and the lives of its people provided her with familiar material. It was not until she went to live in Santiago, immersing herself in the literary life, that her novelistic and short story career took off. In 1929 she won her first important literary prize, the first of many honors. In spite of a long career in government service as a cultural attaché in several South American countries, she continued to write, publishing eight novels and over sixty short stories. In 1960 she was awarded the major Chilean literary prize, the Premio Nacional de Literatura.

Brunet's most admirable characters are women,whether in the earlier novels and stories of rural life or in the later urban settings. Her stories are never idyllic portrayals of life but rather often about harsh and blunt conflicts and contrasts among the heroines. Thus we find the traditional, submissive wife and her husband's sensuous and promiscuous mistress, or mothers and daughters who confront bitter realities. In *Soledad de la sangre,* one of Brunet's best known stories, the protagonist is a lonely, educated woman locked into a loveless marriage.

Early in her career, critics were amazed and even shocked at her realistic depictions of rustic behavior. Her later works brought forth a more violent reaction with their frank discussions of abortion, homosexuality, suicide, among other themes. And yet in contrast, Brunet wrote many stories for children. They are often lyrical tales of fantasy that enjoyed a huge popularity.

Different also is the story that follows. The theme of adulterous behavior is indirectly portrayed as a motivating force.

Dos hombres junto a un muro

En la parte alta del muro encalado[1], pequeñas ventanas eran manchas[2] de sombras rectangulares. Había una clara noche estival[3], sin luna, con las estrellas de plata facetada[4] dando reflejos azulencos en la atmósfera muy pura. Un camino cercaba el muro y una paz profunda decía reposo absoluto en seres y cosas.

Arriba, en el boquerón[5] obscuro de un rectángulo, una mancha clara apareció lentamente, como surgiendo de las entrañas de las sombras: un rostro de hombre que se apegó[6] a la cruz de los barrotes y largo rato se quedó tendido[7] al silencio. Una campana en la ciudad dio la hora, dos largos y recios toques[8] que fueron abriendo sus círculos vibrantes hasta perderse allá lejos, donde los cerros brumosos[9] se fundían al horizonte también en bruma. Entonces la cara del hombre se apartó un tanto de la ventana. Dos manos se aferraron[10] a los barrotes y tras una serie de movimientos que no producían el más leve ruido, la cruz se desprendió[11], rota por el sitio en que los hierros habían sido limados. Una cuerda delgada y fuerte, anudada a trechos[12], serpenteó muro abajo, hasta tocar el suelo. Aparecieron en la ventana los pies y las piernas del hombre, luego el cuerpo y al fin la cabeza. Los brazos seguían adentro, sujetas las manos al resto de los hierros. Se daba ahora a escuchar. Seguía el silencio hondo, taladrado[13] sólo por un grillo. Súbitamente nació en él la vacilación. Miró la negrura de la celda. Aquello, a pesar de todo, era lo seguro. En cambio la claridad de afuera era lo desconocido, lo incierto a venir. Continuaba el grillo su trabajo sin tomarse una pausa de reposo. Y súbitamente también, sintió que ese ruido en dos tiempos lo tomaba, lo motorizaba, empujando sus músculos a la tarea[14] del descenso.

Las manos iban lentas y seguras apropiándose de los nudos que las afianzaban[15] y los pies descalzos[16] en la pared defendían el cuerpo del roce delatador[17]. El cric-crac del grillo se hacía más agudo y el hombre sentía que en el corazón otro grillo sonaba al par que aquél, estridentemente.

Cuando tocó el suelo tuvo una especie de vértigo de angustia, tomando siempre por las dos sensaciones opuesta: la seguridad que dejaba arriba y lo pavoroso[18] que lo aguardaba tal vez en un segundo más. El grillo calló y el silencio fue una opresión

[1] **encalado** *whitewashed*
[2] **manchas** *spots*
[3] **estival** *summer*
[4] **plata facetada** *cut silver*
[5] **boquerón** *large opening*
[6] **se apegó** was fixed, attached
[7] **tendido** attentive
[8] **recios toques** loud ringings
[9] **cerros brumosos** foggy hills
[10] **se aferraron** seized
[11] **se desprendió** loosened
[12] **anudada a trechos** knotted at intervals
[13] **taladrado... grillo** pierced... cricket
[14] **tarea** task
[15] **afianzar** to support; to fasten
[16] **descalzos** bare
[17] **roce delatador** betraying contact
[18] **lo pavoroso** the frightful consequence

30 intolerable. El hombre no se atrevía a aventurar un movimiento. Estaba ahí, apoya-
do contra el muro, caídos los brazos, la barbilla[19] sobre el pecho.

Era un hombre joven, cenceño[20], oliváceo, con los ojos encajados muy adentro
en las cuencas[21] sombrías. Un tic le atirantaba[22] la boca en una patética expresión de
niño que fuera a llorar. Las manos, de largos dedos duros de huesos[23], tenían gestos
35 bruscos que trazaban el gesto inequívoco de su nerviosidad.

Seis meses pasan lentos cuando transcurren allí, pero al fin de esos seis meses por
venir, soportados pacientemente, está la vida segura, la buena vida libre y sin tropiezos[24], que[25] una experiencia dolorosa es bastante para abrir los ojos al bien y al mal.
Alzó la cara y miró la cuerda, fina raya sobre lo blanco del muro. Seis meses... Una
40 de las manos se alzó y se cogió sólidamente a un nudo. Volver arriba y dejar que un
día sucediera a otro día y que muchos acumulados formaran los seis meses que le
darían la libertad. Pero el grillo se echó de nuevo a taladrar las sombras y el hombre
se hizo inmediatamente el ansia que no admitía dilaciones.

Atravesó el camino y adosado[26] a la pared de enfrente caminó unos pasos hasta
45 llegar al sitio que tenía que escalar. Sacó del bolsillo una nueva cuerda con un garfio[27] en la punta, especie de ancla que debía clavarse[28] arriba. Con un gesto silencioso y preciso la lanzó sobre el muro y se quedó después un largo rato escuchando.
Tiranteó la cuerda, que estaba firme y segura. Entonces, ayudado de pies y manos,
subió hasta quedar tendido[29] en la arista superior. Recogió luego la cuerda, lanzán-
50 dola a la parte externa.

Empezó a bajar. Reinaba el profundo silencio intolerable. La compañía del grillo
se había quedado atrás. Cada vez tomaba más precauciones. Hubiera querido acallar
los golpetazos sordos[30] de su sangre y el roce casi imperceptible de las manos en la
cuerda y el jadear[31] oprimido de la respiración. Hubiera querido no ser, diluirse en
55 las sombras. Cuando faltaba unos metros para llegar abajo sintió unos pasos que
avanzaban firmes y rápidos, acompasadamente[32]. Le pareció que se moría, que la
respiración se le quedaba dentro del pecho y que lo ahogaba[33], que el corazón le
echaba a la cabeza una ola[34] de sangre aturdidora, que en los oídos un rumor[35] de
marea lo dejaba sordo. Maldijo[36] su ansia de fuga y las habladurías del Choroy, que
60 lo impulsarán[37] a ella. ¿Qué hacer? ¿Cómo era aquello? ¿Por qué a esa hora una
ronda? ¿Cómo? ¿Cómo?

Quien avanzaba se detuvo junto a la cuerda y dijo:

---

[19] **la barbilla** chin
[20] **cenceño, oliváceo** slender, olive complexion
[21] **cuencas** sockets
[22] **atirantar** to make taut
[23] **duros de huesos** hard, bony (fingers)
[24] **sin tropiezos** without obstacles,
[25] **que** because
[26] **adosado** leaning
[27] **garfio en la punta** hook at the end
[28] **clavarse** catch, become attached

[29] **tendido... superior** stretched out on the upper edge
[30] **golpetazos sordos** silent pounding
[31] **el jadear oprimido** the oppressive panting
[32] **acompasadamente** rhythmically
[33] **ahogar** to choke; to suffocate
[34] **una ola... aturtidora** a dizzying wave of blood
[35] **rumor de marea** sound of the tide
[36] **maldecir** to curse
[37] **lo impulsaran a ella** led him to it (escape)

—Ya está[38], bájate de una vez.

El hombre entontecido[39] bajó sin saber lo que hacía. Era como vivir un mal sueño. Al poner pie en tierra se tambaleó. El que hablara[40] —era un viejo de blancos pelos y ojos grises, serenos y tiernos— volvió a decir con la voz de grave modulación teñida de reproche:

—Para hacer estas cosas hay que tener más ñeque[41] y no andar desmayándose[42] como una señorita...

Lo seguro estaba arriba, en la celda de estrecha ventanita, detrás de la cruz fría de los barrotes. Seis meses aún... ¿Y ahora? Lo cogió un escalofrío[43] y un sollozo[44] se le ahogó en la garganta.

—¿Qué es lo que te ha agarrado a ti de repente para hacer esta lesera[45]? Siempre habías sido tan sosegado...

Quiso decir algo y la garganta sólo le produjo sonidos ininteligibles y lamentables. El viejo lo miraba severamente, sin temor a un movimiento que lo pusiera en fuga, sin temor a un arrebato[46] que provocara una agresión. Conocía él bien a su gente...

—Yo... Yo —barbotó[47] al fin—. Me iba... Quería irme a ver si era cierto... Me había dicho el Choroy... Me dijo que... Me dijo el Choroy, el que está recién llegado..., me dijo...

—¿Crees que estás hablando con mucha claridad?

—Yo... Yo...

—Sí, te querías fugar. La que te espera con ésta... Pero ¿de dónde te bajó el arrebato[48] de irte, a ti que pareces tan mosca muerta?

—Quería ir a ver si era cierto... Es que... Usted no sabe lo que es querer a una mujer y estar sin noticias de ella meses de meses, años de años, y de repente saber que vive con otro hombre. Usted sabe que yo no estoy aquí porque sea malo ni porque haya hecho lo que hice a conciencia. Si maté fue porque estaba borracho y con trago[49] nadie es responsable de lo que hace. Hasta los mismos jueces se dieron cuenta de mi desgracia y me dieron una condena corta. Pero los años son despaciosos para pasar y la mujer viene cada vez menos a verme. Y de repente llega aquí un amigo que me cuenta que ella está viviendo con otro. ¿Qué quiere que haga, mi primero[50]? Estoy como loco y sólo tengo la idea de saber la verdad, aunque me cueste la vida. No me importa nada, nada, sino ver lo que ella está haciendo, si me engaña o no me engaña. Lo prefiero todo a seguir en la duda, que es peor que un pájaro que le fuera a uno comiendo el corazón[51]. Se lo pido por lo que más quiera, déjeme

[38] **Ya está... vez** O.K., get right down
[39] **entontecido** feeling like a fool
[40] **hablara** had spoken (imperfect subjunctive for past perfect tense)
[41] **ñeque** strength
[42] **desmayarse** to faint
[43] **escalofrío** chill
[44] **un sollozo... garganta** a sob choked him
[45] **lesera** stupid thing
[46] **arrebato** rage
[47] **barbotar** to mumble, stammer
[48] **¿de dónde... arrebato** what madness prompted you
[49] **trago** drinking
[50] **primero** chief
[51] **que le fuera... corazón** eating one's heart out

irme, mi primero. Le prometo que vuelvo en cuanto vea qué hay de cierto. Se lo prometo, se lo juro por esta cruz, por mi mamita, por ella misma, que es lo que más quiero en la vida... Déjeme irme, mi primero...

100   En los ojos del primero brillaba un enternecimiento. Miraba al hombre siempre fijamente, pero a través de él parecía mirar más lejos, algo que estaba en el pasado, doloroso y palpable.

El hombre seguía implorando:

—Hágalo por su mujer..., o hágalo por su madre o por sus hijos... Déjeme 105   irme... A más tardar estaré de vuelta en unos dos días... Nadie me ha visto... No podrán hacerle a usted ningún cargo... Por favorcito se lo pido...

Lo interrumpió poniéndole una mano sobre el hombro al par que[52] decía con seca voz que no admitía réplica:

—Vamos andando para tu celda. No metas ruido, anda despacito...

110   Pero al hombre se le aflojaron[53] los músculos y todo el cuerpo endeble se le desplomó[54] en un desmayo. El viejo le pasó un brazo por la cintura y lo alzó, llevándolo en vilo[55] hasta la pieza en que estaba de guardia. Lo extendió sobre una manta, lo hizo tragar unas cucharadas de café y cuando el hombre empezó a reanimarse, dijo con la misma voz de metal grave:

115   —Te voy a contar una historia para que sepas en lo que suelen parar estas arrancadas[56] a ver una mujer que se quiere. Hace muchos años estuvo en esta misma cárcel un hombre joven que, al igual que tú, en una borrachera mató a su mejor amigo.

El trago tiene la culpa de tantas cosas... Bueno. El hombre tenía una mujer a la que adoraba. Ya cumpliendo su condena no hizo otra cosa que trabajar en los talle-120   res en su oficio de ebanista[57]. Su único objeto era juntar unos pesos para entregárselos a su mujer cada vez que ésta venía a verlo. Así pasaron los años. Bueno, el obrero llegó a ser el capataz[58] de los de su oficio. Era el modelo de los presos. Llevaba más de la mitad de su condena cumplida, cuando cayó en la cárcel un amigo que también fuera amigo de su mujer y que le contó que ella vivía con otro hombre, desde 125   hacía mucho tiempo, y que si seguía viniendo a verlo y le mostraba interés y cariño, era sencillamente por el interés de la plata. El hombre creyó volverse loco de pena y de rabia[59]. No sabía qué creer. Tuvo con la mujer una violenta explicación que lo dejó más lleno de dudas aún, ya que ella negó todo lo que el amigo seguía asegurando con detalles precisos. Entonces planeó la fuga. La planeó tan bien que una sema-130   na después estaba en su casa, en la casa que fuera la casa de su felicidad. Encontró a su mujer con otro hombre. ¿Qué se hace cuando los celos[60] lo ponen a uno peor que una fiera rabiosa[61]? Se insulta, se grita, se pega y se mata... Cuando el hombre

---

[52] **al par que** while
[53] **se le aflojaron..** the man's muscles weakened
[54] **se desplomó** collapsed in a faint
[55] **en vilo** in the air
[56] **arrancadas** sudden impulses

[57] **ebanista** cabinetmaker
[58] **capataz** overseer, foreman
[59] **pena y rabia** pain and rage
[60] **los celos** jealousy

volvió a la cárcel era con otro crimen encima. Había matado a su mujer, y si no
mató al hombre que con ella vivía, fue porque éste huyó cobardemente desde el primer momento. En este nuevo proceso los jueces fueron menos benévolos y lo con-   *135*
denaron a cadena[62] perpetua. Pero el hombre era un buen hombre, se lo aseguro,
hermano. Tan buen hombre que en los años que siguieron no hizo otra cosa que
trabajar y estudiar. Lo que menos esperaba le llegó un día: el indulto[63]. Pero ¿para
qué quería la libertad? Afuera, en el mundo, todo le era desconocido. Su vida era la
vida del presidio[64], sus amigos eran sus compañeros, sus patrones eran sus vigilan-   *140*
tes. Cuando le dijeron que podía irse pidió como un favor que lo dejaran en la cárcel en un puesto cualquiera, aunque fuera sin sueldo, pero que no lo echaran. Le
permitieron quedarse. Y nadie se ha arrepentido de esta resolución porque ha sido
hasta ahora un excelente servidor[65]... Y nada más. Aunque los años pasen, siempre
tiene en el corazón la pena negra de su crimen, de la mujer muerta por él... La   *145*
vida... La vida tiene muchas enseñanzas, hermano. Yo le digo ahora: quédese aquí
tranquilo... Olvide... La mujer... A la mujer hay que dejarla... Y perdonarla... Eso es
todo.

Un silencio.

—Vamos andando. ¿Cómo estás? ¿Mejor? Vamos, entonces... Mira que después   *150*
tengo que sacar los cordeles y arreglar los barrotes para que no se den cuenta de... tu
lesera. Ya... Despacito y no llores más... No vale la pena llorar... Del mal el menos.

Son una gran sombra en los pasillos, una gran sombra que avanza lentamente,
cautelosamente[66], hasta enfrentar la celda número 18, cuya ventana abre una pupila
ciega[67] en lo alto del muro encalado.   *155*

---

[61] **fiera rabiosa** wild animal
[62] **cadena perpetua** life imprisonment
[63] **indulto** pardon
[64] **presidio** jail

[65] **servidor** (here) prisoner
[66] **cautelosamente** cautiously
[67] **pupila ciega** blind spot (pupil of the eye)

DESPUÉS DE LEER

A. Cuestionario.

1. ¿Cuál fue, para usted, la primera pista *(clue)* acerca de la identidad del hombre?
2. ¿Cómo se escapó el hombre?
3. ¿Qué dudas asaltan al hombre?
4. Describa el estado mental o emocional del hombre al bajarse.
5. ¿Por qué se decidió el hombre a fugarse?
6. Brevemente, ¿cuál es la historia que el viejo le cuenta al hombre?
7. ¿Qué cree Ud. que sea la historia del guardia, ficción o realidad?

B. Hable (o escriba un párrafo) sobre la opinión del preso que "con tragos nadie es responsable de lo que hace".

REPASO GRAMATICAL

Object pronouns. There are numerous examples in the story. Recall that when a direct and an indirect pronoun are used together as object of a verb, the indirect precedes the direct:

Me los dio.	*He gave them to me.*
Díganoslo.	*Tell it to us.*

However, when both object pronouns are a third person, the indirect (**le, les**) becomes **se:**

Se lo dio (a ellos). (Les lo = se lo).	*He gave it to them.*

Lo is used with certain verbs like **decir, preguntar, pedir, saber** that usually require an object in Spanish when the object is missing in English.

Se lo prometo.	*(I promise it to you.) I promise you.*
Se lo juro.	*I swear to you.*

C. En las frases siguientes, substituya Ud. los substantivos complementos por los pronombres apropiados:

1. El preso pidió un **favor** al viejo **guardia.**
2. Pediré a la **profesora** la mejor **nota** de la clase.
3. El preso dejó de escribir **cartas** a su **novia.**
4. No coja las **flores.**
5. No me lea Ud. ese **artículo.**
6. Los padres leen muchas **historias** a sus **hijos.**
7. El preso pide un **favor** a mi **padre** y a mí.

D. Lea y conteste siguiendo el modelo.

¿Le di a Ud. el libro?   Sí, me lo dio usted.
¿Cuándo se lo di?   Me lo dio ayer.

1. ¿Le vendí las camisas? _____
   ¿Cuándo se las vendí? _____
2. ¿Le traje las flores? _____
   ¿Cuándo se las traje? _____
3. ¿Me prestó usted el libro?(Sí, yo) _____
   ¿Cuándo me lo prestó? _____
4. ¿Me enseñó las pinturas? _____
   ¿Cuándo me las enseñó? _____
5. ¿Dio Ud. las órdenes a los soldados? _____
   ¿Cuándo se las dio? _____

Lo + adjective. Although treated very briefly in a previous story, the common construction of the neuter pronoun lo + adjective or past participle to form a noun is a very idiomatic construction in Spanish. Observe the following taken from the text, and the translation:

Aquello era lo seguro.   *That was security (what is secure).*
lo pavoroso que le aguardaba   *the frightening thing that awaited him*

Other examples:

lo tuyo no vale nada   *yours is worth nothing*
No repita lo dicho.   *Don't repeat what has been said.*

E. Traducir. Traduzca Ud. las frases siguientes:

1. The difficult thing is not to feel secure.
2. It's the only thing that I know.
3. What is learned is not forgotten.
4. The curious thing is that the two stories are similar.
5. The best part of the class are the exams!
6. I gave it to him to pay for what was broken.
7. The saddest thing is to have to spend time in jail.
8. Tell us again: was don Quijote looking for the impossible?
9. He did not sleep the little bit that remained of the night.
10. The only thing he wanted was to accumulate (**juntar**) some pesos in order to give them to her.

Laura Freixas 1958 -

Born in Barcelona, where she spent most of her life until a
few years ago, Laura Freixas is one of the most promising of
the younger generation of contemporary women writers in Spain.
After completing her education in that city, including the study of
law ("**por equivocación,**" as she says), she spent two years in
England as a teacher of Spanish. Later she worked for two publishing firms, establishing the collection of foreign literature for
one of them.

Well acquainted with English, Laura Freixas has published correspondence of Sylvia Plath, the American poet and novelist, letters of F. Scott Fitzgerald, and some of the diaries of Virginia
Woolf. With the publication of her collection of short stories,
entitled *Asesino en la muñeca,* she has caught the attention of
critics as a highly creative and imaginative writer. One of these
stories has been anthologized in Spain and another, in a slightly
different version, in Germany.

Following the path of magic realism, Freixas weaves her characters in and out of a dull and dreary reality; with a fluid, natural
transition, they find themselves in an unreal and sometimes surre-
al world. There is often humor in many of the fantastic situations,
but beneath it all we find serious themes, such as an abhorrence
of mediocrity and the search for an answer to one's goal in life
and how to achieve it.

These themes, and others, are to be found in Laura Freixas' latest endeavor, an epistolary novel about to be published, as well as
in the story that follows, from *Asesino en la muñeca.* The theme
of interior duplication, the story within the story, has quite an
unexpected and startling ending.

Final absurdo

Eran las ocho y media de la tarde, y el detective Lorenzo Fresnos estaba esperando una visita. Su secretaria acababa de marcharse; afuera había empezado a llover y Fresnos se aburría. Había dormido muy poco esa noche, y tenía la cabeza demasiado espesa para hacer nade de provecho[1] durante la espera. Echó un vistazo a la biblioteca, legada[2] por el anterior ocupante del despacho, y eligió un libro al azar. Se sentó en su sillón y empezó a leer, bostezando.

Le despertó un ruido seco: el libro había caído al suelo. Abrió los ojos con sobresalto y vio, sentada al otro lado de su escritorio, a una mujer de unos cuarenta años, de nariz afilada y mirada inquieta, con el pelo rojizo recogido[3] en un moño. Al ver que se había despertado, ella le sonrió afablemente. Sus ojos, sin embargo, le escrutaban con ahínco[4].

Lorenzo Fresnos se sintió molesto. Le irritaba que la mujer hubiese entrado sin llamar o que él no la hubiese oído, y que le hubiera estado espiando mientras dormía. Hubiera querido decir: "Encantado de conocerla, señora..." (era una primera vista) pero había olvidado el nombre que su secretaria le había apuntado en la agenda. Y ella ya había empezado a hablar.

—Cuánto me alegro de conocerle —estaba diciendo—. No sabe con qué impaciencia esperaba esta entrevista. ¿No me regateará[5] el tiempo, verdad?

—Por supuesto, señora —replicó Fresnos, más bien seco. Algo, quizá la ansiedad que latía en su voz, o su tono demasiado íntimo, le había puesto en guardia—. Usted dirá.

La mujer bajó la cabeza y se puso a juguetear con el cierre[6] de su bolso. Era un bolso antiguo y cursi[7]. Toda ella parecía un poco antigua, pensó Fresnos: el bolso, el peinado, el broche de azabache[8]... Era distinguida, pero de una distinción tan pasada de moda que resultaba casi ridícula.

—Es difícil empezar... Llevo tanto tiempo pensando en lo que quiero decirle... Verá, yo... Bueno, para qué le voy a contar: usted sabe...

Una dama de provincias, sentenció[9] Fresnos; esposa de un médico rural o de un notario. Las conocía de sobras: eran desconfiadas, orgullosas, reacias[10] a hablar de sí mismos. Suspiró para sus adentros[11]: iba a necesitar paciencia.

---

[1] **de provecho** useful
[2] **legada** left, bequeathed
[3] **recogido en un moño** gathered in a bun
[4] **con ahínco** eagerly
[5] **regatear** to begrudge
[6] **el cierre** clasp

[7] **cursi** cheap, tasteless
[8] **de azabache** glossy black
[9] **sentenciar** to decide, to judge
[10] **reacias** reluctant
[11] **para sus adentros** to himself

La mujer alzó la cabeza, respiró profundamente y dijo:

—Lo que quiero es una nueva oportunidad.

Lorenzo Fresnos arqueó las cejas[12]. Pero ella ya estaba descartando, con un gesto, cualquier hipotética objeción:

35 —¡No, no, ya sé lo que me va a decir! — se contestó a sí misma—. Que si[13] eso es imposible; que usted no tiene la culpa. Pero eso es suponer que uno es del todo consciente, que vive con conocimiento de causa. Y no es verdad; yo me engañaba. —Se recostó en el sillón y le miró, expectante.

—¿Podría ser un poco más concreta, por favor?—preguntó Fresnos, con voz pro-
40 fesional. "Típico asunto de divorcio", estaba pensando. "Ahora me contará lo[14] ino-cente que era ella, lo malo que es el marido, etc., etc., hasta el descubrimiento de que él tiene otra."

—Lo que quiero decir —replicó la mujer con fiereza— es que mi vida no tiene sentido. Ningún sentido, ¿me entiende? O, si lo tiene, yo no lo veo, y en tal caso le
45 ruego que tenga la bondad de decirme cuál es—. Volvió a recostarse en el sillón y a manosear el bolso, mirando a Fresnos como una niña enfadada. Fresnos volvió a armarse de paciencia.

—Por favor, señora, no perdamos el tiempo. No estamos aquí para hablar del sentido de la vida. Si tiene la bondad de decirme, concretamente —recalcó[15] la
50 palabra—, para qué ha venido a verme...

La mujer hizo una mueca[16]. Parecía que se iba a echar a llorar.

—Escuche... —se suavizó Fresnos. Pero ella no le escuchaba.

—¡Pues para eso le he venido a ver, precisamente! ¡No reniegue ahora de su res-ponsabilidad! ¡Yo no digo que la culpa sea toda suya, pero usted, por lo menos, me
55 tenía que haber avisado!

—¿Avisado? ¿De qué? —se desconcertó Fresnos.

—¡Avisado, advertido, puesto en guardia, qué sé yo! ¡Haberme dicho que usted se desentendía[17] de mi suerte, que todo quedaba en mis manos! Yo estaba convenci-da de que usted velaba[18] por mí, por darle un sentido a mi vida...

60 Aquella mujer estaba loca. Era la única explicación posible. No era la primera vez que tenía clientes desequilibrados[19]. Eso sí, no parecía peligrosa; se la podría sacar de encima por las buenas[20]. Se levantó con expresión solemne.

—Lo siento, señora, pero estoy muy ocupado y...

A la mujer se le puso una cara rarísima: la boca torcida, los labios temblorosos,
65 los ojos mansos[21] y aterrorizados.

---

[12] **arqueó las cejas** arched his eyebrows
[13] **si** omit in translation
[14] **lo... que** how
[15] **recalcar** to emphasize
[16] **mueca** pout

[17] **se desentendía** you were unaware
[18] **velar** to watch over
[19] **desequilibrados** unbalanced
[20] **por las buenas** willingly, gladly
[21] **manso** gentle

—Por favor, no se vaya... no se vaya... no quería ofenderle —murmuró, ronca[22], y luego empezó a chillar—: ¡Es mi única oportunidad, la única! ¡Tengo derecho a que me escuche! ¡Si usted no...! —Y de pronto se echó a llorar.

Si algo no soportaba Fresnos era ver llorar a una mujer. Y el de ella era un llanto total, irreparable, de una desolación arrasadora[23]. "Está loca", se repitió, para sere- 70 narse. Se volvió a sentar. Ella, al verlo, se calmó. Sacó un pañuelito de encaje para enjugarse los ojos y volvió a sonreír con una sonrisa forzada. "La de un náufrago intentando seducir a una tabla", pensó Fresnos. Él mismo se quedó sorprendido: le había salido una metáfora preciosa, a la vez original y ajustada[24]. Y entonces tuvo una idea. Pues Fresnos, como mucha gente, aprovechaba sus ratos libres para 75 escribir, y tenía secretas ambiciones literarias. Y lo que acababa de ocurrírsele era que esa absurda visita podía proporcionarle un magnífico tema para un cuento. Empezó a escucharla, ahora sí, con interés.

—Hubiera podido fugarme, ¿sabe? —decía ella—. Sí, le confieso que lo pensé. Usted... —se esforzaba visiblemente en intrigarle, en atraer su atención—, usted 80 creía conocer todos mis pensamientos, ¿verdad?

Lorenzo Fresnos hizo un gesto vago, de los que pueden significar cualquier cosa. Estaría con ella un rato más, decidió, y cuando le pareciese que tenía suficiente material para un relato, daría por terminada la visita.

—¡Pues no! —exclamó la mujer, con tono infantilmente burlón[25] —. Permítame 85 que le diga que no es usted tan omnisciente como cree, y que aunque he sido un títere[26] en sus manos, también tengo ideas propias. —Su mirada coqueta suavizaba apenas la agresividad latente en sus palabras. Pero Fresnos estaba demasiado abstraí- do pensando en su cuento para percibir esos matices[27].

—...cuando me paseo por el puerto, ¿recuerda? —continuaba ella—. En medio 90 de aquel revuelo[28] de gaviotas chillando, que parecen querer decirme algo, transmi- tirme un mensaje que yo no sé descifrar. —Se quedó pensativa, encogida[29]. "Como un pajarito", pensó Fresnos, buscando símiles. "Un pajarito con las plumas mojadas"—. O quizá el mensaje era, precisamente, que no hay mensaje —mur- muró ella. 95

Sacudió la cabeza, volvió a fijar los ojos en Fresnos y prosiguió:

—Quería empezar de nuevo, despertarme, abrir los ojos y gobernar el curso de mi vida. Porque aquel día, por primera y desgraciadamente única vez, intuí mi ceguera[30] —"¿Ceguera?", se asombró Fresnos—. Esa ceguera espiritual que consiste en no

---

[22] **ronca** hoarsely
[23] **arrasadora** crushing
[24] **ajustada** appropriate
[25] **burlón** mocking
[26] **un títere** puppet

[27] **el matiz** shade, nuance
[28] **revuelo... chillando** flight of noisy gulls
[29] **encogida** withdrawn
[30] **intuí mi ceguera** became aware of my blindness

querer saber que uno es libre, único dueño y único responsable de su destino, aunque no lo haya elegido; en dejarse llevar blandamente por los avatares[31] de la vida. —"Ah, bueno", pensó Fresnos, algo decepcionado. Claro que en su cuento podía utilizar la ceguera como símbolo, no sabía bien de qué, pero ya lo encontraría.

—Por un momento —continuó la mujer—, jugué con la idea de embarcarme en cualquier barco y saltar a tierra en el primer puerto. ¡Un mundo por estrenar[32]...! —exclamó, inmersa en sus fantasías—. A usted no le dice nada, claro, pero a mí... Donde todo hubiera sido asombro, novedad: con calles y caminos que no se sabe adónde llevan, y donde uno no conoce, ni alcanza[33] siquiera a imaginar, lo que hay detrás de las montañas... Dígame una cosa —preguntó de pronto—: ¿el cielo es azul en todas partes?

—¿El cielo? Pues claro... —respondió Fresno, pillado[34] por sorpresa. Estaba buscando la mejor manera de escribir su rostro, su expresión. "Ingenuidad" y «amargura» le parecían sustantivos apropiados, pero no sabía cómo combinarlos.

—¿Y el mar?

—También es del mismo color en todas partes —sonrió él.

—¡Ah, es del mismo color! —repitió la mujer—. ¡Del mismo color, dice usted! Si usted lo dice, será verdad, claro... ¡Qué lástima!

Miró al detective y le sonrió, más relajada.

—Me alegro de que hagamos las paces. Me puse un poco nerviosa antes, ¿sabe? Y también me alegro —añadió, bajando la voz— de oírle decir lo del cielo y el mar. Tenía miedo de que me dijera que no había tal cielo ni tal mar, que todo era bambalinas[35] y papel pintado.

Lorenzo Fresnos miró con disimulo su reloj. Eran las nueve y cuarto. La dejaría hablar hasta las nueve y media, y luego se iría a casa a cenar; estaba muy cansado.

La mujer se había interrumpido. Se hizo un silencio denso, cargado[36]. Afuera continuaba lloviendo, y el cono[37] de luz cálida que les acogía parecía flotar en medio de una penumbra[38] universal. Fresnos notó que la mujer estaba tensa; seguramente había sorprendido su mirada al reloj.

—Bueno, pues a lo que iba... —continuó ella, vacilante—. Que conste que no le estoy reprochando que me hiciera desgraciada. Al contrario: tuve instantes muy felices, y sepa usted que se los agradezco.

—No hay de qué —replicó Fresnos, irónico.

—Pero era —prosiguió la mujer, como si no le hubiera oído— una felicidad proyectada hacia el porvenir, es decir, consistía precisamente en el augurio[39] (creía yo) de una felicidad futura, mayor y, sobre todo, definitiva... No sé si me explico.

---

[31] **avatares** incarnations
[32] **por estrenar** to be discovered
[33] **ni alcanza siquiera** or even succeeds in
[34] **pillado** caught
[35] **bambalinas** stage decorations

[36] **cargado** heavy
[37] **el cono... acogía** the cone of warm light that welcomed them
[38] **penumbra** darkness
[39] **el augurio** prediction

No se trata de la felicidad, no es eso exactamente... Mire, ¿conoce usted esos dibujos[40] que a primera vista no son más que una maraña[41] de líneas entrecruzadas, y en los que hay que colorear ciertas zonas para que aparezca la forma que ocultan? Y entonces uno dice: "Ah, era eso: un barco, o un enanito[42], o una manzana"... Pues bien, cuando yo repaso mi vida, no veo nada en particular; sólo una maraña.   *135*

"Bonita metáfora", reconoció Fresnos. La usaría.

—Cuando llegó el punto final —exclamó ella, mirándole de reojo[43]— le juro que no podía creérmelo. ¡Era un final tan absurdo! No me podía creer que aquellos sueños, aquellas esperanzas, aquellos momentos de exaltación, de intuición de algo grandioso..., creía yo..., terminaran en..., en agua de borrajas[44] —suspiró—.   *140* Dígame —le apostrofó[45] repentinamente—: ¿por qué terminó ahí? ¡Siempre he querido preguntárselo!

—¿Terminar qué? —se desconcertó Fresnos.

—¡Mi historia! —se impacientó la mujer, como si la obligaran a explicar algo obvio—. Nace una niña..., promete mucho..., tiene anhelos, ambiciones, es un   *145* poquitín extravagante..., lee mucho, quiere ser escritora..., incluso esboza[46] una novela, que no termina —hablaba con pasión, gesticulando—, se enamora de un donjuán[47] de opereta, que la deja plantada[48]..., piensa en suicidarse, no se suicida..., llegué a conseguir una pistola, como usted sabe muy bien, pero no la usé, claro..., eso al menos habría sido un final digno, una conclusión de algún tipo..., melo-   *150* dramático, pero redondo, acabado..., pero ¡qué va[49]!, sigue dando tumbos[50] por la vida..., hace un poquito de esto, un poquito de aquello..., hasta que un buen día, ¡fin! ¡Así, sin ton ni son![51] ¿Le parece justo? ¿Le parece correcto? ¡Yo...!

—Pero ¿de qué diablos me está hablando? —la interrumpió Fresnos. Si no le para-ba los pies[52], pronto le insultaría, y eso ya sí que no estaba dispuesto a consentirlo.   *155*

La mujer se echó atrás y le fulminó[53] con una mirada de sarcasmo. Fresno observó fríamente que se le estaba deshaciendo el moño, y que tenía la cara enroje-cida. Parecía una verdulera[54].

—¡Me lo esperaba! —gritó—. Soy una de tantas, ¿verdad? Me desgracia la vida, y luego ni se acuerda. Luisa, los desvelos[55] de Luisa, ¿no le dice nada? ¡Irresponsable!   *160*

---

[40] **dibujos** drawings
[41] **una maraña de líneas entrecruzadas** a maze of interwoven lines
[42] **enanito** dwarf
[43] **de reojo** out of the corner of her eye
[44] **agua de borrajas** sea of scribbles
[45] **apostrofó** she said accusingly
[46] **esbozar** to sketch
[47] **un donjuán** from his origin in a Spanish play of the 17th century, Don Juan has become a major theme in world literature.

[48] **la deja plantada** jilts her
[49] **¡qué va!** but no!
[50] **dar tumbos** to stumble
[51] **sin ton ni son** without reason
[52] **Si no le paraba los pies** if he didn't stop
[53] **le fulminó con** hurled at him
[54] **una verdulera** a vegetable seller
[55] **los desvelos** torments

—Mire, señora —dijo Fresnos, harto[56]—, tengo mucho que hacer, o sea, que hágame el favor...

—Y sin embargo, aunque lo haya olvidado —prosiguió ella, dramática, sin oírle—, usted me concibió. Aquí, en este mismo despacho: me lo imagino sentado en un sillón, con el codo[57] en la mano, mordisqueando el lápiz, pensando: "Será una mujer. Tendrá el pelo rojizo,la nariz afilada, los ojos verdes; será ingenua, impaciente; vivirá en una ciudad de provincias..." ¿Y todo eso para qué? ¡Para qué, dígamelo! ¡Con qué finalidad, con qué objeto! ¡Pero ahora lo entiendo todo! —vociferó—. ¡Es usted uno de esos autores prolíficos y peseteros[58] que fabrican las novelas como churros[59] y las olvidan en cuanto las han vendido! ¡Ni yo ni mis desvelos le importamos un comino[60]! ¡Sólo le importa el éxito, el dinero, su mísero pedacito de gloria! ¡Hipócrita! ¡Impostor! ¡Desalmado! ¡Negrero[61]!

"Se toma por un personaje de ficción", pensó Fresnos, boquiabierto. Se quedó mirándola sin acertar a decir nada, mientras ella le cubría de insultos. ¡Aquello sí que era una situación novelesca! En cuanto llegara a casa escribiría el cuento de corrido.[62] Sólo le faltaba encontrar el final.

La mujer había callado al darse cuenta de que él no la escuchaba, y ahora le miraba de reojo, avergonzada y temerosa, como si el silencio de él la hubiera dejado desnuda.

—Déme aunque sólo sean treinta páginas más —susurró—[63], o aunque sean sólo veinte, diez... Por favor, señor Godet...

—¿Señor Godet?... —repitió Fresnos.

Ahora era ella la que le miraba boquiabierta.

—¿Usted no es Jesús Godet?

Lorenzo Fresnos se echó a reír a carcajadas[64].

La mujer estaba aturdida.

—Créame que lamento este malentendido —dijo Fresnos. Estaba a punto de darle las gracias por haberle servido en bandeja[65] un argumento para relato surrelista—. Me llamo Lorenzo Fresnos, soy detective, y no conozco a ningún Jesús Godet. Creo que podemos dar la entrevista por terminada. —Iba a levantarse, pero ella reaccionó rápidamente.

—Entonces, ¿usted de qué novela es? —preguntó con avidez.

—Mire, señora, yo no soy ningún personaje de novela; soy una persona de carne y hueso.

—¿Qué diferencia hay? —preguntó ella; pero sin dejarle tiempo a contestar, continuó—: Oiga, se me ha ocurrido una cosa. Ya me figuraba yo que no podía ser tan fácil hablar con el señor Godet. Pues bien, ya que él no nos va a dar una nueva oportunidad, más vale que nos la tomemos nosotros: usted pasa a mi novela, y yo paso a la suya. ¿Qué le parece?

---

[56] **harto** fed up
[57] **el codo... mordisqueando** elbow...nibbling
[58] **peseteros** greedy
[59] **churros** fried pastry in form of a cruller
[60] **le importamos un comino** are worth a fig to you
[61] **Negrero** slave trader
[62] **de corrido** in no time at all
[63] **susurrar** to whisper
[64] **a carcajadas** in guffaws
[65] **en bandeja** on a platter

—Me parece muy bien —dijo tranquilamente Fresnos—. ¿Por qué no vamos a tomar una copa y lo discutimos con calma? —Sin esperar respuesta, se levantó y fue a coger su abrigo del perchero. Se dio cuenta de que no llevaba paraguas[66], y estaba lloviendo a mares. Decidió que cogería un taxi. Entonces la oyó gritar. `200`

Estaba pálida como un cadáver mirando la biblioteca, que no había visto antes por estar a sus espaldas. La barbilla[67] le temblaba cuando se volvió hacia él.

—¿Por qué me ha mentido? —gritó con furia—, ¿por qué? ¡Aquí está la prueba! —Señalaba, acusadora, los libros—. ¡Cubiertos de polvo, enmudecidos[68], inmovilizados a la fuerza! ¡Es aún peor de lo que me temía, los hay por cientos! Sus Obras `205` Completas, ¿verdad? ¡Estará usted satisfecho! ¿Cuántos ha creado usted por diversión, para olvidarlos luego de esta manera? ¿Cuántos, señor Godet?

—¡Basta! —gritó Fresnos—. Salga inmediatamente de aquí o llamo a la policía!

Avanzó hacia ella con gesto amenazador, pero tropezó con un libro tirado en el suelo junto a un sillón. Vio el título: «Los desvelos de Luisa». Creyó comprenderlo `210` todo. Alzó la cabeza. En ese momento menguó[69] la luz eléctrica; retumbó[70] un trueno, y la claridad lívida e intemporal de un relámpago le inmovilizó. Fresno vio los ojos de la mujer, fijos, desencajados[71], entre dos instantes de total oscuridad. Siguió un fragor[72] de nubes embistiéndose; arreció[73] la lluvia; la lámpara se había apagado del todo. Fresnos palpaba los muebles, como un ciego. `215`

—¡Usted dice que el cielo es siempre azul en todas partes! —La voz provenía de una forma confusa y movediza[74] en la penumbra—. ¡Sí! —gritaba por encima del estruendo—, ¡menos cuando se vuelve negro, vacío para siempre y en todas partes!

—¡Tú no eres más que un sueño! —vociferó Fresnos, debatiéndose[75] angustiosamente—. ¡Soy yo quien te he leído y quien te está soñando! ¡Estoy soñando, estoy `220` soñando! —chilló en un desesperado esfuerzo por despertar, por huir de aquella pesadilla[76].

—¿Ah, sí? —respondió ella burlona, y abrió el bolso.

Enloquecido, Fresnos se abalanzó[77] hacia aquel bulto movedizo. Adivinó lo que ella tenía en sus manos, y antes de que le ensordeciera[78] el disparo tuvo tiempo de `225` pensar: "No puede ser, es un final absurdo…"

"Ni más ni menos que cualquier otro", le contestó bostezando Jesús Godet mientras ponía el punto final.

---

[66] **paraguas** umbrella
[67] **la barbilla** chin
[68] **enmudecidos** silent
[69] **menguar** to diminish
[70] **retumbó un trueno** a clap of thunder resounded
[71] **desencajados** contorted
[72] **un fragor… embistiéndose** a crash of clouds striking each other
[73] **arreció** grew worse

[74] **movediza** shaky
[75] **debatiéndose angustiosamente** struggling and in great distress
[76] **pesadilla** nightmare
[77] **se abalanzó… movedizo** sprang toward that moving form
[78] **le ensordeciera el disparo** (before) the shot deafened him

DESPUÉS DE LEER

A. Cuestionario.

1. En el primer párrafo del cuento Lorenzo Fresnos, que espera una visita, empieza a leer un libro, mientras bosteza. ¿Tendrá esto alguna significación para el final?
2. Cuando la mujer le dice a Fresnos que éste no debe renegar de su responsabilidad, ¿a qué responsabilidad se refiere ella?
3. ¿Qué se le ocurrió a Fresnos para hacerle escuchar a la mujer con interés?
4. Al darse cuenta la mujer de que uno es libre, dueño de su destino, ¿qué querría hacer? ¿No es ella libre? Explique.
5. ¿Cuándo se dio cuenta Ud. de que ella es un personaje de ficción?
6. Cuando Fresnos le dice que él no es ningún personaje de novela, sino persona de carne y hueso, ¿le parece que es verdad esto?
7. ¿Es simbólica la descripción de la tempestad —truenos, relámpagos, lluvia— que estalló *(exploded)* hacia el final?
8. ¿Ve Ud. alguna significación en el nombre del supuesto autor Jesús Godet?

B. Comprensión. Opcional (escrito u oral).

¿Cuál es su interpretación de este cuento? De las tres personas mencionadas, ¿cuántas son ficticias? ¿Qué es real y qué es ilusión?

REPASO GRAMATICAL

Repaso del subjuntivo.

There are many different uses of the subjunctive in this story. Among them is its use in temporal clauses in which the time is future with reference to the main verb. Examples:

En cuanto llegara a casa escribiría el cuento. (from story)

Te amaré hasta que me muera.

If there is no suggestion of an incompleted future action, the indicative follows the conjunction of time. (However, the conjunction **antes [de] que** is always followed by the subjunctive.)

Cuando llueve, me quedo en casa.

C. Escoja la forma correcta de los verbos entre paréntesis.

1. Bailaremos hasta que (se cierre, se cierra) el café.
2. En cuanto él (sale, salga, había salido), abre las ventanas.
3. Mis padres me esperaban cuando yo (vuelva, volviera, volví) a casa.
4. Mientras (ha, haya, habrá) un misterio para el hombre, ¡habrá poesía!

5. Cuando le (pareciese, pareció) a Fresnos que tenía suficiente material, daría por terminada la visita.
6. La mujer dijo que se quedaría en el despacho hasta que (obtuviera, obtuvo, obtiene) una explicación.
7. Antes de que ella lo (matará, matara, mató), Fresnos tuvo tiempo de pensar: no puede ser.
8. Cuando ella (dejó de, dejase de) hablar, Fresnos huyó del despacho.
9. Esperé hasta que ella (viniera, vino, vendría).
10. Prometió esperar hasta que yo (volviera, vuelva, volvería).

D. Traducir. Observe Ud. las siguientes expresiones y traduzca las frases.

acabar de (+ infinitive)	*to have just (done something)*
darse cuenta de (+ infinitive)	*to realize*
volver a (+ infinitive)	*to (do something) again*
echar a (+ infinitive)	*to begin, set out (to do something)*
lo + adjective + **que**	*how (+ adjective)*
(lo malo que es su marido)	*(how bad her husband is)*

1. Fresnos had just sat down to read the book when the woman suddenly appeared in his office.
2. Before he could say a word, she began to speak.
3. While Fresnos was thinking how crazy this woman is, she told him that her life has no meaning and that he was responsible.
4. She would accuse him again many times.
5. As soon as he realized that she was a fictional character (**personaje de ficción**), Fresnos shouted that she was only a dream.
6. When she leaves, he thought, I will write a story that will also have an absurd ending.

Miguel Delibes 1920 -

U nlike some writers at the start of their literary careers who never live up to the promise of their good first novels, Miguel Delibes established himself with each succeeding work as one of the most prolific and outstanding men of contemporary Spanish letters. Born in Valladolid, he was for many years a professor at the Escuela de Comercio in that city, and editor of the newspaper *El norte de Castilla.*

When only twenty-seven years old, Delibes made his name nationally known with his first novel, *La sombra del ciprés es alargada,* which won the important Nadal Prize for 1947. Other prizes awarded him have been the Premio Nacional de Literatura and the Premio "Juan March," and in 1975 he was elected to the Spanish Academy of Letters.

There is an interesting dualism to be noted in the development of Delibes' work. Some of his early novels seemed to indicate that he would follow the path of *tremendismo;* yet, in his third novel, *El camino* (1950), considered by many to be one of his best, seriousness and pessimism give way to a delightful freshness and naturalness, to gentle humor and human tenderness. His keen delineation of the adolescent character, predominant in *El camino,* is a characteristic of the major part of his production.

Characteristic, too, is the consummate artistry of his prose. His style is simple and direct, but also poetic. You will discover his skill as a narrator in the intensely human, moving, and sensitive short story that follows. Loneliness is never harder to bear than "on a night like this."

*See introduction to Cela. p. 22

En una noche así

Yo no sé qué puede hacer un hombre recién salido de la cárcel, en una fría noche de Navidad y con dos duros en el bolsillo. Casi lo mejor si, como en mi caso, se encuentra solo, es ponerse a silbar[1] una banal canción infantil y sentarse al relente[2] del parque a observar cómo pasa la gente y los preparativos de la felicidad de la gente. Porque lo peor no es el estar solo, ni el hiriente frío de la Nochebuena[3], ni el terminar de salir de la cárcel, sino el encontrarse uno a los treinta años con el hombro izquierdo molido por el reuma[4], el hígado trastornado[5], la boca sin una pieza[6] y hecho[7] una dolorosa y total porquería. Y también es mala la soledad, y la conciencia de la felicidad aleteando[8] en torno pero sin decidirse a entrar en uno. Todo eso es malo como es malo el sentimiento de todo ello y como es absurda y torpe[9] la pretensión de reformarse uno de cabo a rabo[10] en una noche como ésta, con el hombro izquierdo molido por el reuma y con un par de duros en el bolsillo.

La noche está fría, cargada de nubes grises, que amenazan nieve. Es decir, puede nevar o no nevar, pero que nieve o no nieve no remediará mi reuma, ni mi boca desdentada[11], ni el horroroso vacío de mi estómago. Por eso fui a donde había música y me encontré a un hombre con la cara envuelta en una hermosa bufanda[12], pero con un traje raído[13], cayéndosele a pedazos[14]. Estaba sentado en la acera, ante un café brillantemente iluminado y tenía entre las piernas, en el suelo, una boina negra, cargada de monedas de poco valor. Me aproximé a él y me detuve a su lado sin decir palabra, porque el hombre interpretaba en ese momento en su acordeón "El Danubio Azul," y hubiera sido un pecado interrumpirle. Además, yo tenía la sensación de que tocaba para mí, y me emocionaba el que[15] un menesteroso[16] tocase para otro menesteroso en una noche como ésa. Y al concluir la hermosa pieza le dije:

—¿Cómo te llamas?

Él me miró con las pupilas semiocultas entre los párpados[17], como un perro implorando para que no le den puntapiés.[18] Yo le dije de nuevo:

—¿Cómo te llamas?

---

[1] **silbar** to whistle
[2] **al relente** in the dampness
[3] **hiriente... Nochebuena** biting cold of Christmas Eve.
[4] **molido por el reuma** consumed by rheumatism
[5] **hígado trastornado** liver in bad shape
[6] **pieza** (here) tooth
[7] **hecho... porquería** having become a complete and pitiful mess
[8] **aletear** to flutter
[9] **torpe** stupid

[10] **de cabo a rabo** from head to foot
[11] **desdentada** toothless
[12] **bufanda** muffler
[13] **raído** threadbare
[14] **caerse a pedazos** to fall to pieces
[15] **el que** the fact that (keep on the lookout for this throughout the store)
[16] **menesteroso** needy person
[17] **párpados** eyelids
[18] **puntapiés** kicks

El se incorporó y me dijo:

—Llámame Nicolás.

30   Recogió la gorra[19], guardó las monedas en el bolsillo y me dijo:

—¿Te parece que vayamos andando[20]?

Y yo sentía que nos necesitábamos el uno al otro, porque en una noche como ésa un hombre necesita de otro hombre y todos[21] del calor de la compañía. Y le dije:

—¿Tienes familia?

35   Me miró sin decir nada. Yo insistí y dije:

—¿Tienes familia?

Él dijo, al fin:

—No te entiendo. Habla más claro.

Yo entendía que ya estaba lo suficientemente claro, pero le dije:

40   —¿Estás solo?

Y él me dijo:

—Ahora estoy contigo.

—¿Sabes tocar andando? —le dije yo.

—Sé —me dijo.

45   Y le pedí que tocara "Esta noche es Nochebuena" mientras caminábamos, y los escasos transeúntes rezagados[22], nos miraban con un poco de recelo[23], y yo, mientras Nicolás tocaba, me acordaba de mi hijo muerto y de la Chelo y de dónde andaría la Chelo y de dónde andaría mi hijo muerto. Y cuando concluyó Nicolás, le dije:

—¿Quieres tocar ahora "Quisiera ser tan alto como la luna, ay, ay"?

50   Yo hubiera deseado que Nicolás tocase de una manera continua, sin necesidad de que yo se lo pidiera, todas la piezas que despertaban en mí un eco lejano, o un devoto recuerdo, pero Nicolás se interrumpía a cada pieza y yo había de[24] rogarle que tocara otra cosa en su acordeón, y para pedírselo había de volver de mi recuerdo a mi triste realidad actual, y cada incorporación al pasado me costaba un estremecimiento[25] y un gran dolor.

55   Y así andando, salimos de los barrios céntricos y nos hallamos más a gusto en pleno foco[26] de artesanos y menestrales[27]. Y hacía tanto frío que hasta el resuello[28] del acordeón se congelaba en el aire como un girón[29] de niebla blanquecina. Entonces le dije a Nicolás:

—Vamos ahí dentro. Hará menos frío.

60   Y entramos en una taberna destartalada[30], sin público, con una larga mesa de tablas de pino sin cepillar[31] y unos bancos tan largos como la mesa. Hacía bueno allí y Nicolás se recogió la bufanda. Vi entonces que tenía media cara sin forma, con la

---

[19] **Recogió la gorra** He picked up his cap
[20] **¿Te... andando?** What do you say we take a walk?
[21] **todos... necesitan** supply
[22] **transeúntes rezagados** lagging pedestrians
[23] **recelo** misgiving, suspicion
[24] **yo había de** Note this strong use of **haber de,** having the force of **tener que.**

[25] **estremecimiento** trembling
[26] **foco** core, center
[27] **menestrales** workmen
[28] **resuello... se congelaba** breathing... froze
[29] **girón** strip
[30] **destartalada** shabby-looking
[31] **tablas de pino sin cepillar** rough pine boards

mandíbula inferior quebrantada[32] y la piel arrugada y recogida[33] en una pavorosa cicatriz.[34] Tampoco tenía ojo en ese lado. El me vio mirarle y me dijo:

—Me quemé. Salió el tabernero, que era un hombre enorme, con el cogote recto y casi pelado[35] y un cuello ancho, como de toro. Tenía facciones abultadas[36] y la camisa recogida por encima de los codos. Parecía uno de esos tipos envidiables, que no tienen frío nunca.

—Iba a cerrar —dijo.

Y yo dije:

—Cierra. Estaremos mejor solos.

Él me miró y, luego, miró a Nicolás. Vacilaba. Yo dije:

—Cierra ya. Mi amigo hará música y beberemos. Es Nochebuena.

Dijo Nicolás:

—Tres vasos.

El hombrón[37], sin decir nada, trancó[38] la puerta, alineó tres vasos en el húmedo mostrador de zinc y los llenó de vino. Apuré[39] el mío y dije:

—Nicolás, toca "Mambrú se fue a la guerra," ¿quieres?

El tabernero hizo un gesto patético. Nicolás se detuvo. Dijo el tabernero:

—No; tocará antes "La última noche que pasé contigo." Fue el último tango que bailé con ella.

Se le ensombreció la mirada de un modo extraño. Y mientras Nicolás tocaba, le dije:

—¿Qué[40]?

Dijo él:

—Murió. Va para tres años[41].

Llenó las vasos de nuevo y bebimos, y los volvió a llenar y volvimos a beber, y los llenó otra vez y otra vez bebimos; después, sin que yo dijera nada, Nicolás empezó a tocar "Mambrú se fue a la guerra," con mucho sentimiento. Noté que me apretaba la garganta y dije:

—Mi chico cantaba esto cada día.

El tabernero llenó otra vez los vasos y dijo, sorprendido: —¿Tienes un hijo que sabe cantar? Yo dije:

—Le tuve.

Él dijo:

—También mi mujer quería un hijo y se me fue sin conseguirlo. Ella era una flor, ¿sabes? Yo no fui bueno con ella y se murió. ¿Por qué será que mueren siempre los mejores?

[32] **mandíbula... quebrantada** a broken lower jaw
[33] **arrugada y recogida** shriveled and drawn
[34] **cicatriz** scar
[35] **cogote... pelado** back of the neck straight and almost bare
[36] **facciones abultadas** massive features
[37] **hombrón** husky rellow
[38] **trancar** to bar, to bolt
[39] **apurar** to finish
[40] **¿Qué?** What happened (to her)?
[41] **Va para tres años** It's almost three years ago.

Nicolás dejó de tocar. Dijo:

—No sé de qué estáis hablando. Cuando la churrera[42] me abrasó[43] la cara la *100* gente bailaba "La morena de mi copla." Es de lo único que me acuerdo.

Bebió otro vaso y tanteó[44] en el acordeón "La morena de mi copla." Luego lo tocó ya formalmente[45]. Volvió a llenar los vasos el tabernero y se acodó en el mostrador. La humedad y el frío del zinc no parecían transmitirse a sus antebrazos desnudos, sólidos como troncos. Yo le miraba a él, y miraba a Nicolás, y miraba al resto del recinto *105* despoblado[46] y entreveía en todo ello un íntimo e inexplicable latido[47] familiar. A Nicolás le brillaba el ojo solitario con unos fulgores extraños. El tabernero dulcificó su dura mirada, y después de beber, dijo:

—Entonces ella no me hacía ni fu ni fa[48]. Parecía como si las cosas pudieran ser de otra manera, y a veces yo la quería y otras veces la maltrataba, pero nunca me *110* parecía que fuera ella nada extraordinario. Y luego, al perderla, me dije: "Ella era una flor." Pero ya la cosa no tenía remedio[49] y a ella la enterraron y el hijo que quería no vino nunca. Así son las cosas.

En tanto duró su discurso, yo me bebí un par de copas; por supuesto, con la mayor inocencia. Yo no buscaba en una noche como ésta la embriaguez[50], sino la sana y caliente *115* alegría de Dios y un amplio y firme propósito de enmienda. Y la música que Nicolás arrancaba del acordeón estimulaba mis rectos impulsos y me empujaba a amarle a él, a amar al tabernero y a amar a mi hijo muerto y a perdonar a la Chelo su desvío[51]. Y dije:

—Cuando el chico cayó enfermo yo dije a la Chelo que avisara al médico y ella me dijo que un médico costaba diez duros. Y yo dije: "¿Es dinero eso?" Y ella dijo: *120* "Yo no sé si será dinero o no, pero yo no lo tengo." Y yo dije, entonces: "Yo tampoco lo tengo, pero eso no quiere decir que diez duros sean dinero."

Nicolás me taladraba[52] con su ojo único, enloquecido por el vino. Había dejado de tocar y el acordeón pendía desmayado[53] de su cuello, sobre el vientre, como algo frustrado o prematuramente muerto. El instrumento tenía mugre[54] en las orejas y *125* en las notas y en los intersticios del fuelle[55]; pero sonaba bien, y lo demás no importaba. Y cuando Nicolás apuró otra copa, le bendije interiormente, porque se me hacía[56] que bebía música y experiencia y disposición para la música. Le dije:

—Toca "Silencio en la noche," si no estás cansado.

Pero Nicolás no me hizo caso; quizás no me entendía. Su único ojo adquirió de *130* pronto una expresión ausente. Dijo Nicolás:

---

[42] **churrera** woman who makes and sells **churros**, a foodstuff like fritters or crullers
[43] **abrasar** to burn
[44] **tantear** to try out, to test
[45] **formalmente** seriously
[46] **recinto despoblado** deserted room
[47] **latido** beat
[48] **no hacer(le) ni fu ni fa** to not matter (to him) one way or the other

[49] **la cosa...remedio** But it was now too late
[50] **embriaguez** drunkenness
[51] **desvío** running away
[52] **taladrar** to drill, to pierce
[53] **desmayado** lifeless
[54] **mugre** dirt
[55] **intersticios del fuelle** creases of the bellows
[56] **se me hacía** I imagined

—¿Por qué he tenido yo en la vida una suerte tan perra[57]? Un día yo vi en el escaparate[58] de una administración de loterías[59] el número 21 y me dije: "Voy a comprarle[60]; alguna vez ha de tocar el número 21." Pero en ese momento pasó un vecino y me dijo: "¿Qué miras en ese número, Nicolás? La lotería no cae en los números bajos." Y yo pensé: "Tiene razón; nunca cae la lotería en los números bajos." Y no compré el número 21 y compré el 47.234.

Nicolás se detuvo y suspiró. El tabernero miraba a Nicolás con atención concentrada. Dijo:

—¿Cayó, por casualidad, el gordo[61] en el número 21?

A Nicolás le brillaba, como de fiebre, el ojo solitario. Se aclaró la voz con un carraspeo[62] y dijo:

—No sé; pero en el 47.234 no me tocó ni el reintegro[63]. Fue una cochina[64] suerte la mía.

Hubo un silencio y los tres bebimos para olvidar la negra suerte de Nicolás. Después bebimos otra copa para librarnos, en el futuro, de la suerte perra. Entre los tres iba cuajando[65] un casi visible sentimiento de solidaridad. Bruscamente, el tabernero nos volvió la espalda y buscó un nuevo frasco en la estantería[66]. Entonces noté yo debilidad en las rodillas, y dije:

—Estoy cansado; vamos a sentarnos.

Y nos sentamos, Nicolás y yo en el mismo banco y el tabernero, con la mesa por medio, frente a nosotros; y apenas sentados, el tabernero dijo:

—Yo no sé qué tenía aquella chica que las demás no tienen. Era rubia, de ojos azules, y a su tiempo, se movía bien. Era una flor. Ella me decía: "Pepe, tienes que vender la taberna y dedicarte a un oficio más bonito." Y yo le decía: "Sí, encanto[67]." Y ella me decía: "Es posible que entonces tengamos un hijo." Y yo le decía, "Sí, encanto." Y ella decía: "Si tenemos un hijo, quiero que tenga los ojos azules como yo." Y yo le decía: "Sí, encanto." Y ella decía...

Balbucí[68] yo:

—Mi chico también tenía los ojos azules y yo quería que fuese boxeador. Pero la Chelo se plantó[69] y me dijo que si el chico era boxeador ella se iba. Y yo le dije: "Para entonces ya serás vieja; nadie te querrá." Y ella se echó a llorar. También lloraba cuando el chico se puso malito y yo, aunque no lloraba, sentía un gran dolor aquí. Y la Chelo me echaba en cara[70] el que yo no llorase, pero yo creo que el no llorar deja el sentimiento dentro y eso es peor. Y cuando llamamos al médico, la Chelo volvió a

---

[57] **perra** hard, bitter
[58] **escaparate** (display) window
[59] **administración de loterías** place where lottery tickets are sold
[60] **comprarle** Note the pronoun **le** instead of **lo**.
[61] **el gordo** first prize
[62] **carraspeo** hoarse grunt
[63] **el reintegro** what I paid for it

[64] **cochina** filthy
[65] **cuajar** to take shape
[66] **estantería** shelf
[67] **encanto** delight; (translate) darling
[68] **balbucir** to stammer
[69] **se plantó** balked
[70] **me echaba... llorase** reproached me for not crying

llorar porque no teníamos los diez duros y yo le pregunté: "¿Es dinero eso?" El chico no tenía los ojos azules por entonces, sino pálidos y del color del agua. El médico, al verlo, frunció el morro[71] y dijo: "Hay que operar en seguida." Y yo dije: "Opere." La Chelo me llevó a un rincón y me dijo: "¿Quién va a pagar todo esto? ¿Estás loco?" Yo me enfadé: "¿Quién ha de pagarlo? Yo mismo," dije. Y trajeron una ambulancia y aquella noche yo no me fui a echar la partida[72], sino que me quedé junto a mi hijo, velándole. Y la Chelo lloraba en un rincón, sin dejarlo un momento.

Hice un alto[73] y bebí un vaso. Fuera sonaban las campanas anunciando la misa del Gallo[74]. Tenían un tañido[75] lejano y opaco aquella noche y Nicolás se incorporó y dijo:

—Hay nieve cerca.

Se aproximó a la ventana, abrió el cuarterón[76], lo volvió a cerrar y me enfocó su ojo triunfante:

—Está nevando ya —dijo—. No me he equivocado.

Y permanecimos callados un rato, como si quisiésemos escuchar desde nuestro encierro el blando posarse[77] de los copos sobre las calles y los tejados. Nicolás volvió a sentarse y el tabernero dijo destemplado[78]:

—¡Haz música!

Nicolás ladeó la cabeza y abrió el fuelle del acordeón en abanico. Comenzó a tocar "Adiós, muchachos, compañeros de mi vida." El tabernero dijo:

—Si ella no se hubiera emperrado[79] en pasar aquel día con su madre, aún estaría aquí, a mi lado. Pero así son las cosas. Nadie sabe lo que está por pasar. También si no hubiera tabernas el chófer estaría sereno[80] y no hubiera ocurrido lo que ocurrió. Pero el chófer tenía que estar borracho y ella tenía que ver a su madre y los dos tenían que coincidir en la esquina precisamente, y nada más. Hay cosas que están escritas y nadie puede alterarlas.

Nicolás interrumpió la pieza. El tabernero le miró airado[81] y dijo:

—¿Quieres tocar de una vez[82]?

—Un momento —dijo Nicolás—. El que yo no comprara el décimo[83] de lotería con el número 21 aquella tarde fue sólo culpa mía y no puede hablarse de mala suerte. Ésta es la verdad. Y si la churrera me quemó es porque yo me puse debajo de la sartén[84]. Bueno. Pero ella estaba encima y lo que ella decía es que lo mismo que me quemó pudo ella coger una pulmonía[85] con el aire del acordeón. Bueno. Todo

---

[71] **frunció el morro** pursed his lips
[72] **echar la partida** to play (e.g., cards)
[73] **hacer un alto** to stop
[74] **misa del Gallo** midnight Mass
[75] **tañido** sound, tone
[76] **cuarterón** shutter
[77] **posarse de los copos** landing of the flakes
[78] **destemplado** irritably

[79] **emperrarse** to be obstinate, to insist
[80] **sereno** sober
[81] **airado** angrily
[82] **de una vez** once and for
[83] **décimo** tenth part of a lottery ticket
[84] **sartén** frying pan
[85] **lo mismo que... pulmonía** just as she burned me, she could have caught pneumonia

son pamplinas[86] y ganas de enredar[87] las cosas. Yo le dije: "Nadie ha pescado una pulmonía con el aire de un acordeón, que yo sepa." Y ella me dijo: "Nadie abrasa a otro con el aceite de freír los churros." Yo me enfadé y dije: "¡Caracoles, usted a *200* mí[88]!" Y la churrera dijo: "También pude yo pescar una pulmonía con el aire del acordeón."

A Nicolás le brillaba el ojo como si fuese a llorar. Al tabernero parecía fastidiarle el desahogo[89] de Nicolás.

—Toca; hoy es Nochebuena —dijo. *205*

Nicolás sujetó entre sus dedos el instrumento. Preguntó:

—¿Qué toco?

El tabernero entornó[90] los ojos, poseído de una acuciante[91] y turbadora nostalgia:

—Toca de nuevo "La última noche que pasé contigo", si no te importa.

Escuchó en silencio los primeros compases[92] como aprobando. Luego dijo: *210*

—Cuando bailábamos, ella me cogía a mí por la cintura en vez de ponerme la mano en el hombro. Creo que no alcanzaba a mi hombro porque ella era pequeñita y por eso me agarraba por la cintura. Pero eso no nos perjudicaba[93] y ella y yo ganamos un concurso de tangos. Ella bailaba con mucho sentimiento el tango. Un jurado[94] le dijo: "Chica, hablas con los pies." Y ella vino a mí a que la besara en los *215* labios porque habíamos ganado el concurso de tangos y porque para ella el bailar bien el tango era lo primero y más importante en la vida después de tener un hijo.

Nicolás pareció despertar de un sueño.

—¿Es que no tienes hijos? —preguntó.

El tabernero arrugó la frente. *220*

—He dicho que no. Iba a tener uno cuando ella murió. Para esos asuntos iba a casa de su madre. Y aún no lo sabía.

Yo bebí otros vaso antes de hablar. Tenía tan presente a mi hijo muerto que se me hacía que el mundo no había rodado desde entonces. Apenas advertí la ronquera[95] de mi voz cuando dije: *225*

—Mi hijo murió aquella noche y la Chelo se marchó de mi lado sin despedirse. Yo no sé qué temería la condenada[96] puesto que el chico ya no podía ser boxeador. Pero se fue y no he sabido de ella desde entonces.

El acordeón de Nicolás llenaba la estancia de acentos modulados como caricias. Tal vez por ello el tabernero, Nicolás y un servidor[97] nos remontábamos[98] en el aire *230* con sus notas, añorando[99] las caricias que perdimos. Sí, quizá fuera por ello, por el

---

[86] **pamplinas** nonsense
[87] **enredar** to complicate matters
[88] **¡Caracoles, usted a mí!** Darn it! Enough of that!
[89] **desahogo** relief, unburdening
[90] **entornar** to half-close
[91] **acuciante** sharp
[92] **compases** (singular **compás**) measures (music)

[93] **perjudicar** to hurt
[94] **jurado** judge (contest)
[95] **ronquera** hoarseness
[96] **la condenada** that wretched woman
[97] **un servidor** yours truly (I)
[98] **remontarse** rise up, to soar
[99] **añorar** to long for

acordeón; tal vez por la fuerza evocadora de una noche como ésta. El tabernero tenía ahora los codos incrustados en las rodillas y la mirada perdida bajo la mesa de enfrente.

235   Nicolás dejó de tocar. Dijo:

—Tengo la boca seca.

Y bebió dos nuevos vasos de vino. Luego apoyó el acordeón en el borde de la mesa para que su cuello descansara de la tirantez[100] del instrumento. Le miré de refilón[101] y vi que tenía un salpullido[102] en la parte posterior del pescuezo[103].

240   Pregunté:

—¿No duele eso?

Pero Nicolás no me hizo caso. Nicolás sólo obedecía los mandatos imperativos. Ni me miró esta vez, siquiera. Dijo:

—Mi cochina suerte llegó hasta eso. Una zarrapastrosa[104] me abrasó la cara y no

245   saqué ni cinco[105] por ello. Los vecinos me dijeron que tenía derecho a una indemnización, pero yo no tenía cuartos[106] para llevar el asunto por la tremenda.[107] Me quedé sin media cara y ¡santas pascuas[108]!

Y volví a acordarme de mi hijo muerto y de la Chelo y pedí a Nicolás que interpretase "Al corro claro." Después bebí un trago para entonarme[109] y dije:

250   —En el reposo de estos meses he reflexionado y ya sé por qué la Chelo se fue de mi lado. Ella tenía miedo de la factura[110] del médico y me dejó plantado[111] como una guarra[112]. La Chelo no me quería a mí. Me aguantó por el chico; si no, se hubiera marchado antes. Y por eso me dejó colgado con la cuenta del médico y el dolor de mi hijo muerto. Luego, todo lo demás. Para tapar[113] un agujero tuve que

255   abrir otro agujero y me atraparon. Ésa fue mi equivocación: robar en vez de trabajar. Por eso no volveré a hacerlo…

Me apretaba el dolor en el hombro izquierdo y sentía un raro desahogo hablando. Por eso bebí un vaso y agregué:

—Además…

260   El tabernero me dirigió sus ojos turbios[114] y cansados, como los de un buey.

—¿Es que hay más? —dijo irritado.

---

[100] **tirantez** strain
[101] **de refilón** askance
[102] **salpullido** rash
[103] **pescuezo** neck
[104] **zarrapastrosa** shabby woman
[105] **ni cinco** even a penny
[106] **cuartos** money
[107] **por la tremenda** to the bilter end

[108] **¡santas pascuas!** That's it! I give up!
[109] **entonarme** to intone; (translate) to clear my throat
[110] **factura** bill
[111] **plantado** jilted, thrown aside
[112] **guarra** pig
[113] **tapar** to cover up
[114] **turbios** blurry

—Hay —dije yo—. En la cárcel me hizo sufrir mucho el reuma y para curarlo me quitaron los dientes y me quitaron las muelas y me quitaron las anginas[115]; pero el reuma seguía. Y cuando ya no quedaba nada por quitarme me dijeron: "El 313 tome salicilato[116]." 265

—¡Ah! —dijo Nicolás.

Yo agregué: —El 313 era yo anteayer.

Y después nos quedamos todos callados. De la calle ascendía un alegre repique-teo de panderetas[117] y yo pensé en mi hijo muerto, pero no dije nada. Luego vibraron al unísono las campanas de muchas torres, y yo pensé: "¡Caramba, es 270 Nochebuena; hay que alegrarse!" Y bebí un vaso.

Nicolás se había derrumbado de bruces[118] sobre la mesa y se quedó dormido. Su respiración era irregular, salpicada de fallos y silbidos[119]; peor que la del acordeón.

---

[115] **anginas** angina pains
[116] **tome salicilato** Have (no. 313) take salycilate (a salt used in treating rheumatism).

[117] **repiqueteo de panderetas** sound of tambourines
[118] **derrumbarse de bruces** to fall face downward
[119] **fallos y silbidos** wheezes and whistlings

DESPUÉS DE LEER

A. Cuestionario.

1. ¿Quién es el narrador de esta historia?
2. ¿Por qué es más intensa su soledad esa noche?
3. ¿Qué tiempo hace?
4. ¿Dónde encuentra el narrador a Nicolás? ¿Por qué toca éste el acordeón?
5. ¿De qué se acordaba el narrador al oír tocar la canción?
6. ¿Por qué se van juntos él y Nicolás? ¿A dónde van?
7. ¿Cómo es el rostro de Nicolás? ¿Qué le pasó?
8. ¿Por qué se entristece el tabernero al oír "La última noche que pasé contigo"?
9. ¿Por qué tienen los tres hombres ganas de emborracharse esa noche?
10. ¿Sobre qué riñeron el narrador y la Chelo?
11. ¿A qué se refiere Nicolás cuando dice: "Fue una cochina suerte la mía"?
12. ¿Qué hace cuajar un sentimiento de solidaridad entre ellos?
13. ¿Qué le pasó al hijo del narrador?
14. ¿Cómo se murió la esposa del tabernero? ¿Con qué actitud aceptó éste aquella muerte?
15. ¿Echa Nicolás la culpa a la churrera por su mala suerte?
16. ¿Por qué no tiene hijos el tabernero?
17. ¿Por qué se fue la Chelo?
18. ¿Por qué fue encarcelado el narrador?
19. ¿Con qué nota se termina la historia: ¿esperanza?, ¿resignación?, ¿pesimismo?
20. ¿Qué efecto tiene el último párrafo?

B. Comprensión.
Complete Ud. los espacios en blanco de las frases con una expresión apropiada de la lista siguiente, según el cuento.

volver a	dejar	plantado	hacer un alto	echarse a
hacer caso a	lo mejor	dejar de	estar por	
ponerse	sino			

1. Pedí a Nicolás que tocara otra canción, pero no me _____
2. Llenó los vasos de nuevo y bebimos, y él los _____ llenar.
3. Nadie sabe lo que _____ pasar. Hay cosas que nadie puede alterar.
4. Nicolás _____ tocar porque tenía sed.
5. _____ en una noche así es buscar otro menesteroso y olvidar su tristeza.
6. No me molesta el frío de la Nochebuena _____ el encontrarme solo y malo.
7. Cuando el chico _____ malo yo dije a la Chelo que avisara al médico.
8. El narrador _____ en su relato y bebió otro vaso. Y después se quedaron todos callados.
9. La Chelo me _____ porque tenía miedo de la factura del médico.

REPASO GRAMATICAL

C. Repaso del subjuntivo. Dé la forma correcta de los verbos entre paréntesis, teniendo cuidado de distinguir entre el subjuntivo y el indicativo.

1. Yo dije a la Chelo que (**avisar**) al médico.
2. Después, sin que yo (**decir**) nada, Nicolás tocó otra canción.
3. Si ella no hubiera ido a ver a su madre, aún (**estar**) aquí.
4. Permanecimos callados un rato, como si (**querer**) escuchar el caer de la nieve.
5. Y ella decía: "Si (**tener**) un hijo, quiero que (**tener**) los ojos azules como yo."
6. Yo hubiera deseado que Nicolás (**tocar**) de una manera continua, sin necesidad de que yo se lo (**pedir**).
7. Y si la churrera me (**quemar**) es porque yo me puse debajo de la sartén.
8. Aquella noche yo no me fui a echar la partida, sino que me (**quedar**) junto a mi hijo.

D. Corrija las frases que son falsas.

1. El narrador fue liberado de la cárcel porque era Navidad.
2. En la cárcel le sacaron todos los dientes.
3. Nicolás y él **hacen buenas migas** *(get along)* porque se necesitan el uno al otro.
4. Nicolás perdió a su esposa hace tres años.
5. Nicolás habla más por su acordeón que por su voz.
6. La mujer del tabernero lo dejó porque a éste no le gustaba bailar con ella.
7. Cuanto más beben los tres hombres, tanto más se acuerdan de su negra suerte.
8. La Chelo dejó plantado al narrador cuando su hijo se hizo boxeador.
9. Nicolás es fatalista.
10. La historia se termina porque no hay más vino que tomar.

E. Traducir.

1. Most Spaniards go to church on Christmas Eve even though it is cold.
2. I asked him to play that song, but he paid no attention to me.
3. The sad thing is being alone and sick when others are happy.
4. The men recalled their bad luck and continued drinking.
5. She was afraid that the doctor would ask for too much money.
6. If the driver had not been drunk, my wife would still be alive.

Gabriel García Márquez 1928-

$\mathcal{G}$ abriel García Márquez, a former journalist who has lived and traveled in many countries throughout the world, is, after Jorge Luis Borges, the most universally admired Latin American writer today. His highest honor came in 1982 with the award of the Nobel Prize for Literature. García Márquez's masterpiece, the novel *Cien años de soledad* (1967), is generally considered to be one of the best novels of the twentieth century and has been a best seller in English as *One Hundred Years of Solitude.* But this tends to obscure the fact that García Márquez is also a brilliant craftsman of shorter tales. Born in the small town of Arapata, in Colombia, he was brought up there by his grandparents, and the memories of the details and attitudes of his earliest years provided him with material for the creation of a whole original world of literature, a mythical world that he would call Macondo.

In the Macondo cycle of novels and stories García Márquez paints an angry, grim picture of a society fallen into decay, with a socioeconomic structure that has become completely immobilized, ruined by corruption, tyrannical rulers, greedy landowners, and in which the poor have been and continue to be exploited. While following the path of realism for the most part, García Márquez began to experiment with a new technique, creating a new reality: in the midst of the everyday circumstances that surround us supernatural and magical events intrude and coexist with them. This formula of "magic realism" is fully developed in *Cien años de soledad.*

The selection that follows is García Márquez' favorite from his collection of stories *Los funerales de Mamá Grande (1962).* It depicts realistically in somber prose a widow whose stoic character and quiet dignity stand out against the hostility of the town (Macondo) which she has come to visit one hot afternoon with her young daughter.

La siesta del martes

El tren salió del trepidante corredor de rocas bermejas[1], penetró en las plantaciones de banano, simétricas e interminables, y el aire se hizo húmedo y no se volvió a sentir[2] la brisa del mar. Una humareda[3] sofocante entró por la ventanilla del vagón. En el estrecho camino paralelo a la vía férrea había carretas de bueyes[4] cargadas de racimos[5] verdes. Al otro lado del camino, en intempestivos espacios sin sembrar[6], había oficinas con ventiladores eléctricos, campamentos de ladrillos rojos y residencias con sillas y mesitas blancas en las terrazas entre palmeras y rosales polvorientos[7]. Eran las once de la mañana y aún no había empezado el calor.

—Es mejor que subas el vidrio[8] —dijo la mujer—. El pelo se te va a llenar de carbón.

La niña trató de hacerlo pero la persiana[9] estaba bloqueada por óxido.

Eran los únicos pasajeros en el escueto[10] vagón de tercera clase. Como el humo de la locomotora siguió entrando por la ventanilla, la niña abandonó el puesto y puso en su lugar los únicos objetos que llevaban: una bolsa[11] de material plástico con cosas de comer y un ramo de flores envuelto en papel de periódicos. Se sentó en el asiento opuesto, alejada de la ventanilla, de frente a su madre. Ambas guardaban un luto riguroso y pobre[12].

La niña tenía doce años y era la primera vez que viajaba. La mujer parecía demasiado vieja para ser su madre, a causa de las venas azules en los párpados[13] y del cuerpo pequeño, blando y sin formas, en un traje cortado como una sotana[14]. Viajaba con la columna vertebral firmemente apoyada contra el espaldar del asiento, sosteniendo en el regazo con ambas manos una cartera de charol desconchado[16]. Tenía la serenidad escrupulosa de la gente acostumbrada a la pobreza.

A las doce había empezado el calor. El tren se detuvo diez minutos en una estación sin pueblo para abastecerse[17] de agua. Afuera, en el misterioso silencio de las plantaciones, la sombra tenía un aspecto limpio. Pero el aire estancado[18] dentro del vagón olía a cuero sin curtir[19]. El tren no volvió a acelerar. Se detuvo en dos pueblos iguales, con casas de madera pintadas de colores vivos. La mujer inclinó la cabeza y

---

[1] **trepidante... bermejas** the trembling corridor of reddish stone

[2] **No se volvió a sentir** (the sea breeze) could no longer be felt

[3] **humareda** cloud of smoke

[4] **carretas de bueyes** ox-drawn carts

[5] **racimos** clusters (e.g., of branches or grapes)

[6] **en... sembrar** in spaces unsuitable for cultivation

[7] **palmeras y rosales polvorientos** dusty palms and rose bushes

[8] **vidrio** glass; *here,* window

[9] **persiana** shade, blind

[10] **escueto** plain, bare

[11] **bolsa** purse; bag

[12] **Ambas... pobre** Both wore plain and poor mourning clothes

[13] **párpados** eyelids

[14] **sotana** cassock or tunic worn by priests

[15] **columna vertebral** spinal column

[16] **cartera... desconchado** a shabby leather case

[17] **abastécerse** to supply itself

[18] **estancado** stagnant

[19] **cuero sin curtir** untanned leather

se hundió en el sopor[20]. La niña se quitó los zapatos. Después fue a los servicios sanitarios[21] a poner en agua el ramo de flores muertas.

30   Cuando volvió al asiento la madre la esperaba para comer. Le dio un pedazo de queso, medio bollo[22] de maíz y una galleta dulce, sacó para ella de la bolsa de material plástico una ración igual. Mientras comían, el tren atravesó muy despacio un puente de hierro y pasó de largo por un pueblo igual a los anteriores, sólo que en éste había una multitud en la plaza. Una banda de músicos tocaba una pieza alegre bajo el sol aplastante. Al otro lado 35   del pueblo, en una llanura cuarteada por la aridez[23], terminaban las plantaciones.

La mujer dejó de comer.

—Ponte los zapatos —dijo.

La niña miró hacia el exterior. No vio nada más que la llanura desierta por donde el tren empezaba a correr de nuevo pero metió en la bolsa el último pedazo de galleta 40   y se puso rápidamente los zapatos. La mujer le dio la peineta[24].

—Péinate —dijo.

El tren empezó a pitar[25] mientras la niña se peinaba. La mujer se secó el sudor del cuello y se limpió la grasa[26] de la cara con los dedos. Cuando la niña acabó de peinarse el tren pasó frente a las primeras casas de un pueblo más grande pero más 45   triste que los anteriores.

—Si tienes ganas de hacer algo, hazlo ahora —dijo la mujer—. Después, aunque te estés muriendo de sed no tomes agua en ninguna parte. Sobre todo, no vayas a llorar.

La niña aprobó con la cabeza. Por la ventanilla entraba un viento ardiente y seco, mezclado con el pito de la locomotora y el estrépito de los viejos vagones. La mujer enrolló la 50   bolsa con el resto de los alimentos y la metió en la cartera. Por un instante, la imagen total del pueblo, en el luminoso martes de agosto, resplandeció[27] en la ventanilla. La niña envolvió las flores en los periódicos empapados[28], se apartó un poco más de la ventanilla y miró fijamente a su madre. Ella le devolvió una expresión apacible[29]. El tren acabó de pitar y disminuyó la marcha. Un momento después se detuvo.

55   No había nadie en la estación. Del otro lado de la calle, en la acera sombreada por los almendros[30], sólo estaba abierto el salón de billar[31]. El pueblo flotaba en el calor. La mujer y la niña descendieron del tren, atravesaron la estación abandonada cuyas baldosas[32] empezaban a cuartearse por la presión de la hierba, y cruzaron la calle hasta la acera de sombra.

60   Eran casi las dos. A esa hora, agobiado[33] por el sopor, el pueblo hacía la siesta. Los almacenes[34], las oficinas públicas, la escuela municipal, se cerraban desde las

---

[20] **se hundió en el sopor** a feeling of drowsiness came over her
[21] **servicios sanitarios** lavatory
[22] **medio... dulce** half a corn bun and a cookie
[23] **una llanura... aridez** a plain split open by the drought
[24] **peineta** comb
[25] **pitar** to blow its whistle
[26] **grasa** oiliness

[27] **resplandecer** to shine
[28] **empapados** saturated
[29] **apacible** gentle, peaceful
[30] **almendros** almond trees
[31] **salón de billar** pool hall
[32] **baldosas** stone tiles
[33] **agobiar** to weigh down
[34] **los almacenes** the stores

once y no volvían a abrirse hasta un poco antes de las cuatro, cuando pasaba el tren de regreso. Sólo permanecían abiertos el hotel frente a la estación, su cantina[35] y su salón de billar, y la oficina del telégrafo a un lado de la plaza. Las casas, en su mayoría construidas sobre el modelo de la compañía bananera, tenían las puertas cerradas por dentro y las persianas bajas. En algunas hacía tanto calor que sus habitantes almorzaban en el patio. Otros recostaban un asiento a la sombra de los almendros y hacían la siesta sentados en plena calle. 65

Buscando siempre la protección de los almendros la mujer y la niña penetraron en el pueblo sin perturbar la siesta. Fueron directamente a la casa cural[36]. La mujer raspó con la uña la red metálica[37] de la puerta, esperó un instante y volvió a llamar. En el interior zumbaba[38] un ventilador eléctrico. No se oyeron los pasos. Se oyó apenas el leve crujido[39] de una puerta y en seguida una voz cautelosa[40] muy cerca de la red metálica: "¿Quién es?" La mujer trató de ver a través de la red metálica. 70

—Necesito al padre —dijo. 75

—Ahora está durmiendo.

—Es urgente —insistió la mujer.

Su voz tenía una tenacidad reposada.

La puerta se entreabrió sin ruido y apareció una mujer madura y regordeta, de cutis[41] muy pálido y cabellos color hierro. Los ojos parecían demasiado pequeños detrás de los gruesos cristales de los lentes. 80

—Sigan —dijo, y acabó de abrir la puerta.

Entraron en una sala impregnada de un viejo olor de flores. La mujer de la casa las condujo hasta un escaño[42] de madera y les hizo señas de que se sentaran. La niña lo hizo, pero su madre permaneció de pie, absorta, con la cartera apretada en las dos manos. No se percibía ningún ruido detrás del ventilador eléctrico. 85

La mujer de la casa apareció en la puerta del fondo.

—Dice que vuelvan después de las tres —dijo en voz muy baja—. Se acostó hace cinco minutos.

—El tren se va a las tres y media —dijo la mujer. 90

Fue una réplica breve y segura, pero la voz seguía siendo apacible, con muchos matices[43]. La mujer de la casa sonrió por primera vez.

—Bueno —dijo.

Cuando la puerta del fondo volvió a cerrarse la mujer se sentó junto a su hija. La angosta sala de espera[44] era pobre, ordenada y limpia. Al otro lado de una baranda de madera[45] que dividía la habitación, había una mesa de trabajo, sencilla, con un 95

---

[35] **cantina** canteen; restaurant
[36] **cural** of the parish priest
[37] **raspó... metálica** scraped the grating (of the door) with her nail
[38] **zumbar** to buzz, to hum
[39] **leve crujido** slight creaking

[40] **cauteloso** cautious
[41] **cutis** skin
[42] **escaño** bench
[43] **matices** (sing. **matiz**) shades, nuances (of meaning)
[44] **angosta... espera** the narrow waiting room
[45] **baranda de madera** wooden railing

tapete de hule[46], y encima de la mesa una máquina de escribir primitiva junto a un vaso con flores. Detrás estaban los archivos parroquiales[47]. Se notaba que era un despacho arreglado por una mujer soltera.

100   La puerta del fondo se abrió y esta vez apareció el sacerdote limpiando los lentes con un pañuelo. Sólo cuando se los puso pareció evidente que era hermano de la mujer que había abierto la puerta.

—¿Qué se le ofrece? —preguntó.

—Las llaves del cementerio —dijo la mujer.

105   La niña estaba sentada con las flores en el regazo y los pies cruzados bajo el escaño. El sacerdote la miró, después miró a la mujer y después, a través de la red metálica de la ventana, el cielo brillante y sin nubes.

—Con este calor —dijo—. Han podido esperar[48] a que bajara el sol.

La mujer movió la cabeza en silencio. El sacerdote pasó del otro lado de la baranda, 110   extrajo del armario[49] un cuaderno forrado[50] de hule, un plumero de palo y un tintero[51], y se sentó a la mesa. El pelo que le faltaba en la cabeza le sobraba[52] en las manos.

—¿Qué tumba van a visitar? —preguntó.

—La de Carlos Centeno —dijo la mujer.

—¿Quién?

115   —Carlos Centeno —repitió la mujer.

El padre siguió sin entender.

—Es el ladrón[53] que mataron aquí la semana pasada —dijo la mujer en el mismo tono—. Yo soy su madre.

El sacerdote la escrutó. Ella lo miró fijamente, con un dominio reposado, y el 120   padre se ruborizó[54]. Bajó la cabeza para escribir. A medida que[55] llenaba la hoja pedía a la mujer los datos de su identidad[56], y ella respondía sin vacilación, con detalles precisos, como si estuviera leyendo. El padre empezó a sudar...

Todo había empezado el lunes de la semana anterior, a las tres de la madrugada y a pocas cuadras de allí. La señora Rebeca, una viuda solitaria que vivía en una casa 125   llena de cachivaches[57], sintió a través del rumor de la llovizna[58] que alguien trataba de forzar desde afuera la puerta de la calle. Se levantó, buscó a tientas en el ropero[59] un revólver arcaico que nadie había disparado desde los tiempos del coronel Aureliano Buendía, y fue a la sala sin encender las luces. Orientándose[60] no tanto

---

[46] **tapete de hule** oilcloth cover
[47] **archivos parroquiales** parish files
[48] **Han podido esperar a que** You might have waited until
[49] **extrajo (extraer) del armario** took out of the closet
[50] **un cuaderno forrado** a notebook covered (with oilcloth)
[51] **un plumero... tintero** a wooden penholder and inkwell
[52] **sobraba** was excessive

[53] **ladrón** thief
[54] **se ruborizó** blushed
[55] **A medida que** As
[56] **datos de su identidad** personal data
[57] **una casa de cachivaches** a run-down house
[58] **a través... llovizna** through the sound of the drizzle
[59] **a tientas en el ropero** gropingly in the clothes closet
[60] **Orientándose** Getting her bearings

por el ruido de la cerradura como por un terror desarrollado en ella por 28 años de soledad, localizó en la imaginación no sólo el sitio donde estaba la puerta sino la altura exacta de la cerradura. Agarró el arma con las dos manos, cerró los ojos y apretó el gatillo[61]. Era la primera vez en su vida que disparaba un revólver. Inmediatamente después de la detonación no sintió nada más que el murmullo de la llovizna en el techo de cinc[62]. Después percibió un golpecito metálico en el andén de cemento[63] y una voz muy baja, apacible, pero terriblemente fatigada: "Ay, mi madre." El hombre que amaneció muerto[64] frente a la casa, con la nariz despedazada[65], vestía una franela a rayas de colores[66], un pantalón ordinario con una soga[67] en lugar de cinturón, y estaba descalzo. Nadie lo conocía en el pueblo.

—De manera que se llamaba Carlos Centeno —murmuró el padre cuando acabó de escribir.

—Centeno Ayala —dijo la mujer—. Era el único varón[68].

El sacerdote volvió al armario. Colgadas de un clavo[69] en el interior de la puerta había dos llaves grandes y oxidadas, como la niña imaginaba y como imaginaba la madre cuando era niña y como debió imaginar el propio sacerdote alguna vez que eran las llaves de san Pedro. Las descolgó, las puso en el cuaderno abierto sobre la baranda y mostró con el índice un lugar en la página escrita, mirando a la mujer.

—Firme aquí.

La mujer garabateó[70] su nombre, sosteniendo la cartera bajo la axila[71]. La niña recogió las flores, se dirigió a la baranda arrastrando los zapatos y observó atentamente a su madre.

El párroco suspiró.

—¿Nunca trató de hacerlo entrar por el buen camino?

La mujer contestó cuando acabó de firmar.

—Era un hombre muy bueno.

El sacerdote miró alternativamente a la mujer y a la niña y comprobó con una especie de piadoso estupor[72] que no estaban a punto de llorar. La mujer continuó inalterable:

—Yo le decía que nunca robara nada que le hiciera falta a alguien[73] para comer, y él me hacía caso. En cambio, antes, cuando boxeaba, pasaba hasta tres días en la cama postrado por los golpes.

---

[61] **apretó el gatillo** she squeezed the trigger
[62] **techo de cinc** zinc-coated roof
[63] **andén de cemento** concrete walk
[64] **amaneció muerto** who was found dead in the morning
[65] **despedazada** shattered
[66] **vestía… colores** was wearing a color-striped flannel shirt
[67] **soga** rope

[68] **varón** male
[69] **colgadas de un clavo** Hanging
[70] **garabatear** to scribble
[71] **axila** armpit
[72] **piadoso estupor** compassionate astonishment
[73] **que nunca robara… a alguien** not to steal anything that someone might need

160 —Se tuvo que sacar todos los dientes —intervino la niña—. Así es —confirmó la mujer—. Cada bocado que me comía en ese tiempo me sabía a los porrazos[74] que le daban a mi hijo los sábados a la noche.

—La voluntad de Dios es inescrutable —dijo el padre.

Pero lo dijo sin mucha convicción, en parte porque la experiencia lo había vuelto 165 un poco escéptico[75], y en parte por el calor. Les recomendó que se protegieran la cabeza para evitar la insolación[76]. Les indicó bostezando[77] y ya casi completamente dormido, cómo debían hacer para encontrar la tumba de Carlos Centeno. Al regreso no tenían que tocar. Debían meter la llave por debajo de la puerta, y poner allí mismo, si tenían, una limosna[78] para la Iglesia. La mujer escuchó las explicaciones 170 con mucha atención, pero dio las gracias sin sonreír.

Desde antes de abrir la puerta de la calle el padre se dio cuenta de que había alguien mirando hacia dentro, las narices aplastadas contra la red metálica. Era un grupo de niños. Cuando la puerta se abrió por completo los niños se dispersaron. A esa hora, de ordinario, no había nadie en la calle. Ahora no sólo estaban los niños. 175 Había grupos bajo los almendros. El padre examinó la calle distorsionada por la reverberacion[79], y entonces comprendió. Suavemente volvió a cerrar la puerta.

—Esperen un minuto —dijo, sin mirar a la mujer.

Su hermana apareció en la puerta del fondo, con una chaqueta negra sobre la camisa de dormir y el cabello suelto en los hombros[80]. Miró al padre en silencio.

180 —¿Qué fue? —preguntó él.

—La gente se ha dado cuenta —murmuró su hermana.

—Es mejor que salgan por la puerta del patio —dijo el padre.

—Es lo mismo —dijo su hermana—. Todo el mundo está en las ventanas.

La mujer parecía no haber comprendido hasta entonces. Trató de ver la calle a 185 través de la red metálica. Luego le quitó el ramo de flores a la niña y empezó a moverse hacia la puerta. La niña la siguió.

—Esperen a que baje el sol —dijo el padre.

—Se van a derretir[81] —dijo su hermana, inmóvil en el fondo de la sala—. Espérense y les presto una sombrilla[82].

190 —Gracias —replicó la mujer—. Así vamos bien[83].

Tomó a la niña de la mano y salió a la calle.

---

[74] **me sabía a los porrazos** tasted like the punches
[75] **escéptico** skeptical
[76] **insolación** sunstroke
[77] **bostezar** to yawn
[78] **una limosna** alms; a coin
[79] **distorcionada... reverberación** distorted by the sun's rays

[80] **el cabello... hombros** her hair hanging loosely over her shoulders
[81] **derretir** to melt
[82] **sombrilla** parasol
[83] **Así vamos bien** We'll be all right without it.

DESPUÉS DE LEER

A. Cuestionario.

1. ¿Cómo pasaban las horas la mujer y su hija?
2. ¿Por qué está desierta la estación donde las dos bajan del tren?
3. Describa el pueblo en las horas de la siesta.
4. ¿A dónde se dirigen la mujer y la niña? ¿A quién quieren ver?
5. ¿Cuál es el propósito de su visita?
6. Describa lo que le había pasado al hijo.
7. ¿Cree Ud. que el hijo merecía la muerte? Explique.
8. ¿Por qué les dice el padre que no salgan por la puerta de la calle?
9. ¿Cuál es el papel *(role)* del calor en el cuento? Escoja dos o tres frases del texto que describen vivamente el calor.
10. ¿Cómo se explica que ni la madre ni la hija lloran?
11. ¿En qué consiste el realismo del cuento?
12. ¿Hay algo misterioso en la súbita aparición de la multitud? ¿Qué motivos habrá para explicar esto?

B. Comprensión.

Use Ud. la expresión que mejor describa o defina la parte de las oraciones en negrita.

Example: El aire **cambió y ya no está seco.**
            El aire se hizo húmedo.

hacer caso a	hacer la siesta
ruborizarse	oler a
volver a + inf.	dejar de + inf.
darse cuenta de	devastador

1. La mujer **comía pero ya no come más.**
2. Andaba bajo un sol **aplastante.**
3. Hacía tanto calor que el pueblo **no trabajaba.**
4. El sacerdote **se puso rojo.**
5. **Había un aroma de** perfume en la casa.
6. La niña **se puso de nuevo** los zapatos.
7. El padre **notó** que había alguien mirándole.
8. Yo le decía que no robara, pero **no me obedecía.**

REPASO GRAMATICAL

The reflexive pronoun **se** is very often used with the third person of the verb to express the passive voice, instead of **ser** and the past participle, when the subject of the sentence is a thing and the agent (the doer of the action) is not expressed.

Example:
No se oyeron los pasos. *The steps could not be heard.*
But
La cena fue cocinada por mi madre. *Supper was cooked by my mother.*

The passive with **ser** is also used when the agent is not expressed, but is strongly implied or felt. Thus:

Se descubrió América en 1492. *America was discovered in 1492.*
or
América fue descubierta en 1492.

C. Ponga Ud. las oraciones siguientes en la voz pasiva.

  1. (**vender**) Aquí _____ autos de segunda mano.
  2. (**hablar**) _____ español en todas partes.
  3. (**abrir**) _____ las tiendas a las nueve.
  4. (**escribir**) Don Quijote _____ por Cervantes.
  5. (**usar**) Este estilo _____ mucho ahora.
  6. (**apagar**) Cuando sonó el trueno, _____ las luces.
  7. (**establecer**) Esta universidad _____ en 1823.
  8. (**decir**) _____ que su familia es muy pobre.
  9. (**ver**) _____ a muchos niños en el parque.
  10. (**matar**) El hijo de la madre _____ en la casa que quiso robar.

D. Exprese Ud. las oraciones en la voz pasiva, con **se** o con **ser**.

Example:

Vendieron el coche por mil dólares.
Se vendió el coche por mil dólares.

1. Han construido una casa nueva en esta calle.
2. El cura recibió de mal humor a la madre y su hija.
3. ¿Es posible comprar oro en esta ciudad?
4. El presidente mismo recibirá al astronauta.
5. Publicaron este artículo en todos los periódicos.

E. Traducir.
1. Does her child realize that the flowers are dead?
2. Not a sound can be heard in the hot afternoon.
3. The priest stopped smiling when he heard the name.
4. The silence was suddenly broken by the mysterious appearance (**aparición**) of the people.
5. Strange happenings (**sucesos**) can be found in García Márquez's stories.

Isabel Allende 1942 -

One of the most widely read women writers in Latin America, Isabel Allende was born in Lima but lived in Chile until shortly after the military coup of Augusto Pinochet in 1973 toppled the government of her uncle Salvador Allende. In these times of turmoil, she joined the efforts of Church-supported programs to provide food and aid to the needy, and helped the persecuted to escape. In 1975 she and her family emigrated to Caracas, Venezuela, where she continued her career as a journalist.

Allende received immediate international acclaim with her first novel, *La casa de los espíritus* (1982), an ambitious work that spans the history of her native land from the beginning of the century to the fall of the Allende government. A powerful advocate of women's rights, Allende traces four generations of the extraordinary women of the Trueba family, who fight for various women's causes, including the right to vote, an end to sexual discrimination, and independence from patriarchal despotism. With its imaginative flair and the style of Latin American magic realism, her novel is often compared to another great Latin American saga, García Marquez's *Cien años de soledad.*

Isabel Allende's novel, *Eva Luna* (1989), whose plot revolves around the left-wing guerrilla movement in an unnamed country in the tropics, displays skill at merging reality with imagination and invention. The protagonist, Eva Luna, is a young woman born into poverty, orphaned at an early age, who has learned to survive through her wits and incomparable ability in telling stories, like the protagonist of *Dos palabras* that follows. This is one of Eva's tales collected in book form, *Cuentos de Eva Luna,* published a year later in 1990; it is a remarkable tribute to the power of language.

Dos palabras

Tenía el nombre de Belisa Crepusculario, pero no por fe de bautismo[1] o acierto de su madre, sino porque ella misma lo buscó hasta encontrarlo y se vistió con él. Su oficio era vender palabras. Recorría el país, desde las regiones más altas y frías hasta las costas calientes, instalándose en las ferias y en los mercados, donde montaba cuatro palos con un toldo de lienzo[2], bajo el cual se protegía del sol y de la lluvia ⁵ para atender a su clientela. No necesitaba pregonar[3] su mercadería, porque de tanto caminar por aquí y por allá, todos la conocían. Había quienes la aguardaban de un año para otro, y cuando aparecía por la aldea con su atado[4] bajo el brazo hacían cola bajo su tenderete. Vendía a precios justos. Por cinco centavos entregaba versos de memoria, por siete mejoraba la calidad de los sueños, por nueve escribía cartas de ¹⁰ enamorados, por doce inventaba insultos para enemigos irreconciliables. También vendía cuentos, pero no eran cuentos de fantasía, sino largas historias verdaderas que recitaba de corrido[5], sin saltarse nada. Así llevaba las nuevas de un pueblo a otro. La gente le pagaba por agregar una o dos líneas: nació un niño, murió fulano[6], se casaron nuestros hijos, se quemaron las cosechas. En cada lugar se juntaban una ¹⁵ pequeña multitud a su alrededor para oírla cuando comenzaba a hablar y así se enteraban de las vidas de otros, de los parientes lejanos, de los pormenores de la Guerra Civil. A quien le comprara cincuenta centavos, ella le regalaba una palabra secreta para espantar la melancolía. No era la misma para todos, por supuesto, porque eso habría sido un engaño colectivo. Cada uno recibía la suya con la certeza de ²⁰ que nadie más la empleaba para ese fin en el universo y más allá.

Belisa Crepusculario había nacido en una familia tan mísera, que ni siquiera poseía nombres para llamar a sus hijos. Vino al mundo y creció en la región más inhóspita, donde algunos años las lluvias se convierten en avalanchas de agua que se llevan todo, y en otros no cae ni una gota del cielo, el sol se agranda hasta ocupar el ²⁵ horizonte entero y el mundo se convierte en un desierto. Hasta que cumplió doce años no tuvo otra ocupación ni virtud que sobrevivir al hambre y la fatiga de siglos. Durante una interminable sequía le tocó enterrar a cuatro hermanos menores y cuando comprendió que llegaba su turno, decidió echar a andar por las llanuras en dirección al mar, a ver si en el viaje lograba burlar a la muerte. La tierra estaba ero- ³⁰ sionada, partida[7] en profundas grietas, sembrada de piedras, fósiles de árboles y de arbustos espinudos[8], esqueletos de animales blanqueados por el calor. De vez en

---

[1] **no por fe... madre** not through baptism or the wish of her mother
[2] **toldo de lienzo** canvas, awning
[3] **pregonar** to hawk, peddle
[4] **atado** bundle
[5] **de corrido** at one telling
[6] **fulano** so-and-so
[7] **partida... grietas** split with deep cracks
[8] **arbustos espinudos** thorny bushes

cuando tropezaba con familias que, como ella, iban hacia el sur siguiendo el espejismo[9] del agua. Algunos habían iniciado la marcha llevando sus pertenencias al hombro o en carretillas, pero apenas podían mover sus propios huesos y a poco andar
debían abandonar sus cosas. Se arrastraban penosamente, con la piel convertida en
cuero[10] de lagarto y los ojos quemados por la reverberación de la luz. Belisa los salu-
daba con un gesto al pasar, pero no se detenía, porque no podía gastar sus fuerzas en
ejercicios de compasión. Muchos cayeron por el camino, pero ella era tan tozuda[11]
que consiguió atravesar el infierno y arribó por fin a los primeros manantiales[12],
finos hilos de agua, casi invisibles, que alimentaban una vegetación raquítica[13], y
que más adelante se convertía en riachuelos y esteros[14].

Belisa Crepusculario salvó la vida y además descubrió por casualidad la escritura.
Al llegar a una aldea en las proximidades de la costa, el viento colocó a sus pies una
hoja de periódico. Ella tomó aquel papel amarillo y quebradizo y estuvo largo rato
observándolo sin adivinar su uso, hasta que la curiosidad pudo más que su timidez.
Se acercó a un hombre que lavaba un caballo en el mismo charco turbio donde ella
saciara su sed.

—¿Qué es esto? —preguntó.

—La página deportiva del periódico —replicó el hombre sin dar muestra de
asombro ante su ignorancia.

La respuesta dejó atónita a la muchacha, pero no quiso parecer descarada[15] y se
limitó a inquirir el significado de las patitas de mosca[16] dibujadas sobre el papel.

—Son palabras, niña. Allí dice que Fulgencio Barba noqueó[17] al Negro Tiznao
en el tercer round.

Ese día Belisa Crepusculario se enteró que las palabras andan sueltas[18] sin dueño
y cualquiera con un poco de maña[19] puede apoderárselas para comerciar con ellas.
Consideró su situación y concluyó que aparte de prostituirse o emplearse como sirvienta en las cocinas de los ricos, eran pocas las ocupaciones que podía desempeñar.
Vender palabras le pareció una alternativa decente. A partir de ese momento ejerció
esa profesión y nunca le interesó otra. Al principio ofrecía su mercancía sin sospechar que las palabras podían también escribirse fuera de los periódicos. Cuando lo
supo calculó las infinitas proyecciones de su negocio, con sus ahorros le pagó veinte
pesos a un cura para que le enseñara a leer y escribir y con los tres que le sobraron se
compró un diccionario. Lo revisó desde la A hasta la Z y luego lo lanzó al mar, porque no era su intención estafar[20] a los clientes con palabras envasadas.

---

[9] **espejismo** mirage
[10] **cuero de lagarto** lizard hide
[11] **tozuda** stubborn
[12] **manantiales** springs (of water)
[13] **raquítica** skimpy
[14] **riachuelos y esteros** small streams and marshes

[15] **descarada** rude
[16] **patitas de mosca dibujadas** fly tracks scattered
[17] **noqueó** knocked out
[18] **sueltas sin dueño** freely without a master
[19] **maña** cleverness
[20] **estafar... envasadas** to defraud... packaged

Varios años después, en una mañana de agosto, se encontraba Belisa Crepuscular io en el centro de una plaza, sentada bajo un toldo vendiendo argumentos de justicia a un viejo que solicitaba su pensión desde hacía diecisiete años. Era un día de mercado y había mucho bullicio[21] a su alrededor. Se escucharon de pronto galopes[22] y gritos, ella levantó los ojos de escritura y vio primero una nube de polvo y enseguida un grupo de jinetes que irrumpió en el lugar.

Se trataba de los hombre del Coronel, que venían al mando[23] del Mulato, un gigante conocido en toda la zona por la rapidez de su cuchillo y la lealtad hacia su jefe. Ambos, el Coronel y el Mulato, habían pasado sus vidas ocupadas en la Guerra Civil y sus nombres estaban irremisiblemente unidos al estropicio[24] y la calamidad. Los guerreros entraron al pueblo con un rebaño en estampida, envueltos en ruido, bañados de sudor y dejando a su paso un espanto de huracán[25]. Salieron volando las gallinas, dispararon[26] a perderse los perros, corrieron las mujeres con sus hijos y no quedó en el sitio del mercado otra alma viviente que Belisa Crespucular io, quien no había visto jamás al Mulato y por lo mismo le extraño que se dirigiera a ella.

—A ti te busco —le gritó señalándola son su látigo enrollado[27] y antes que terminara de decirlo, dos hombres cayeron encima de la mujer atropellando el toldo y rompiendo el tintero, la ataron de pies y manos y la colocaron atravesada[28] como un bulto de marinero sobre la grupa de la bestia del Mulato. Emprendieron galope en dirección a las colinas.

Horas más tarde, cuando Belisa Crepuscular io estaba a punto de morir con el corazón convertido en arena por las sacudidas del caballo, sintió que se detenían y cuatro manos poderosas la depositaban en tierra. Intentó ponerse de pie y levantar la cabeza con dignidad, pero le fallaron las fuerzas y se desplomó[29] con un suspiro, hundiéndose en un sueño ofuscado. Despertó varias horas después con el murmullo de la noche en el campo, pero no tuvo tiempo de descifrar esos sonidos, porque al abrir los ojos se encontró ante la mirada impaciente del Mulato, arrodillado a su lado.

—Por fin despiertas, mujer —dijo alcanzándole su cantimplora para que bebiera un sorbo[30] de aguardiente con pólvora y acabara de recuperar la vida.

Ella quiso saber la causa de tanto maltrato y él le explicó que el Coronel necesitaba sus servicios. Le permitió mojarse la cara y enseguida la llevó a un extremo del campamento, donde el hombre más temido del país reposaba en una hamaca colgada entre dos árboles. Ella no pudo verle el rostro, porque tenía encima la sombra incierta del follaje y la sombra imborrable de muchos años viviendo como un bandido, pero imaginó que debía ser de expresión perdularia[31] si su gigantesco ayudante se

---

[21] **bullicio** noise; uproar
[22] **galopes y gritos** hoofbeats and shouts
[23] **al mando** on orders
[24] **irremisiblemente... estropicio** unpardonably linked to devastation
[25] **espanto de huracán** a storm of fear
[26] **dispararon...los perros** dogs ran for their lives

[27] **látigo enrollado** coiled whip
[28] **colocaron... grupa** they threw her like a sailor's bag across the rump
[29] **se desplomó** she slumped to the ground
[30] **sorbo... pólvora** a sip of liquor laced with gunpowder
[31] **perdularia** menacing

dirigía a él con tanta humildad. Le sorprendió su voz, suave y bien modulada como la de un profesor.

—¿Eres la que vende palabras? —preguntó.

—Para servirte —balbuceó ella oteando[32] en la penumbra para verlo mejor.

105   El coronel se puso de pie y la luz de la antorcha que llevaba el Mulato le dio de frente. La mujer vio su piel oscura y sus fieros ojos de puma y supo al punto que estaba frente al hombre más solo de este mundo.

—Quiero ser Presidente —dijo él.

Estaba cansado de recorrer esa tierra maldita de guerras inútiles y derrotas que
110   ningún subterfugio podía transformar en victorias. Llevaba muchos años durmiendo a la intemperie[33], picado[34] de mosquitos, alimentándose de iguanas y sopa de culebra, pero esos inconvenientes menores no constituían razón suficiente para cambiar su destino. Lo que en verdad le fastidiaba era el terror en los ojos ajenos[35]. Deseaba entrar a los pueblos bajo arcos de triunfo, entre banderas de colores y flo-
115   res, que lo aplaudieran y le dieran de regalo huevos frescos y pan recién horneado. Estaba harto de comprobar[36] cómo a su paso huían los hombres, abortaban[37] de susto las mujeres y temblaban las criaturas, por eso había decidido ser Presidente. El Mulato le sugirió que fueran a la capital y entraran galopando al Palacio para apoderarse del gobierno, tal como tomaron tantas otras cosas sin pedir permiso, pero al
120   Coronel no le interesaba convertirse en otro tirano, de ésos ya habían tenido bastantes por allí, además, de ese modo no obtendría el afecto de las gentes. Su idea consistía en ser elegido por votación popular en los comicios[38] de diciembre.

—Para eso necesito hablar como un candidato. ¿Puedes venderme las palabras para un discurso? —preguntó el Coronel a Belisa Crepusculario.

125   Ella había aceptado muchos encargos, pero ninguno como ése, sin embargo no pudo negarse, temiendo que el Mulato le metiera un tiro entre los ojos o, peor aún, que el Coronel se echara a llorar. Por otra parte, sintió el impuso de ayudarlo, porque percibió un palpitante calor en su piel, un deseo poderoso de tocar a ese hombre, de recorrerlo con sus manos, de estrecharlo entre sus brazos.

130   Toda la noche y buena parte del día siguiente estuvo Belisa Crepusculario buscando en su repertorio las palabras apropiadas para su discurso presidencial, vigilada de cerca por el Mulato, quien no apartaba los ojos de sus firmes piernas de caminante y sus senos virginales. Descartó las palabras ásperas y secas, las demasiado floridas, las que estaban desteñidas[39] por el abuso, las que ofrecían promesas improba-
135   bles, las carentes de verdad y las confusas, para quedarse sólo con aquellas capaces de tocar con certeza el pensamiento de los hombres y la intuición de las mujeres.

---

[32] **oteando** peering
[33] **a la intemperie** in the open air
[34] **picado** bitten
[35] **ajenos** of others' (eyes)
[36] **harto de comprobar** tired of seeing

[37] **abortaban de susto** (women) miscarried from fright
[38] **comicios** elections
[39] **destiñadas** faded, worn

Haciendo uso de los conocimientos comprados al cura por veinte pesos, escribió el discurso en una hoja de papel y luego hizo señas al Mulato para que desatara la cuerda[40] con la cual la había amarrado[41] por los tobillos a un árbol. La condujeron nuevamente donde el Coronel y al verlo ella volvió a sentir la misma palpitante ansiedad del primer encuentro. Le pasó el papel y aguardó, mientras él lo miraba sujetándolo con la punta de los dedos.

—¿Qué carajo[42] dice aquí? —preguntó por último.

—¿No sabes leer?

—Lo que yo sé hacer es la guerra —replicó él.

Ella leyó en alta voz el discurso. Lo leyó tres veces, para que su cliente pudiera grabárselo en la memoria. Cuando terminó vio la emoción en los rostros de los hombres de la tropa que se juntaron para escucharla y notó que los ojos amarillos del Coronel brillaban de entusiasmo, seguro de que con esas palabras el sillón presidencial sería suyo.

—Si después de oírlo tres veces los muchachos siguen con la boca abierta, es que esta vaina sirve[43], Coronel —aprobó el Mulato.

—¿Cuánto te debo por tu trabajo, mujer? —preguntó el jefe.

—Un peso, Coronel.

—No es caro —dijo él abriendo la bolsa que llevaba colgada del cinturón con los restos del último botín[44].

—Además tienes derecho a una ñapa[45]. Te corresponden dos palabras secretas —dijo Belisa Crepusculario.

—¿Cómo es eso?

Ella procedió a explicarle que por cada cincuenta centavos que pagaba un cliente, le obsequiaba[46] una palabra de uso exclusivo. El jefe se encogió de hombros[47], pues no tenía ni el menor interés en la oferta, pero no quiso ser descortés con quien lo había servido tan bien. Ella se aproximó sin prisa al taburete de suela[48] donde él estaba sentado y se inclinó para entregarle su regalo. Entonces el hombre sintió el olor de animal[49] montuno que se desprendía de esa mujer, el calor de incendio que irradiaban sus caderas[50], el roce terrible de sus cabellos, el aliento de yerbabuena[51] susurrando en su oreja las dos palabras secretas a las cuales tenía derecho.

—Son tuyas, Coronel —dijo ella al retirarse—. Puedes emplearlas cuando quieras.

El Mulato acompañó a Belisa hasta el borde del camino, sin dejar de mirarla con ojos suplicantes de perro perdido, pero cuando estiró la mano para tocarla, ella lo detuvo con un chorro de palabras inventadas que tuvieron la virtud de espantarle el deseo, porque creyó que se trataba de alguna maldición irrevocable.

[40] **desatara la cuerda** untie the rope
[41] **amarrado por los tobillos** had bound her ankles
[42] **Qué carajo** What the hell
[43] **es que... sirve** it's because it must be good
[44] **botín** booty
[45] **ñapa** bonus
[46] **obsequiar** to give, offer
[47] **se encogió de hombros** shrugged
[48] **taburete de suela** leather stool
[49] **el olor de animal...se desprendía** The scent of a mountain cat emanating
[50] **caderas; el roce** hips; the touch
[51] **el aliento de yerbabuena** the breath of sweetmint murmuring

En los meses de septiembre, octubre y noviembre el Coronel pronunció su discurso tantas veces, que de[52] no haber sido hecho con palabras refulgentes[53] y durables el uso lo habría vuelto ceniza[54]. Recorrió el país en todas direcciones, entrando a las ciudades con aire triunfal y deteniéndose también en los pueblos más olvidados, allá donde sólo el rastro de basura[55] indicaba la presencia humana, para convencer a los electores que votaran por él. Mientras hablaba sobre una tarima al centro de la plaza, el Mulato y sus hombres repartían caramelos y pintaban su nombre con escarcha dorada[56] en las paredes, pero nadie prestaba atención a esos recursos de mercader[57], porque estaban deslumbrados por la claridad de sus proposiciones y la lucidez poética de sus argumentos, contagiados de su deseo tremendo de corregir los errores de la historia y alegres por primera vez en sus vidas. Al terminar la arenga[58] del Candidato, la tropa lanzaba pistoletazos al aire y encendía petardos[59] y cuando por fin se retiraban, quedaba atrás una estela[60] de esperanza que perduraba mucho días en el aire, como recuerdo magnífico de un cometa. Pronto el Coronel se convirtió en el político más popular. Era un fenómeno nunca visto, aquel hombre surgido de la guerra civil, lleno de cicatrices y hablando como un catedrático, cuyo prestigio se regaba[61] por el territorio nacional conmoviendo el corazón de la patria. La prensa se ocupó de él. Viajaron de lejos los periodistas para entrevistarlo y repetir sus frases, y así creció el número de sus seguidores y de sus enemigos.

—Vamos bien, Coronel —dijo el Mulato al cumplirse doce semanas de éxito.

Pero el candidato no lo escuchó. Estaba repitiendo sus palabras secretas, como hacía cada vez con mayor frecuencia.

Las decía cuando lo ablandaba[62] la nostalgia, las murmuraba dormido, las llevaba consigo sobre su caballo, las pensaba antes de pronunciar su célebre discurso y sorprendía saboreándolas[63] en sus descuidos. Y en toda ocasión en que esas dos palabras venían a su mente, evocaba la presencia de Belisa Crepusculario y se le alborotaban[64] los sentidos con el recuerdo del olor montuno, el calor de incendio, el roce terrible y el aliento de yerbabuena, hasta que empezó a andar como un sonámbulo y sus propios hombres comprendieron que se le terminaría la vida antes de alcanzar el sillón de los presidentes.

—¿Qué es lo que te pasa, Coronel? —le preguntó muchas veces el Mulato, hasta que por fin un día el jefe no pudo más y le confesó que la culpa de su ánimo[65] eran esas dos palabras que llevaba clavadas en el vientre.

—Dímelas, a ver si pierden su poder —le pidió su fiel ayudante.

—No te las diré, son sólo mías —replicó el Coronel.

[52] **de** if
[53] **refulgentes** glowing
[54] **ceniza** ash
[55] **el rastro de basura** the trail of garbage
[56] **con escarcha dorada** in gold frost
[57] **recursos de mercader** advertising ploys
[58] **la arenga** speech
[59] **petardos** firecrackers

[60] **estela** wake
[61] **se regaba** spread
[62] **ablandar** to soften, to mellow
[63] **saboreándolas en sus descuidos** savoring them in his leisure time
[64] **se le alborotaban los sentidos** his senses became inflamed
[65] **de su ánimo** for his state of mind

Cansado de ver a su jefe deteriorarse como un condenado a muerte, el Mulato se *205* echó el fusil al hombre y partió en busca de Belisa Crepusculario. Siguió sus huellas[66] por toda esa vasta geografía hasta encontrarla en un pueblo del sur, instalada bajo el toldo de su oficio, contando su rosario de noticias. Se le plantó delante con las piernas abiertas y el arma empuñada.

—Tú te vienes conmigo —ordenó. *210*

Ella lo estaba esperando. Recogió su tintero, plegó[67] el lienzo de su tenderete, se echó el chal sobre los hombros y en silencio trepó al anca[68] del caballo. No cruzaron ni un gesto en todo el camino, porque al Mulato el deseo por ella se le había convertido en rabia y sólo el miedo que le inspiraba su lengua le impedía destrozarla a latigazos. Tampoco estaba dispuesto a comentarle que el Coronel andaba alelado[69], *215* y que lo que no había logrado tantos años de batallas lo había conseguido un encantamiento[70] susurrado al oído. Tres días después llegaron el campamento y de inmediato condujo a su prisionera hasta el candidato, delante de toda la tropa.

—Te traje a esta bruja para que le devuelvas sus palabras, Coronel, y para que ella te devuelva la hombría —dijo apuntando el cañón de su fusil a la nuca[71] de la mujer. *220*

El Coronel y Belisa Crepusculario se miraron largamente, midiéndose[72] desde la distancia. Los hombres comprendieron entonces que ya su jefe no podía deshacerse del hechizo[73] de esas dos palabras endemoniadas, porque todos pudieron ver los ojos carnívoros del puma tornarse mansos cuando ella avanzó y le tomó la mano.

225

230

---

[66] **Siguió sus huellas** he followed her trail
[67] **plegó... tenderete** folded the canvas of her stall
[68] **trepó al anca** climbed on the haunch
[69] **alelado** bewildered, in a fog
[70] **encantamiento** spell

[71] **la nuca** nape (of the neck)
[72] **medir** to measure
[73] **hechizo... endemoniadas** spell... cursed

DESPUÉS DE LEER

A. Cuestionario.

1. ¿Cuál era el oficio de Belisa? Dé Ud. varias razones para explicar su popularidad.
2. ¿En qué sentido sirve Belisa como cronista de su tiempo?
3. ¿Cómo descubrió Belisa la escritura?
4. ¿Quién es el Mulato? ¿Por qué había venido al mercado?
5. ¿Qué paradoja nota Belisa en el Coronel?
6. ¿Le parece a Ud. increíble que el Coronel quiera hacerse presidente?
7. ¿Qué reacción tuvo él y los demás al oír el discurso de Belisa?
8. ¿Por qué tuvo el Coronel tanto éxito en su campaña electoral?
9. ¿Qué cambio le ocurre al Coronel, el cual tiene preocupado al Mulato?
10. ¿Qué hace el Mulato para ayudar a su jefe?
11. En cuanto al final, ¿cree usted que las dos palabras sean realmente "endemoniadas" y que Belisa sea una bruja?
12. Discuta cómo Belisa domina la acción de este cuento. ¿Es porque ella es hechicera?

B. Comprensión. De las tres posibilidades entre paréntesis, escoja Ud. la más apropiada, según el cuento.

1. Quienes aguardaban a Belisa de un año para otro (manifestaban[1], hacían cola, se reían) frente a su tenderete.
2. Belisa había nacido en una familia (gitana, andaluza, mísera).
3. Ese día Belisa concluyó que aparte de (mendigar, morir de hambre, prostituirse) eran pocas las ocupaciones que podía desempeñar.
4. Con sus ahorros, Belisa le pagó veinte pesos (al Mulato, a una amiga, a un cura) para que le enseñara a leer.
5. Dos hombres cayeron encima de ella y (la ataron de pies y manos, la mataron, la besaron).
6. Le sorprendió a Belisa la voz (áspera, ronca, suave) del Coronel.
7. El Coronel deseaba entrar a los pueblos bajo arcos de triunfo, para que (lo besaran, se arrodillaran, lo aplaudieran).
8. Cuando ella terminó el discurso, notó que los ojos del Coronel brillaban de (odio, entusiasmo, escepticismo).
9. Ella se aproximó y el Coronel sintió (agradecimiento, el olor de animal montuno, un gran dolor).
10. La popularidad del Coronel era un fenómeno nunca visto, aquel hombre hablando como (un campesino, un soldado, un catedrático).

---

[1] **manifestar** to demonstrate

11. Por fin el Coronel confesó que la culpa de su ánimo eran (sus fracasos, sus pecados, las palabras).
12. —Mi jefe, te traje a esta bruja para que te devolviera (la hombría, tu dinero, tu éxito).

REPASO GRAMATICAL

Prefixes

1. The opposite meaning of a word is often obtained by using the prefix **in-** or its variants **im-, ir-, i-**. From the text:

   incierta *uncertain*   **imborrable** *indelible, unerasible*

   Observe the spelling in the following, before **m** and **r:**

   mortal: inmortal   **religioso: irreligioso**

2. The prefix **des-** is also frequently used.

   confiar to trust   **agradar** to please
   desconfiar to distrust   **desagradar** to displease

3. Occasionally the adverb **poco** must be used:

   común   **poco común**

C. Remplace Ud. las palabras en negrita con su antónimo.

1. María es una muchacha **contenta.**
2. Su última carta era **legible.**
3. Oí ayer una conferencia **elocuente.**
4. Vi una película muy **moral.**
5. Eso es una gran **ventaja.**
6. La aldea es **accesible.**
7. Su pulso es **regular.**
8. Perdió la vida por su **honra.**
9. La novela fue escrita por un autor **conocido.**
10. Creo que la sentencia es **justa.**

D. Formación de familias de palabras mediante el uso de sufijos.

Using the suffix **-ero** to denote the person, and **-ería** the place (of business), supply the missing words following the examples. Be careful of changes in some words.

Thing	Person	Place
libro	librero	librería
pan	panadero	panadería
papel		
sombrero		
tabaco		
ropa		
pelo		
reloj		
zapato		
carne		carnicería
joya		
perfume		

E. Entrevista. Conteste en español.

1. ¿Dónde trabaja un tendero?
2. ¿Cómo se llama una persona que cuida el jardín?
3. ¿Qué se encuentra en una joyería?
4. ¿Dónde trabaja una lavandera?
5. ¿A dónde se va a comprar chocolate?
6. ¿Dónde pasa la cocinera mucho tiempo?
7. Después de graduarse en ingeniería, una persona es _____.
8. ¿Cómo se llama el lugar donde trabaja un carpintero?
9. ¿Por qué viene el cartero a mi casa casi todos los días?
10. ¿Qué se pide por regla general a un tabernero?
11. En una _____, se compra más que café.
12. ¿Qué buscaría yo si fuese a una sillería?

Carme Riera 1949 -

With the rise of feminism in Spain since the 1970's, more and more women have felt the necessity to relate living experiences with which women could identify. One of the most brilliant of this younger generation of women writers is Carme Riera. Born in Mallorca, she lives in Barcelona, where she is a professor of Castilian literature at the Universidad Autónoma in that city.

Carme Riera first achieved recognition in 1975 with her story, originally in Catalan, *Te deix, amor, la mar com a penyora (I leave you, my love, the sea as a token).* A collection of her short stories published under this title rapidly became a best seller. In 1980 she was awarded an important literary prize for her first novel, *Una primavera para Domenico Guarini,* a brilliant work, complex in its structure and in its linguistic experimentation. It is filled with problems common to contemporary culture: terrorism, drug addiction, and abortion, among others. The work moves along two planes: Clara, a newspaperwoman, is investigating the deface-ment of Botticelli's famous painting, Primavera, by Guarini, and as a counterpoint, it is the anguished search of a young woman, Clara, who must decide whether or not to have an abortion.

Carme Riera's spontaneous and authentic creative vitality is manifest in an ever-expanding literary production. She has writ-ten three more novels and four collections of stories. The one that follows is presented from the perspective of a journalist (as Riera herself has been) as she probes the shocking effect of the actions of two young Americans upon the inhabitants of a small Mallorcan fishing village.

El reportaje[1]

Deyá, 22 de septiembre de 1980.

Querida Hellen: Necesito que me averigües[2] si vive en Santa Bárbara una mujer llamada María Evelyn MacDonald, de unos cuarenta años. De momento no puedo darte más datos. Saber su paradero[3] y entrar en contacto con ella me es absolutamente imprescindible[4], como verás por el relato que te envío. Te llamaré en cuanto pueda desde Nueva York y te mantendré al corriente[5] de este asunto. Por favor, no creas que me he trastornado.[6] Haz todo lo posible por ayudarme. Pregunta, busca en la guía telefónica... lo que puedas.

Un abrazo,

Stephani

Este es un pequeño pueblo de la costa norte de Mallorca. Las casas de piedra se asoman[7] al torrente ofreciéndole sus diminutos jardines malvas[8]. Las buganvillas[9] todavía floridas compiten con las hiedras[10] en su intento de escalar paredes y muros: Sólo desde las ventanas más altas puede verse el mar que penetra a lo lejos la redonda cala[11] desierta. Los últimos veraneantes[12], los más fieles y rezagados[13] se fueron semanas atrás. Somos muy pocos los forasteros[14] que aún permanecemos aquí, aparte de la exigua[15] colonia extranjera establecida en el pueblo hace muchos años. Confieso que yo también me iré en breve. El retraso[16] de mi marcha no obedece ya a ninguna causa puesto que ayer se cumplió lo que esperaba[17], lo único que me tenía aquí. Y sin embargo siento marcharme. Pero no tengo otra posibilidad. Debo salir de aquí cuanto antes.

Nunca se me hubiera ocurrido imaginar durante los días que siguieron a mi llegada que pasaría aquí todo el verano afanándome[18] únicamente en la búsqueda de noticias para realizar un reportaje. Lo cierto es que el asunto me desbordó[19]. Desde el principio la hostilidad de los nativos frente al tema me pareció anormal. Los habitantes de estas tierras están acostumbrados al trato con extranjeros y son por

---

[1] special feature article
[2] **averiguar** to find out
[3] **paradero** whereabouts
[4] **imprescindible** essential
[5] **mantendré al corriente** I'll keep you informed
[6] **me he trastornado** I have become mad
[7] **asomarse** to look out
[8] **malvas** mallows (a purple, red, or white flower)
[9] **buganvillas** bougainvillees (brilliant purple red flower)
[10] **hiedras** ivy

[11] **cala** cove, inlet
[12] **veraneantes** summer vacationists or residents
[13] **rezagados** procrastinating
[13] **forasteros** strangers, outsiders
[15] **exigua** meager, scarce
[16] **retraso** delay
[17] **se cumplió... esperaba** what I hoped to do was accomplished
[18] **afanándome** struggling, "knocking myself out"
[19] **me desbordó** overwhelmed me

naturaleza amables y hospitalarios. ¿Por qué se obstinaban en guardar silencio? Ni siquiera mis ofrecimientos monetarios fueron capaces de refrescarles la memoria... Los más jóvenes se excusaban diciendo que nunca oyeron hablar del caso y los más viejos, aquellos que pudieron conocer de cerca los hechos o más aún incluso vivir- 20 los, se negaban a hacer declaraciones.

De Anaïs Nin[20] tampoco se acordaba nadie. "Pasan por aquí tantos artistas... Ud. comprenderá... estamos acostumbrados a ver a tanta gente... caras nuevas..." Gracias a la mujer de Robert Graves[21] pude averiguar dónde vivió la escritora. Una casita en el "Clot," con un pequeño jardín, como todas. Su actual propietaria, una muchacha 25 negra que pasa los veranos aquí, me dejó visitarla encantada y se alegró mucho de conocer la noticia, pues ignoraba[22] que la Nin hubiera residido en Deyá y menos aun en su casa...

Naturalmente la casa no guardaba ni una huella[23] de la estancia[24] de la escritora, sin embargo le hice algunas fotos para ilustrar mi reportaje que seguía aún en punto 30 muerto[25].

En el fondo estaba muy desanimada[26], me daba cuenta de que había empezado mal, no sacaba nada en claro; lo mejor que podía hacer era olvidar mi compromi- so[27] con Partner* y con el número extraordinario que su revista publicaba en home- naje[28] a Anaïs Nin y dedicarme a tomar el sol. Al fin y al cabo la culpa era mía. 35 Nunca se debe creer al pie de la letra[29] la afirmación de un escritor cuando dice que la historia que va a narrarnos la escuchó de labios ajenos[30]... Pero en el caso de la Nin me costaba trabajo no tomarla en serio: "Estaba yo pasando el verano en Mallorca, en Deyá... Los pescadores me contaron una extraña historia"... Estas dos frases, con las que inicia[31] su relato *Mallorca,* se me antojaban suficientemente fia- 40 bles.[32] La extraña historia debió suceder, sin duda, hacia los años cuarenta cuando la Nin estuvo aquí. ¿Por qué si entonces la contaban ahora no querían mencionarla? ¿Tan vergonzoso[33] les parecía que una muchacha nativa tuviera relaciones con un extranjero e hiciera el amor en la playa? ¿Les resultaba más afrentoso[34] ahora que entonces? Era absurdo creer semejante cosa. ¿Por qué entonces se negaban a hablar? 45 Gisele, mi amiga negra, me sugirió que tal vez todos me estaban diciendo la ver- dad... desconocían la historia porque nunca ocurrió.

---

[20] **Anaïs Nin** American diarist, novelist, and critic (1903–1977)
[21] **Robert Graves** Famous, prolific British poet, novelist, critic, and translator (1895–1985) who resided in Mallorca for many years.
[22] **ignorar** not to know
[23] **huella** trace
[24] **estancia** stay, sojourn
[25] **en punto muerto** at a dead end
[26] **desanimada** (I was very) discouraged

[27] **compromiso** commitment·
[28] **en homenaje a** in honor of
[29] **al pie de la letra** literally
[30] **labios ajenos** someone else's lips
[31] **inicia** she begins
[32] **se me antojaban... fiables** impressed me as being reliable enough
[33] **vergonzoso** shameful, embarrassing
[34] **Les resultaba más afrentoso** Did it seem more offensive

* *Partner* is the surname of the editor of the narrator's magazine.

Escribí a Partner. Anaïs Nin utilizó sólo su imaginación. Fue un error suponer lo contrario. El relato *Mallorca* figura entre las páginas de su libro *Delta de Venus,* colección de cuentos escritos por encargo[35]. Sentía muchísimo haberme equivocado. Le propuse, a cambio, escribir un largo artículo sobre Graves y su mundo... Partner me telegrafió desde Nueva York. Quería algo sobre la Nin y pronto. Releí sus *Diarios* a la búsqueda de cualquier dato que pudiera orientarme... ¿Cómo manipulaba La Nin la realidad? ¿Qué concepto tenía de la verdad?... Subrayé[36] algunos párrafos de sus voluminosas confesiones y por fin me quedé con una afirmación lapidaria[37]: "Lo que mata la vida es la ausencia de misterio." Comencé a darle vueltas[38]. Partner me había pedido un reportaje, algo ligero, y yo pretendía[39] enviarle un pequeño ensayo, demasiado esotérico para el público a quien iba destinada la revista. Se lo mandé por correo urgente[40]. Volvió a ponerme un telegrama: "Tómate el tiempo necesario, retrasamos publicación. Averigua qué ocurrió con la historia. Tienes la clave[41]: hay un misterio."

Insistí de nuevo en mis pesquisas[42] pero cambié de táctica. No mencioné para nada a la Nin, ni volví a preguntar si aún vivían la hija del pescador y el joven americano, ni si era verdad que en su juventud hacían el amor en público a la luz de la luna. Me limité a averiguar si había en el pueblo algunas parejas formadas por extranjero y mallorquina o al revés, si era algo usual, si se veía con buenos ojos[43]. Me contestaron que no, que se daban muy pocos casos, ya que las relaciones acababan siempre de modo dramático ... las costumbres son diferentes, la forma de vida, el temperamento ... Ninguna de esas conclusiones me pareció suficientemente válida, ni siquiera explícita. Protesté, pedí más detalles. Una mujeruca[44] que me había alquilado una habitación me confesó que cada vez que se llevaba a cabo[45] una unión de esta clase sucedía alguna desgracia en el pueblo...

—¿Como qué?

—Desgracias... Se hunde[46] una casa, se cae un muro, el temporal arrasa las huertas[47].

—Puede ser casual.

—No lo crea, es un castigo.

—¿Por qué?

—Arriba, no les gusta que se hagan así las cosas...

—¿Desde cuándo ocurre?

—Desde que ellos murieron.

—¿Quiénes?

—Estos por los que Ud. se interesa... Pero no le diré nada mas.

Todos mis intentos fueron vanos. Supliqué, ofrecí, prometí guardar el secreto. Inútil, no pude sacarle una palabra más. Durante los días que siguieron a nuestra conversación se mostró esquiva[48], procuraba no verme, tener el menor trato conmigo. Gisele me felicitó en cuanto se lo conté. "Tienes una pista[49] y muy válida, un punto de partida." La idea fue suya: Bajé a Palma y consulté en la pequeña hemeroteca[50] los periódicos del verano del 41. Anaïs había estado en Deyá aquellos meses. No encontré nada de interés. Luego los del 42... En el ejemplar[51] del *Correo* de 21 septiembre de 1942 aparecía una breve noticia: Habían sido encontrados tres cadáveres flotando en las aguas de la cala de Deyá. Se trataba de los cuerpos de dos mujeres, María Sarrió Companys, hija de pescadores del pueblo, y Evelyn MacDonald, súbdita[52] norteamericana, y el de un hombre, George MacDonald, hermano de Evelyn. Al parecer un golpe de mar les arrebató[53] de las rocas por donde paseaban. Nadie contempló el desgraciado accidente ni, por tanto, pudo prestarles auxilio[54].

Volví a Deyá con una fotocopia del periódico. La comenté con Gisele. Sin duda Anaïs Nin había utilizado parte de la historia, hablaba sólo del amor entre María y el hermano de Evelyn y no decía nada de sus trágicas muertes... La Nin escribió antes de que éstas ocurrieran... ¿Qué pasó en realidad? ¿Por qué tanto misterio alrededor de un accidente tan estúpido como cruel? "Seguro que hay algo más," insistió Gisele, "seguro."

Me costó trabajo hacerle leer el documento a mi casera[55]. Sin gafas no veía bien y desde hacía meses las había perdido. Tampoco quería que yo se lo leyera y menos en voz alta. Por fin, tras mucho insistir, lo pasó ante sus ojos miopes[56]. La barbilla[57] comenzó a temblarle y rompió a llorar:

—Son ellos. Déjelos. Están muertos, sí, pero si les llama volverán otra vez y será horrible. Volverán y no la dejarán dormir. Ninguno de nosotros volverá a dormir nunca más.

—¿Por qué? Cuénteme, por favor... deje de llorar...

—Murieron a causa de sus terribles pecados. Fue un castigo de arriba, no hay duda. La embrujaron[58], señorita, embrujaron a María... No puedo decirle más, no puedo. Si hablo volverán... Hacían el amor en la playa los tres, desnudos y juntos. ¿Comprende? Sin importarles si alguien les miraba, del modo más obsceno. Nunca en el pueblo había ocurrido una cosa así... Ellos, los dos extranjeros, fueron los culpables. Habían llegado a Deyá huyendo de la guerra, decían, a finales del año treinta y

---

[48] **esquiva** aloof
[49] **pista** clue
[50] **hemeroteca** periodicals and newspaper library
[51] **ejemplar** copy, issue
[52] **súbdita** subject (citizen)
[53] **arrebatar** to snatch; to carry off
[54] **prestarles auxilio** to lend them aid
[55] **casera** landlady
[56] **miope** myopic, near-sighted
[57] **barbilla** chin
[58] **embrujar** to bewitch

nueve. Alquilaron una casa a las afueras del pueblo. Escribían a máquina, como usted. Nosotros creíamos que estaban casados. Solían abrazarse en público, sin ningún respeto para con[59] nosotros. El señor cura les amonestó una vez y fue peor.

120 Desde entonces solían bañarse desnudos en la cala, una costumbre atroz, que por desgracia se puso de moda en esta costa, hace más de cuarenta años... Un atardecer María paseaba por las rocas de la cala, era mi amiga, ¿sabe usted?, teníamos la misma edad. Evelyn la llamó desde el agua. María se quitó el vestido y en enaguas[60] se echó al mar. Nadó hasta acercarse a Evelyn. La ropa dificultaba sus movimientos.

125 Evelyn la arrastró hasta el embarcadero[61] y allí la desnudó. Nadaron de nuevo hasta la orilla, tendidas[62] en la arena descansaron a la luz de la luna, el brazo de Evelyn ceñía la cintura[63] de María. Volvieron a encontrarse todas las tardes. María se sentía fascinada por la belleza de Evelyn, por las historias con que solía engatusarla[64]. Yo era la confidente de María y lo sabía bien, la tenía embrujada. Un día se unió a ellas

130 George. Nadó a su lado y junto a ellas, desnudo, se tumbó[65] en la playa. María se dejó amar por los dos... Aquella noche recibió una paliza descomunal[66] de su padre. Permaneció en cama una semana a causa de los golpes. Cuando pudo levantarse desapareció del pueblo en su compañía. En dos años no tuvimos noticias suyas[67]. La policía de Palma nos visitó alguna vez para tratar de obtener datos que pudieran

135 ayudar a dar con su paradero. Por entonces apareció por aquí la escritora sobre la que usted trabaja. La recuerdo vagamente. Alguien le contó la historia, era americana, como ellos. Luego supimos que fue piadosa con María... se refirió sólo a sus amores con George. Al verano siguiente, ya hacia finales de septiembre, volvieron. Traían consigo una niña de pocos meses. Su padre era George, pero no sabíamos

140 cuál de las dos mujeres era su madre... María vino a verme, yo no quise recibirla, nadie en el pueblo quiso recibirla. Al atardecer bajaron a la cala, llevaban consigo a la pequeña metida en un capazo[68]. Todo el pueblo les espiaba entre los matorrales[69]. Se hacían apuestas sobre su desvergüenza[70], se decía que debíamos darles una lección antes de llamar a la policía. Me hago lenguas todavía de[71] la naturalidad con

145 que se desnudaron; después, en vez de entrar en el agua, se quedaron junto a las rocas del margen derecho de la cala... Algunos hombres salieron de sus escondrijos con estacas[72] y se les acercaron para amenazarles. Ellos ni se inmutaron[73]. Tuvieron que separarlos a golpes. Los tres, magullados[74], corrieron hacia el mar. No

---

[59] **para con** with regard to
[60] **en enaguas** in her petticoat
[61] **embarcadero** pier, wharf
[62] **tendidas** stretched out
[63] **ceñía la cintura** around the waist
[63] **solía engatusarla** she used to beguile her
[65] **se tumbó** he lay down
[66] **paliza descomunal** terrible beating
[67] **no tuvimos noticias suyas** we didn't hear news of her

[68] **capazo** basket
[69] **matorrales** underbrush
[70] **se hacían... desvergüenza** they made bets about their shamelessness
[71] **me hago lenguas todavía de** still can't get over
[72] **sus escondrijos con estacas** their hiding places with clubs
[73] **ni se inmutaron** they didn't even move
[74] **magullados** battered

tenían otra escapatoria posible. Supusimos que intentarían ponerse a salvo nadando hacia la punta más extrema de la cala y escalarían por allí el acantilado[75]. El mar *150* rompía con bastante furia, las olas eran cada vez mayores. Apenas podíamos distinguir sus cabezas y el braceo[76]. Nos pareció oír sus voces, llamándose entre sí. La niña comenzó a llorar. Me la llevé a mi casa, en realidad me sirvió de excusa para alejarme de allí. Poco a poco todo el pueblo fue desfilando hacia sus casas. Al día siguiente aparecieron sus cuerpos flotando en la boca de la cala. Estaban muertos. *155* El juez de Soller subió[77] para hacerse cargo[78] de los cadáveres, a nadie podía sorprender su muerte... Eran demasiado atrevidos, todo el mundo les había visto bañándose en días de temporal... Entregué a la niña a la policía y fue entonces cuando me dijeron que George y Evelyn eran hermanos. El cónsul americano en Palma se puso en contacto con los familiares. Supe más tarde que María Evelyn *160* pasó a vivir con sus abuelos en Santa Bárbara. Si he de serle franca, he hecho todo lo posible por olvidar todo lo ocurrido... Durante años he padecido[79] fuertes insomnios y terribles pesadillas[80], como todos los del pueblo, por culpa de esta historia, aunque nadie se atreva a confesarlo. Muchas noches de temporal hemos oído sus gritos, pidiendo auxilio desde la cala... Pero hay más aún, mucho más. Durante los *165* años que siguieron a la desgracia ningún pescador del lugar pudo tirar las redes[81] cerca de la cala sin exponerse a un grave peligro: Un peso enorme las lastraba[82] hacia el fondo...

Es la primera vez que cuento estos hechos, tal vez usted creerá que exagero o que no estoy en mis cabales.[83]... Por desgracia las cosas ocurrieron tal y como se las he *170* narrado... Desde que usted se ocupa del asunto me resulta difícil dormir, igual que a mí[84] les ocurre a algunos vecinos, testigos[85] de aquellos terribles sucesos...

¿Quiere usted una prueba de que no miento? Baje el día 21[86] por la noche a la cala. Para entonces hará treinta y ocho años de su muerte. Como cada año, sólo saldrán las barcas de los más jóvenes y de los forasteros. Volverán sin haber pescado *175* nada. El mar anda revuelto[87] y suele haber tormenta. Quédese junto a la orilla y mire bien: A medianoche les verá salir de las aguas y tenderse desnudos en la playa para amarse hasta el amanecer...

El relato me sobrecogió en extremo[88]. Corrí a contárselo a Gisele.

---

[75] **acantilado** cliff
[76] **braceo** their (swimming) strokes
[77] **El juez... subió** the judge... came up
[78] **hacerse cargo** to take charge
[79] **padecer** to suffer
[80] **pesadillas** nightmares
[81] **tirar las redes** cast his nets
[82] **lastraba** dragged

[83] **no estoy en mis cabales** I'm not "all there"
[84] **igual que a mí** and the same thing (occurs...)
[85] **testigos** witnesses
[86] **Baje el día 21** go down on the 21st (of the month)
[87] **anda revuelto** is rough
[88] **me sobrecogió en extremo** completely astonished me

180   —Tu casera desvaría[89], querida, por aquí tiene fama de loca. Según me han dicho de joven[90] era la maestra, la quitaron porque padecía fuertes depresiones...

      Gisele se marchó a principios de septiembre y yo me quedé aquí, esperando. Ayer fui a la cala. Había luna llena. El mar centelleaba[91]. De pronto les vi. Avanzaban nadando hacia la playa, jóvenes, bellísimos como si ni la muerte ni el
185 tiempo hubieran podido nada contra ellos[92]. Y allí junto a la orilla iniciaron un juego amoroso que duró hasta el amanecer...

      Cuando volví a casa no pude contarle a la dueña lo que había visto. No estaba. Me había dejado una nota de despedida[93]. Me decía que como cada año iba a pasar unos meses a una casa de salud. Me dejaba instrucciones para cerrar la casa y me
190 deseaba un feliz retorno a mi país. Intenté dormir, no pude, el rumor del mar llegaba insistente hasta mis oídos.

---

[89] **Tu casera desvaría** your landlady is delirious
[90] **de joven** i.e.,when I (Gisele) was young
[91] **centellear** to sparkle

[92] **hubieran podido nada** had been able to do anything to them
[93] **nota de despedida** farewell note

DESPUÉS DE LEER

A. Cuestionario.

1. ¿Llega el lector a saber quién es la mujer mencionada en la carta con que empieza el cuento? Explique.
2. ¿Dónde y cuándo tiene lugar la acción del cuento?
3. ¿Por qué no se ha ido todavía la narradora como los veraneantes?
4. ¿Cuál ha sido el obstáculo principal en las investigaciones de la escritora?
5. ¿Cómo supo ella la existencia de la extraña historia?
6. La narradora decide cambiar de táctica en su investigación. Explique cómo.
7. Según una mujer, ¿cuál es la consecuencia de las uniones entre mallorquinas y extranjeros?
8. ¿Qué averiguó la reportera en Palma, la capital?
9. La casera de la narradora decide contar la historia. Dé un breve resumen.
10. Enfrentándose con esta clase de conducta, ¿qué hicieron algunos hombres del pueblo?
11. ¿En qué resultó este acto de los hombres?
12. ¿Qué sucedió con la niña?
13. Para los habitantes del pueblo la rara historia no cesó con la muerte de los tres amantes. Explique.
14. Se puede probar la verdad de nuestro trastorno *(disturbance),* dice la casera. ¿Cómo?
15. ¿Qué vio la narradora una noche en la cala? ¿Le parece a Ud. que fue real o imaginario?
16. Hay una cualidad tanto real como irreal en este cuento. Explique.

B. Comprensión. Corrija las frases que son falsas, según el cuento.

1. La narradora ha escrito a Hellen para que ésta la encuentre en el aeropuerto.
2. Deyá parece ser un pueblo mallorquín que atrae muchos artistas y veraneantes.
3. Los habitantes se obstinaban en guardar silencio cuando los interrogaba la reportera.
4. Los más jóvenes, sin embargo, hablaban al recibir dinero.
5. La narradora sacó la idea de escribir su reportaje de una película basada en esta historia.
6. Lo que había escandalizado a los nativos fue que una de ellos se casó con el americano.
7. La narradora decide que Anaïs Nin sólo había imaginado la historia.
8. La reportera por fin se da cuenta de que debe escribir algo ligero, no un ensayo esotérico.
9. El padre de María le revela a la narradora toda la sórdida historia.
10. Parece que María no tenía inconveniente en hacer el amor con cualquier hombre.

REPASO GRAMATICAL

Subjunctive review

Many uses of the subjunctive are to be found in the story: to express an attitude (to want, order, doubt, etc.), an emotion, in impersonal expressions that do not express a fact, future time in relation to main verb, uncertainty, and others. Some examples from the text:

Tampoco quería que yo se lo leyera.   *He/She didn't want me to read (it) to him/her either.*

Necesito que me averigües si vive.   *I need you to find out (for me) if he/she is alive.*

Te llamaré en cuanto pueda.   *I'll call you as soon as I can.*

Aunque nadie se atreva a confesarlo.   *Even though nobody dares to confess (it).*

C. Supply the correct form of the verb in parentheses (indicative or subjunctive) in the sentences below, which follow the story closely: (Recall that a main verb in a past tense requires a subjunctive verb in the imperfect or past perfect tenses.)

1. Le dije a Partner que era mejor que yo (olvidar) _____ mi compromiso.
2. Pero Partner quería que yo (seguir) _____ con mis investigaciones.
3. Es cierto que este asunto me (tener) _____ desanimada.
4. La policía trató de obtener datos que les (ayudar) _____ a encontrarla.
5. Cuando tú (bajar) _____ a la cala les verás salir de las aguas.
6. Pregunta, busca en la guía telefónica... lo que (poder) _____.
7. ¿Sabes que todo el pueblo nunca (recobrar) _____ ecuanimidad *(composure)?*
8. Antes de que usted (marcharse) _____, los tres saldrán las aguas para iniciar un juego amoroso.
9. ¿Crees que la casera (decir) _____ la verdad?
10. Es importante que la gente (comportarse) _____ honestamente.

D. **Traducir.** Haga un repaso de los siguientes modismos y traduzca las frases.

dejar de + inf.	costar trabajo	llevar a cabo
oír hablar de	darse cuenta de	volver a + inf.

1. I will not sleep until they stop shocking (**escandalizar**) the neighbors.
2. It took a lot of effort for the woman to carry out her investigation.
3. An American woman writer had heard about this strange story forty years ago.
4. The three young people on the beach didn't realize the furor (**el furor**) that they were causing.
5. Some townsmen approached and ordered them to leave, and later they approached again with cudgels (**estacas**).

Jorge Luis Borges 1899-1986

$\mathcal{P}$ oet, essayist, and short story writer, Borges to this day is probably the most influential writer in the Spanish-speaking world and one of the most cosmopolitan and universal figures in world literature. Born in Argentina, he lived there until the age of fourteen, when his family moved to Switzerland. There he received a French education that complemented the English training he had received earlier at the hands of his British grand-mother. Upon returning to Buenos Aires in 1921 he became the leader of the vanguard poets of that city. Gradually moving into prose with essays and stories, he won Argentina's highest literary prize, Premio Nacional de Literatura, for his collection of stories, *El Aleph* (1949). A man of vast erudition, Borges translated into Spanish works by Melville, Kafka, Faulkner, and Virginia Woolf, among others.

Borges's stories are a marvelous combination of fantasy and metaphysical themes. A great admirer of Edgar Allan Poe, Borges was a master of the detective story. The suspense and unexpected endings suggest the art of Poe and Kafka. The story that follows, from *El Aleph,* approximates the detective story with its assem-blage of clues and puzzles, a crime, an amateur detective, and a solution that comes some twenty-five years after the bizarre events. You will note that Borges's compact and precise style is character-ized by a wide use of adjectives, some that recur frequently, like **infinito, circular, vasto,** and by nouns used symbolically, such as **laberinto, red, sueño, fantasma.**

Abenjacán el Bojarí, muerto en su laberinto

...son comparables a la araña[1], que edifica una casa.
Alcorán, XXIX, 40.

Ésta —dijo Dunraven con un vasto ademán que no rehusaba[2] las nubladas estrellas y que abarcaba[3] el negro páramo, el mar y un edificio majestuoso y decrépito que parecía una caballeriza venida a menos[4]— es la tierra de mis mayores.

Unwin, su compañero, se sacó la pipa de la boca y emitió sonidos modestos y aprobatorios. Era la primera tarde del verano de 1914; hartos[5] de un mundo sin la dignidad del peligro, los amigos apreciaban la soledad de ese confín de Cornwall. Dunraven fomentaba[6] una barba oscura y se sabía autor de una considerable epopeya[7] que sus contemporáneos casi no podrían escandir[8] y cuyo tema no le había sido aún revelado; Unwin había publicado un estudio sobre el teorema que Fermat[9] no escribió al margen de una página de Diofanto. Ambos —¿será preciso que lo diga?— eran jóvenes, distraídos y apasionados.

—Hará un cuarto de siglo —dijo Dunraven— que Abenjacán el Bojarí, caudillo o rey de no sé qué tribu nilótica,[10] murió en la cámara central de esa casa a manos de su primo Zaid. Al cabo de los años, las circunstancias de su muerte siguen oscuras.

Unwin preguntó por qué, dócilmente.

—Por diversas razones —fue la respuesta—. En primer lugar, esa casa es un laberinto. En segundo lugar, la vigilaban un esclavo y un león. En tercer lugar, se desvaneció[11] un tesoro secreto. En cuarto lugar, el asesino estaba muerto cuando el asesinato ocurrió. En quinto lugar...

Unwin, cansado, lo detuvo.

—No multipliques los misterios —le dijo—. Éstos deben ser simples. Recuerda la carta robada de Poe, recuerda el cuarto cerrado de Zangwill[12].

—O complejos —replicó Dunraven—. Recuerda el universo.

Repechando[13] colinas arenosas, habían llegado al laberinto. Éste, de cerca, les pareció una derecha y casi interminable pared, de ladrillos sin revocar[14], apenas más alta

[1] **araña** spider
[2] **que no rehusaba** that included
[3] **que abarcaba... páramo** that encompassed the dark barren plain
[4] **una caballeriza...menos** a stable in ruins
[5] **hartos** tired
[6] **fomentaba** was growing
[7] **epopeya** epic poem
[8] **escandir** to scan
[9] **Fermat, Diofanto** French (17th C.) and Greek-Alexandrian mathematicians
[10] **nilótica** of the river Nile
[11] **se desvaneció** disappeared
[12] **Zangwill** English author (1864-1926)
[13] **repechando colinas** climbing sandy hills
[14] **sin revocar** uncemented bricks

que un hombre. Dunraven dijo que tenía la forma de un círculo, pero tan dilatada[15] era su área que no se percibía la curvatura. Unwin recordó a Nicolás de Cusa, para quien toda línea recta es el arco de un círculo infinito... Hacia la media noche descubrieron una ruinosa puerta, que daba a un ciego y arriesgado zaguán[16]. Dunraven dijo que en el interior de la casa había muchas encrucijadas[17], pero que, doblando siempre a la izquierda, llegarían en poco más de una hora al centro de la red[18]. Unwin asintió. Los pasos cautelosos resonaron en el suelo de piedra; el corredor se bifurcó en otros más angostos. La casa parecía querer ahogarlos, el techo era muy bajo. Debieron avanzar uno tras otro por la complicada tiniebla. Unwin iba adelante. Entorpecido[19] de asperezas y de ángulos, fluía sin fin contra su mano el invisible muro. Unwin, lento en la sombra, oyó de boca de su amigo la historia de la muerte de Abenjacán.

—Acaso el más antiguo de mis recuerdos —contó Dunraven— es el de Abejacán el Bojarí en el puerto de Pentreath. Lo seguía un hombre negro con un león; sin duda el primer negro y el primer león que miraron mis ojos, fuera de los grabados[20] de la Escritura. Entonces yo era un niño, pero la fiera del color del sol y el hombre del color de la noche me impresionaron menos que Abenjacán. Me pareció muy alto; era un hombre de piel cetrina[21], de entrecerrados ojos negros, de insolente nariz, de carnosos labios, de barba azafranada, de pecho fuerte, de andar seguro y silencioso. En casa dije: "Ha venido un rey en un buque." Después, cuando trabajaron los albañiles[22], amplié ese título y le puse el Rey de Babel.

La noticia de que el forastero se fijaría[23] en Pentreath fue recibida con agrado; la extensión y la forma de su casa, con estupor y aun con escándalo. Pareció intolerable que una casa constara de una sola habitación y de leguas y leguas de corredores. "Entre los moros se usarán tales casas, pero no entre cristianos", decía la gente. Nuestro rector, el señor Allaby, hombre de curiosa lectura, exhumó la historia de un rey a quien la Divinidad castigó por haber erigido un laberinto y la divulgó desde el púlpito. El lunes, Abenjacán visitó la rectoría; las circunstancias de la breve entrevista no se conocieron entonces, pero ningún sermón ulterior aludió a la soberbia, y el moro pudo contratar albañiles. Años después, cuando pereció Abenjacán, Allaby declaró a las autoridades la substancia del diálogo.

Abenjacán le dijo, de pie, estas o parecidas palabras: "Ya nadie puede censurar lo que yo hago. Las culpas que me infaman[24] son tales que aunque yo repitiera durante siglos el Último Nombre de Dios, ello no bastaría mitigar uno solo de mis tormentos; las culpas que me infaman son tales que aunque yo lo matara con estas manos, ello no agravaría los tormentos que me destina la infinita Justicia. En tierra alguna[25]

---

[15] **dilatada** vast, spread out
[16] **arriesgado zaguán** dangerous entrance hall
[17] **encrucijadas** intersections
[18] **la red** net, network
[19] **Entorpecido de asperezas** slowed down by the rough going
[20] **grabados** engraving
[21] **cetrina** greenish yellow
[22] **albañiles** masons
[23] **fijarse** to take up residence
[24] **infamar** to dishonor
[25] **alguna** i.e., ninguna

es desconocido mi nombre; soy Abenjacán el Bojarí y he regido las tribus del desierto con un cetro[26] de hierro. Durante muchos años las despojé[27], con asistencia de mi primo Zaid, pero Dios oyó mi clamor y sufrió que se revelaran. Mis gentes fueron rotas y acuchilladas; yo alcancé a huir con el tesoro recaudado[28] en mis años de expoliación[29]. Zaid me guió al sepulcro de un santo, al pie de una montaña de piedra. Le ordené a mi esclavo que vigilara la cara del desierto; Zaid y yo dormimos, rendidos. Esa noche creí que me aprisionaba una red de serpientes.

Desperté con horror; a mi lado, en el alba, dormía Zaid; el roce[30] de un a telaraña en mi carne me había hecho soñar aquel sueño. Me dolió que Zaid, que era cobarde, durmiera con tanto reposo. Consideré que el tesoro no era infinito y que él podía reclamar una parte. En mi cinto estaba la daga con empuñadura[31] de plata; la desnudé y le atravesé la garganta[32]. En agonía balbuceó[33] unas palabras que no pude entender. Lo miré; estaba muerto, pero yo temí que se levantara y le ordené al esclavo que le deshiciera la cara con una roca. Después erramos bajo el cielo y un día divisamos[34] un mar. Lo surcaban[35] buques muy altos; pensé que un muerto no podría andar por el agua y decidí buscar otras tierras. La primera noche que navegamos soñé que yo mataba a Zaid. Todo se repitió pero yo entendí sus palabras. Decía: *Como ahora me borras*[36] *te borraré, dondequiera que estés.* He jurado frustrar esa amenaza; me ocultaré en el centro de un laberinto para que su fantasma se pierda."

Dicho lo cual, se fue, Allaby trató de pensar que el moro estaba loco y que el absurdo laberinto era un símbolo y un claro testimonio de su locura. Luego reflexionó que esa aplicación condecía[37] con el extravagante relato, no con la enérgica impresión que dejaba el hombre Abenjacán. Quizá tales historias fueran comunes en los arenales egipcios[38], quizá tales rarezas correspondieran (como los dragones de Plinio) menos a una persona que a una cultura... Allaby, en Londres, revisó[39] números atrasados del *Times;* comprobó la verdad de la rebelión y de una subsiguiente derrota del Bojarí y de su visir, que tenía fama de cobarde. Aquél, apenas concluyeron los albañiles, se instaló en el centro del laberinto. No lo vieron más en el pueblo; a veces Allaby temió que Zaid ya lo hubiera alcanzado y aniquilado. En las noches el viento nos traía el rugido del león, y las ovejas del redil[40] se apretaban con un antiguo miedo...

A los tres años de erigida la casa, ancló[41] al pie de los cerros el barco *Rose of Sharon*. Andó en el alba de uno de los días de octubre.

---

[26] **cetro** rod
[27] **despojar** to plunder, strip
[28] **recaudado** collected
[29] **expoliación** plundering
[30] **el roce... telaraña** the contact of a spider web
[31] **empuñadura** hilt
[32] **la garganta** throat
[33] **balbucear** to stammer

[34] **divisar** to see, to espy
[35] **surcaban** (ships) were sailing it
[36] **borrar** to erase, rub out
[37] **condecía** fit, went well with
[38] **arenales egipcios** Egyptian deserts
[39] **revisar** to examine
[40] **redil** sheepfold
[41] **ancló ... los cerros** anchored... hills

Hacia el atardecer, Abenjacán irrumpió[42] en casa de Allaby. Lo dominaba la pasión del terror; apenas pudo articular que Zaid ya había entrado en el laberinto y que su esclavo y su león habían perecido. Seriamente preguntó si las autoridades podrían ampararlo[43]. Antes que Allaby respondiera, se fue, como si lo arrebatara[44] el mismo terror que lo había traído a esa casa, por segunda y última vez. Allaby, solo en su biblioteca, pensó con estupor que ese temeroso había oprimido en el Sudán a tribus de hierro y sabía qué cosa es una batalla y qué cosa es matar. Advirtió, al otro día, que ya había zarpado[45] el velero (rumbo a Suakin en el Mar Rojo, se averiguó después). Reflexionó que su deber era comprobar la muerte del esclavo y se dirigió al laberinto. El jadeante[46] relato del Bojarí le pareció fantástico, pero en un recodo[47] de las galerías dio con el león, y el león estaba muerto, y en otro, con el esclavo, que estaba muerto, y en la cámara central con el Bojarí, a quien le habían destrozado la cara. A los pies del hombre había un arca taraceada[48] de nácar; alguien había forzado la cerradura y no quedaba ni una sola moneda.

Los períodos finales, agravados de pausas oratorias, querían ser elocuentes; Unwin adivinó que Dunraven los había emitido muchas veces, con idéntico aplomo[49] y con idéntica ineficacia. Preguntó, para simular interés:

—¿Cómo murieron el león y el esclavo?

La incorregible voz contestó con sombría satisfacción:

—También les habían destrozado la cara.

Al ruido de los pasos se agregó el ruido de la lluvia. Unwin pensó que tendrían que dormir en el laberinto, en la "cámara central" del relato, y que en el recuerdo esa larga incomodidad sería una aventura. Guardó silencio: Dunraven no pudo contenerse y le preguntó, como quien no perdona una deuda:

¿No es inexplicable esta historia?

Unwin le respondió, como si pensara en voz alta:

—No sé si es explicable o inexplicable. Sé que es mentira.

Dunraven prorrumpió[50] en malas palabras e invocó el testimonio del hijo mayor del rector (Allaby, parece, había muerto) y de todos los vecinos de Pentreath. No menos atónico que Duraven, Unwin se disculpó. El tiempo, en la oscuridad, parecía más largo; los dos temieron haber extraviado[51] el camino y estaban muy cansados cuando una tenue claridad superior les mostró los peldaños[52] iniciales de una angosta escalera. Subieron y llegaron a una ruinosa habitación

---

[42] **irrumpir** to burst

[43] **amparar** to protect, shelter

[44] **arrebatar** to carry off

[45] **zarpar** to weigh anchor

[46] **jadeante** panting, breathless

[47] **recodo de las galerías** angle of the halls

[48] **arca taraceada de nácar** chest with mother-of-pearl inlay

[49] **aplomo** aplomb, calmness

[50] **prorrumpir** to burst out

[51] **extraviar** to lose one's way

[52] **peldaños** steps

redonda. Dos signos perduraban del temor del malhadado[53] rey: una estrecha ventana que dominaba los páramos y el mar y en el suelo una trampa[54] que se abría sobre la curva de la escalera. La habitación, aunque espaciosa, tenía mucho de celda carcelaria.

Menos instados[55] por la lluvia que por afán de vivir para la rememoración y la anécdota[56], los amigos hicieron noche en el laberinto. El matemático durmió con tranquilidad; no así el poeta, acosado[57] por versos que su razón juzgaba detestables:

Faceless the sultry and overpowering lion,
Faceless the stricken slave, faceless the king.

Unwin creía que no le había interesado la historia de la muerte del Bojarí, pero se despertó con la convicción de haberla descifrado. Todo aquel día estuvo preocupado y huraño[58], ajustando y reajustando las piezas, y tres o cuatro noches después, citó a Dunraven en una cervecería de Londres y le dijo estas o parecidas palabras:

En Cornwall dije que era mentira la historia que te oí. Los *hechos* eran ciertos, o podían serlo, pero contados como tú los contaste, eran, de un modo manifiesto, mentiras. Empezaré por la mayor mentira de todas, por el laberinto increíble. Un fugitivo no se oculta en un laberinto. No erige un laberinto sobre un alto lugar de la costa, un laberinto carmesí[59] que avistan desde lejos los marineros. No precisó[60] erigir un laberinto, cuando el universo ya lo es. Para quien verdaderamente quiere ocultarse, Londres es mejor laberinto que un mirador[61] al que conducen todos los corredores de un edificio. La sabia reflexión que ahora te someto me fue deparada[62] antenoche, mientras oíamos llover sobre el laberinto y esperábamos que el sueño nos visitara: amonestado[63] y mejorado por ella, opté por olvidar tus absurdidades y pensar en algo sensato.

—En la teoría de los conjuntos[64], digamos, o en una cuarta dimensión del espacio —observó Dunraven.

—No —dijo Unwin con seriedad—. Pensé en el laberinto de Creta. El laberinto cuyo centro era un hombre con cabeza de toro.

Dunraven, versado en obras policiales, pensó que la solución del misterio siempre es inferior al misterio. El misterio participa de lo sobrenatural y aun de lo divino; la solución, del juego de manos[65]. Dijo, para aplazar lo inevitable:

—Cabeza de toro tiene en medallas y esculturas el minotauro. Dante lo imaginó con cuerpo de toro y cabeza de hombre.

—También esa versión me conviene. —Unwin asintió—. Lo que importa es la correspondencia de la casa monstruosa con el habitante montruoso. El minotauro

---

[53] **malhadado** unfortunate
[54] **trampa** trap door
[55] **instados** driven
[56] **la rememoración y la anécdota** to remember and tell the story
[57] **acosado** pursued relentlessly
[58] **huraño** unsociable

[59] **carmesí** crimson
[60] **precisar** to be necessary
[61] **mirador** watch tower
[62] **deparada** furnished
[63] **amonestado** admonished
[64] **los conjuntos** combinations and variations
[65] **juego de manos** sleight of hand

justifica con creces[66] la existencia del laberinto. Nadie dirá lo mismo de una amenaza percibida en un sueño. Evocada la imagen del minotauro (evocación fatal en un caso en que hay un laberinto), el problema, virtualmente, estaba resuelto. Sin embargo, confieso que no entendí que esa antigua imagen era la clave y así fue necesario que tu relato me suministrara[67] un símbolo más preciso: la telaraña.

—¿La telaraña? —repitió, perplejo, Dunraven.

—Sí. Nada me asombraría que la telaraña (la forma universal de la telaraña, entendamos bien, la telaraña de Platón) hubiera sugerido al asesino (porque hay un asesino) su crimen. Recordarás que el Bojarí, en una tumba, soñó con una red de serpientes y que al despertar descubrió que una telaraña le había sugerido aquel sueño. Volvamos a esa noche en que el Bojarí soñó con una red. El rey vencido y el visir y el esclavo huyen por el desierto con un tesoro. Todo esto es increíble; yo entiendo que los hechos ocurrieron de otra manera. Esa noche durmió el rey, el valiente, y veló Zaid, el cobarde. Dormir es distraerse del universo, y la distracción es difícil para quien sabe que lo persiguen con espadas desnudas. Zaid, ávido, se inclinó sobre el sueño de su rey. Pensó en matarlo (quizá jugó con el puñal), pero no se atrevió. Llamó al esclavo, ocultaron parte del tesoro en la tumba, huyeron a Suakin y a Inglaterra. No para ocultarse del Bojarí, sino para atraerlo y matarlo construyó a la vista del mar el alto laberinto de muros rojos. Sabía que las naves llevarían a los puertos de Nubia[68] la fama del hombre bermejo[69], del esclavo y del león, y que, tarde o temprano, el Bojarí lo vendría a buscar en su laberinto. En el último corredor de la red esperaba la trampa. El bojarí lo despreciaba infinitamente; no se rebajaría a tomar la menor precaución. El día codiciado[70] llegó; Abenjacán desembarcó en Inglaterra, caminó hasta la puerta del laberinto, barajó[71] los ciegos corredores y ya había pisado, tal vez, los primeros peldaños cuando su visir lo mató, no sé si de un balazo[72], desde la trampa. El esclavo mataría[73] al león y otro balazo mataría al esclavo. Luego Zaid deshizo las tres caras con una piedra. Tuvo que obrar así; un solo muerto con la cara deshecha hubiera sugerido un problema de identidad, pero la fiera, el negro y el rey formaban una serie y, dados los dos términos iniciales, todos postularían el último. No es raro que lo dominara el temor cuando habló con Allaby; acababa de ejecutar la horrible faena[74] y se disponía a huir de Inglaterra para recuperar el tesoro.

Un silencio pensativo, o incrédulo, siguió a las palabras de Unwin. Dunraven pidió otro jarro[75] de cerveza antes de opinar.

---

[66] **con creces** more than necessary
[67] **suministrar** to furnish
[68] **Nubia** province of Sudan
[69] **bermejo** reddish
[70] **codiciado** long-awaited

[71] **barajó** found his way through
[72] **balazo** shot
[73] **mataría** must have killed
[74] **faena** task
[75] **jarro** pitcher

—Acepto —dijo — que mi Abenjacán sea Zaid. Tales metamorfosis, me dirás, son clásicos artificios del género, son verdaderas *convenciones* cuya observación exige el lector. Lo que me resisto a admitir es la conjetura de que una porción del tesoro quedara en el Sudán. Recuerda que Zaid huía del rey y de los enemigos del rey; más fácil es imaginarlo robándose todo el tesoro que demorándose[76] a enterrar una parte. Quizá no se encontraron monedas porque no quedaban monedas; los albañiles habrían agotado un caudal[77] que, a diferencia del oro rojo de los Nibelungos[78], no era infinito. Tendríamos así a Abenjacán atravesando el mar para reclamar un tesoro dilapidado[79]. —Dilapidado, no —dijo Unwin—. Invertido[80] en armar en tierra de infieles una gran trampa circular de ladrillo destinada a apresarlo[81] y aniquilarlo. Zaid, si tu conjetura es correcta, procedió urgido por el odio y por el temor y no por la codicia. Robó el tesoro y luego comprendió que el tesoro no era lo esencial para él. Lo esencial era que Abenjacán pereciera. Simuló ser Abenjacán y finalmente *fue Abenjacán.*

—Sí —confirmó Dunraven—. Fue un vagabundo que, antes de ser nadie en la muerte, recordaría haber sido un rey o haber fingido ser un rey, algún día.

[76] **demorar** to delay
[77] **caudal** fortune
[78] **Nibelungos** In Teutonic legend (c. 1200 A.D.), any of a race of dwarfs who possessed a treasure captured by Siegfried
[79] **dilapidado** dissipated, used up
[80] **invertido** invested
[81] **apresar** to capture, seize

DESPUÉS DE LEER

A. Cuestionario.

1. ¿Con qué tono describe el autor el talento profesional de Dunraven?
2. ¿Se parece la pareja de Unwin y Dunraven a una célebre pareja de la novela policiaca? ¿En qué?
3. Según Dunraven, ¿qué es lo extraordinario de la muerte de Abenjacán?
4. ¿Le parece a Ud. lógica la actitud de los habitantes respecto al laberinto?
5. Brevemente, ¿qué había sucedido en el desierto, según Abenjacán en su entrevista con Allaby?
6. En esta historia, ¿qué razón da Abenjacán por la construcción de su extraordinaria casa?
7. Tres años más tarde, Abenjacán, jadeante, relata otra historia. ¿Cuál es el detalle más sorprendente, según Allaby?
8. En la explicación de Unwin, ¿cuál es la mayor mentira de la historia de Abenjacán?
9. ¿En qué pensó Unwin para ayudarle a resolver el problema? Explique Ud. cómo esta pista *(clue)* le ayuda.
10. ¿Puede usted explicar cómo la telaraña le pudo sugerir al asesino su crimen?
11. ¿Para qué, en realidad, fue construido el laberinto?
12. ¿Le parece forzado el final?

VOCABULARIO

B. Reemplace Ud. las palabras en negrita con un sinónimo de la lista siguiente.

realizar	esconder
desear	perder
desaparecer	solucionar
condenar	velar (cuidar)
embuste (engaño)	desposeer
prepararse	destruir
proteger	

1. Otro misterio es que **se desvaneció** un tesoro secreto.
2. Un esclavo y un león **vigilaban** el laberinto.
3. Nadie puede **censurar** lo que hago.
4. Durante muchos años el rey **despojó** a las tribus.
5. **Me ocultaré** en el centro de un laberinto.
6. Abenjacán preguntó si las autoridades podrían **ampararlo**.
7. Los dos amigos temieron haber **extraviado** el camino.

8. La mayor **mentira** es la del laberinto increíble.

9. Evocada la imagen del minotauro, el problema estaba **resuelto.**

10. El día **codiciado** llegó; Abenjacán desembarcó en Inglaterra.

11. Luego Zaid **deshizo** las tres caras con una piedra.

12. Zaid acababa de **ejecutar** el horrible crimen y **se disponía** a huir.

REPASO GRAMATICAL

Relative Pronouns

A relative pronoun *(who, which etc.)* is used to join (relate) the subordinate clause it introduces to a preceding noun or pronoun to which it refers.

Que is the most frequently used relative pronoun. It is used as subject or object of a verb and refers to both persons and things, singular and plural. As object of a preposition (**a, de, en, con**) it refers only to things. Unlike popular English usage, the preposition cannot remain removed from the relative pronoun.

¿De qué estás hablando?	*What are you talking about?*

Quien (quienes) refers only to persons.

Es un amigo en quien tengo confianza.	*He's a friend in whom I trust.*

When **quien** is the direct object of a verb, it must be preceded by the personal **a; que,** which is preferable, does not require the **a.**

El hombre que (a quien) he visto.

El que (la que, los que, las que)

El que, etc. means he who, the one(s) who, those who[1].

Los que no toman el examen serán suspendidos.	
Dé el dinero al que está sentado.	*Give the money to the one who is seated.*

El cual (la cual, los cuales, las cuales)

El cual and **el que** are substituted for **quien** and **que** in order to avoid ambiguity.

La prima de mi amigo, la cual tiene seis hijos, está siempre cansada.	*My friend's cousin, who has six children, is always tired.*

---

[1] In current usage **el que** may be used like **que: era mi sangre la que corría.**

El cual and **el que**, referring to persons and things, are required instead of **que** or **quien** after long (two or more syllables) prepositions.

Una hora pasó, durante la que (la cual) **fumó cinco cigarillos.**	*An hour went by, during which he smoked* *five cigarettes.*

However, the short prepositions **tras, por,** and **sin** are also followed by the long forms (normally **el cual**) and not **que** to refer to *things*.

Se me olvidaron las llaves sin las cuales **estoy perdido.**	*I forgot my keys without which I am lost.*

Lo que and **lo cual**

Lo que (and not **lo cual**) is the equivalent of the English relative pronoun *what = that which.*

Lo que dices me sorprende.	*What you say surprises me.*
No sé lo que quieres decir.	*I don't know what you mean.*

Both **lo que** and **lo cual** may be used as the equivalent of *which,* when referring back to a whole idea, and not to a specific noun.

Salió sin su abrigo, lo que me preocupa.	*She left without her coat, which worries me.*

C. **Comprensión.** Una las frases con un pronombre relativo.

Ejemplos:

1. Éste es el traje. Lo voy a comprar.
   Éste es el traje que voy a comprar.
2. Vive en un laberinto. Detrás de él está el mar.
   Vive en un laberinto detrás del cual está el mar.

1. Es el médico. Lo necesito.
2. Ésta es mi novia. Hablo de ella todo el tiempo.
3. Dunraven se considera poeta. Tiene treinta años.
4. He perdido mis gafas. No puedo leer sin ellas.
5. Va al cine cada dos dias. Esto no le gusta a su padre.
6. Estoy sentado a la mesa. Delante de ella hay un mapa
7. Es el hermano de mi madre. Aquél viene a vernos hoy.
8. Abenjacán quiere construir un laberinto. Esta idea fue recibida con estupor.

D. Traducir. Traduzca los pronombres relativos entre paréntesis.

1. *(What)* _____ usted propone es imposible.
2. La gramática *(that)* _____ estudio es difícil.
3. Nicolás de Cusa, para *(whom)* _____ toda línea recta es...
4. La telaraña, sin *(which)* _____ no habría solución, ha sugerido el crimen al asesino.
5. Los enemigos de Abenjacán, *(who)* _____ viven en el desierto, se rebelaron.
6. He regido las tribus por muchos años, durante *(which)* _____ las despojé.
7. *(Those who)* _____ rigen como Abenjacán serán castigados.
8. Ustedes comprenden la explicación de Unwin, *(which)* _____ no me sorprende.

A
Selection
of
Poetry

A NOTE ON SPANISH VERSIFICATION

Whereas in English poetry each line has a definite number of metrical feet, the meter of Spanish verse depends upon a definite number of syllables, so that a line is designated as being of eight syllables (octosyllabic), of eleven syllables (hendecasyllabic), etc. As you read or recite poetry, you must be careful to take into account the following:

A. If a word ends in a vowel and precedes another word beginning with a vowel, the two vowels are run together to form one syllable (syneresis):

1 2 3 4 5 6 7

cuando esperamos saber

B. If the word at the end of a line has the stress on the last syllable, like **saber,** an extra syllable is added to the count; thus, the line of poetry shown in (A) is considered to contain not seven syllables but eight.

C. Likewise, if the last word of a line has the stress on the antepenult (third syllable from the end), one syllable is subtracted; thus:

antes de llegar a Córdoba

is counted as an octosyllabic line.

There are two kinds of rhyme in Spanish: *consonance,* which is the identity of the last stressed vowel and any letters that follow it (bes*aba*-brot*aba,* cant*ar*-m*ar),* and *assonance,* which is the identity of the last stressed vowel, and of a following unstressed vowel, if there is one. Any consonants coming after the stressed vowel need not be identical, as they must in the case of consonance. An example of assonance in o would be: **algodón, voz, flor, sol,** etc.; in *e-a:* **vereda, sierras, serena,** etc. With octosyllabic verse, assonance occurs only in the even lines.

Rubén Darío 1867-1916

*T*oward the end of the nineteenth century a new literary school, called modernism, began to take shape in both Spanish America and Spain. Inspired by French poetic doctrines, the modernists sought above all perfection and refinement of form and revealed an exquisiteness and sensuousness of tone, delicate impressionism, and often complete freedom of metrical forms and rhythmic patterns. The poet in whom the innovations were most completely and definitely established was Rubén Darío, often called the leader of modernism. As one critic puts it, Darío opened the door to contemporary Spanish poetry.

Born in Nicaragua, Rubén made journalism his profession, and he spent his adult years as a correspondent for *La nación,* of Buenos Aires. He was thus able to visit and live in many countries, including Spain and the United States.

Rubén Darío's fame rests primarily on three works. *Azul* (1888) is a collection of short stories and some poems, mostly dealing with fantastic and idealistic impressions. In 1896, *Prosas profanas (Non-sacred Poems:* **prosa** was used by some early poets to refer to poems, usually religious in nature, written in Spanish as opposed to Latin) established Darío as the leading exponent of modernism. Some of the characteristic notes in this work are a refined sensuousness, colorful evocations of the exotic past, and verses sculpted with the purity of marble.

In his *Cantos de vida y esperanza* (1905), physical love as a theme of inspiration yields to love and pride of all that is Spanish—race, history, literature, and art. There is optimism, as the title suggests, faith in life , and Christianity. At the same time, the duality of the poet's nature is revealed in poems that express his melancholy, doubt, and pessimism (e.g. *Lo fatal).*

1. Para una cubana

This and the following sonnet, both originally from **Prosas profanas,**
are **sonetos de arte menor,** that is, sonnets in which the verses do not
exceed eight syllables, instead of the customary eleven syllables.

Miré, al sentarme a la mesa
bañado[1] en la luz del día
el retrato de María,
la cubana-japonesa.

El aire acaricia[2] y besa,   5
como un amante lo haría,
la orgullosa bizarría[3]
de la cabellera espesa[4].

Diera un tesoro el Mikado
por sentirse acariciado   10
por princesa tan gentil[5],

Digna[6] de que un gran pintor
la pinte junto a una flor
en un vaso de marfil[7].

---

[1] **bañar** to bathe   [5] **gentil** elegant
[2] **acariciar** to caress   [6] **digna** worthy
[3] **orgullosa bizarría** proud nobility   [7] **marfil** ivory
[4] **cabellera espesa** thick (head of) hair

II. Mía

Note how the simple pronoun mía, because of the feeling with which the poet uses it, becomes so exalted a symbol of possession that it is converted to a proper noun, the name of his beloved.

Mía: así te llamas.
¿Qué más harmonía?
Mía: luz del día;
Mía: rosas, llamas[1].

5   ¿Qué aromas derramas[2]
en el alma mía,.
Si sé que me amas,
¡Oh Mía!, ¡oh Mía!

Tu sexo fundiste[3]
10   con mi sexo fuerte,
fundiendo dos bronces.

Yo, triste; tú, triste...
¿No has de ser, entonces,
Mía hasta la muerte?

---

[1] **llama** flame (of love)
[2] **derramar** to pour out
[3] **fundir** to fuse, to cast (bronze)

III. *Lo fatal* [1]

The pessimism and the torment of the poet expressed in the poem are intensified by the fact that it was written at a time when he had been exalting the world of the senses.

Dichoso[2] el árbol que es apenas sensitivo,
y más la piedra dura, porque ésta ya no siente,
pues no hay dolor más grande que el dolor de ser vivo,
ni mayor pesadumbre que la vida consciente[3].

Ser, y no saber nada, y ser sin rumbo[4] cierto,   5
y el temor de haber sido y un futuro terror...
Y el espanto[5] seguro de estar mañana muerto,
y sufrir por la vida y por la sombra y por

lo que no conocemos y apenas sospechamos,
y la carne que tienta[6] con sus frescos racimos[7]   10
y la tumba que aguarda[8] con sus fúnebres ramos[9],
¡y no saber adónde vamos,
ni de dónde venimos!...,[10]

---

[1] **lo fatal** fatality
[2] **dichoso** happy, fortunate
[3] **consciente** conscious, of the senses
[4] **rumbo** course, direction
[5] **espanto** fear
[6] **tentar** to tempt
[7] **racimos** clusters (of grapes)

[8] **aguardar** to await
[9] **ramos** bunch (of flowers). Note the juxtaposition of the concepts of love and death in these sonorous verses.
[10] In lines 5–13, the accumulative effect of the poet's overwhelming grief is stylistically brought about by the constant repetition of the conjunction *and,* which appears twelve times in these verses.

Federico García Lorca 1899–1936

García Lorca is undoubtedly the most widely known Spanish poet and dramatist of modern times. His brutal and inexplicable murder at the hands of a firing squad on August 19, 1936 (while visiting his home in Andalusia) shocked the entire world and cut off a brilliant future.

Among the plays on which García Lorca's international fame rests are his rural tragedies: *Bodas de sangre* (1933), *Yerma* (1934), and *La casa de Bernarda Alba,* finished shortly before his death. These are intense, powerful, poetic representations of the suffering and frustration of Spanish women.

García Lorca is best known for his mature poetry, which conveys the popular spirit and traditions of Andalusia — the folklore, the gypsies, the bullfighters, the color, the trembling notes of the guitar, the personal tragedy and death. The lament of the gypsy Andalusian music, the "deep song" (**cante jondo**), charged with the atmosphere of blood and death, is hauntingly captured above all in the longer poems of *Romancero gitano (Book of Gypsy Ballads),* 1928.

Lorca's dynamic and dramatic world is revealed to us in a personal style, with bold, experimental images and metaphors flashing with dazzling colors. He creates a new reality that encompasses both the world of the senses and visionary world of his mind expressed in symbols. In the poems that follow, you will find some of these symbols, particularly those for death, a theme which is repeated again and again in his poetry and his dramatic works.

1. Canción de jinete[1]

This very popular poem is charged with mystery and drama. Note that the ending repeats the beginning, and in other poems the first verse serves as a refrain. This obsessive reiteration is a dominant note of the Andalusian "deep song."

Córdoba
Lejana y sola.

   Jaca[2] negra, luna[3] grande,
y aceitunas en mi alforja[4].
Aunque sepa los caminos   5
yo nunca llegaré a Córdoba.

   Por el llano[5], por el viento,
Jaca negra, luna roja.
La muerte me está mirando
desde las torres de Córdoba.   10

   ¡Ay qué camino tan largo!
¡Ay mi jaca valerosa!
¡Ay que la muerte me espera,
antes de llegar a Córdoba!

Córdoba.   15
Lejana y sola.

[1] jinete horseman, rider   [4] aceitunas en mi alforja olives in my saddlebag
[2] jaca pony   [5] llano plain
[3] luna symbol associated with death in Lorca

•Reprinted from Lorca, *Primeras canciones* (Buenos Aires: Editorial Losada, 1951).

11. Sopresa·

Poetry and music blend harmoniously in this poem of tragic intensity.

Muerto se quedó en la calle
con un puñal[1] en el pecho.
No lo conocía nadie.
¡Cómo temblaba el farol[2]!
5   Madre.
¡Cómo temblaba el farolito
de la calle!
Era madrugada[3]. Nadie
pudo asomarse a[4] sus ojos
10   abiertos al duro aire.
Que muerto se quedó en la calle
con un puñal en el pecho
y no lo conocía nadie.

[1] **puñal** dagger
[2] **farol** The street lamp (or its variants) is often found in the poems as a witness to tragedy.
[3] **madrugada** dawn
[4] **asomarse** a to look into

·Reprinted from Lorca, *Poema del cante jondo, Obras completas* (Madrid: Editorial Aguilar, 1957).

III. *Clamor*[1]

You will note in the beginning verses of this poem a "correspondence" or synthesis of color and sound: the bronze of the bells transfers its color tonality to the towers and to the wind, which pick up their sound. Death appears again in this poem, personified as a bride.

En las torres
amarillas
doblan[2] las campanas.
Sobre los vientos
amarillos
se abren las campanadas[3].   5

Por un camino va
la muerte, coronada
de azahares marchitos[4].
Canta y canta   10
una canción
en su vihuela[5] blanca
y canta y canta y canta.

En las torres amarillas.
cesan las campanas.   15
El viento con el polvo
hace proras[6] de plata.

[1] **clamor** knell, toll
[2] **doblar** to toll
[3] **campanada** ringing of a bell
[4] **azahares marchitos** withered orange blossoms
[5] **vihuela** guitar
[6] **prora** (poetic for **proa**, prow) The wind makes silvery prows out of dust.

·Reprinted from Lorca, *Poema del cante jondo, Obras completas* (Madrid: Editorial Aguilar, 1957).

IV. Romance de la luna, luna

A Conchita García Lorca

La luna vino a la fragua[1]
con su polisón de nardos[2].
El niño la mira mira.
El niño la está mirando.
5   En el aire conmovido[3]
mueve la luna sus brazos
y enseña, lúbrica[4] y pura.
sus senos de duro estaño[5].
Huye luna, luna, luna.
10   Si vinieran los gitanos,
harían con tu corazón
collares y anillos blancos.
Niño, déjame que baile.
Cuando vengan los gitanos,
15   te encontrarán sobre el yunque[6]
con los ojillos cerrados.
Huye luna, luna, luna,
que ya siento sus caballos,
Niño, déjame, no pises[7]
20   mi blancor almidonado.

El jinete se acercaba
tocando el tambor del llano[8].
Dentro de la fragua el niño,
tiene los ojos cerrados.

---

[1] **la fragua** forge
[2] **polisón de nardos** her bustle of flowering nard (an aromatic plant)
[3] **conmovido** shaken
[4] **lúbrica** wanton
[5] **senos... estaño** her breasts of hard tin
[6] **el yunque** the anvil
[7] **no pises... almidonado** don't step on me, all starched and white
[8] **tocando... llano** drumming on the plain

·Reprinted from Lorca, *Poema del cante jondo, Obras completas* (Madrid: Editorial Aguilar, 1957).

Por el olivar venían,　　　　　　　　　　　*25*
bronce y sueño[9], los gitanos.
Las cabezas levantadas
y los ojos entornados.[10]

¡Cómo canta la sumaya[11],
¡ay cómo canta en el árbol!　　　　　　　　*30*
Por el cielo va la luna
con un niño de la mano.

Dentro de la fragua lloran,
dando gritos, los gitanos.
El aire la vela, vela[12],　　　　　　　　　　*35*
El aire la está velando.

---

[9] **bronce y sueño**　bronze and dream　　　　[11] **la zumaya**　night owl
[10] **entornados**　half-closed　　　　　　　　　[12] **velar**　to watch; to keep a vigil over

Pablo Neruda 1904 -1973

L ike many other Latin American and Spanish intellectuals, Pablo Neruda combined his vast production of some of the finest poetry of this century with a long career in the Chilean Foreign Service as consul in several foreign countries, including Spain from 1934 to 1936. The effect of the Civil War in the latter country inspired a body of some of his most moving and personal poems. In the five years he spent in the Far East, Neruda expressed his sense of isolation and alienation in what many critics believe to be his most important work, *Residencia en la tierra,* a series of hermetic and surrealistic visions of a disintegrating universe. Later, in 1950, the publication of his monumental *Canto general* was mainly responsible for creating the image of the poet as a politically committed writer, champion of exploited workers and Indians, denouncer of imperialism and defender of socialism.

In the three *Residencia* books, Neruda reveals a bleak, pessimistic world vision; life seems to be dying as the physical world crumbles around us. The poem that follows, from *Residencia II,* well illustrates the poet's despair and his exhaustion over this disintegrating urban landscape, made up of man-made products that are repellent and hostile. Neruda conveys his repugnance with images that are often sharp and violent.

Like his compatriot Gabriela Mistral in 1945, Pablo Neruda received the supreme literary award, the Nobel Prize for Literature, in 1971.

Walking around

Sucede que me canso de ser hombre.
Sucede que entro en las sastrerías[1] y en los cines
marchito[2], impenetrable, como un cisne de fieltro[3]
navegando en un agua de origen y ceniza[4].

El olor de las peluquerías me hace llorar a gritos.   5
Sólo quiero un descanso[5] de piedras o de lana,
sólo quiero no ver establecimientos ni jardines,
ni mercaderías[6], ni anteojos, ni ascensores.

Sucede que me canso de mis pies y mis uñas
y mi pelo y mi sombra.   10
Sucede que me canso de ser hombre.

Sin embargo sería delicioso
asustar a un notario con un lirio cortado
o dar muerte a una monja con un golpe de oreja.
Sería bello   15
ir por las calles con un cuchillo verde
y dando gritos hasta morir de frío.

No quiero seguir siendo raíz[7] en las tinieblas,
vacilante, extendido, tiritando de sueño[8],
hacia abajo, en las tripas mojadas[9] de la tierra,   20
absorbiendo y pensando, comiendo cada día.

No quiero para mí tantas desgracias.
No quiero continuar de[10] raíz y de tumba,
de subterráneo[11] solo, de bodega con muertos,
aterido[12], muriéndome de pena.   25

---

[1] **sastrerías** tailor shops
[2] **marchito** feeling wizened
[3] **cisne de fieltro** a felt swan
[4] **un agua de origen y ceniza** in a sea of causes and ashes
[5] **un descanso de** a rest from
[6] **mercaderías** merchandise
[7] **raíz en las tinieblas** a root in the darkness
[8] **tiritando de sueño** shivering sleepily
[9] **en las tripas mojadas** in the dripping entrails
[10] **de** like a (root or a grave)
[11] **de subterráneo... bodega** alone underground, in a morgue
[12] **aterido** numb with cold

Por eso el día lunes arde como el petróleo
cuando me ve llegar con mi cara de cárcel,
y aúlla en su transcurso[13] como una rueda herida,
y da pasos de sangre caliente hacia la noche.

30   Y me empuja a ciertos rincones, a ciertas casas húmedas,
a hospitales donde los huesos salen por la ventana,
a ciertas zapaterías con olor a vinagre,
a calles espantosas como grietas.[14]

Hay pájaros de color de azufre[15] y horribles intestinos
colgando de las puertas de las casas que odio,
35   hay dentaduras olvidadas en una cafetería,
hay espejos
que debieran haber llorado de vergüenza y espanto,
hay paraguas de todas partes, y venenos y ombligos[16].

Yo paseo con calma, con ojos, con zapatos,
40   con furia, con olvido,
paso, cruzo oficinas y tiendas de ortopedia,
y patios donde hay ropas colgadas de un alambre:[17]
calzoncillos[18], toallas y camisas que lloran
lentas lágrimas sucias.

---

[13] **aúlla en su transcurso** it screeches as it goes
[14] **como grietas** full of cracks
[15] **azufre** sulphur

[16] **ombligos** navels
[17] **alambre** wire
[18] **calzoncillos** underpants, drawers

Gabriela Mistral 1889–1957

G abriela Mistral (pseudonym of Lucila Godoy Alcayaga) was born in a tiny community in northern Chile. Her half-sister and mother saw to her studies and religious education, and as gifted as she was, she early became a school teacher in remote and primitive areas of Chile. She soon established a reputation as an outstanding and progressive teacher, earning many distinctions, such as the Teacher of the Nation Award in 1925. She later served the government in posts all over the world, and in the United States she lectured in several universities and received honorary doctorates from California, Columbia, and Puerto Rico. In addition, she was a delegate to the United Nations, and helped to establish UNICEF. She was living in Long Island, New York, when she died in 1957. The culmination of her brilliant career came in 1945 when she became both the first woman and the first Latin American ever to be awarded the Nobel Prize for Literature.

Perhaps the central theme of Mistral's poetry can be summed up by the word love, love for a particular man, for children, nature, the poor, and for God. We find this broad theme greatly evident in her first book of poems, *Desolación* (1922), inspired by the failure of her only two loves: the first committed suicide, and the second, a young poet, married someone else. The first part of the book expresses eloquently in unadorned language her pain and heartbreaking disillusion. The pervading tone of this passionate book is tragic. Another section of the book contains poems addressed to children, in which Gabriela Mistral transforms, again with passion and love, her frustrated longing for motherhood into tender verses. Examples of these themes will be found in the three selections that follow, all from *Desolación*.

1. *Los sonetos de la muerte*

Del nicho helado en que los hombres[1] te pusieron,
te bajaré a la tierra humilde y soleada.
Que he de dormirme en ella los hombres no supieron,
y que hemos de soñar sobre la misma almohada.

5   Te acostaré en la tierra soleada con una
dulcedumbre de madre para el hijo dormido,
y la tierra ha de hacerse suavidades de cuna[2]
al recibir tu cuerpo de niño dolorido.

Luego iré espolvoreando[3] tierra y polvo de rosas,
10   y en la azulada y leve polvoreda de luna,
los despojos livianos[4] irán quedando presos.
Me alejaré cantando mis venganzas hermosas,
¡porque a ese hondor recóndito[5] la mano de ninguna
bajará a disputarme tu puñado[6] de huesos!

---

[1] **los hombres** unfeeling, depersonalized people (probably pallbearers or grave diggers)
[2] **suavidades de cuna** as soft as a cradle
[3] **espolvorear** to sprinkle
[4] **los despojos livianos** your light (weightless) remains
[5] **hondor recóndito** hidden depth
[6] **tu puñado de huesos** your handful of bones

11. *La espera inútil*

Yo me olvidé que se hizo
ceniza[1] tu pie ligero,
y, como en los buenos tiempos,
salí a encontrarte al sendero[2].

Pasé valle, llano y río   5
y el cantar se me hizo triste.
La tarde volcó[3] su vaso
de luz ¡y tú no viniste!

El sol fue desmenuzando[4]
su ardida y muerta amapola;   10
flecos de niebla temblaron
sobre el campo. ¡Estaba sola!

Al viento otoñal, de un árbol
crujió[5] el blanqueado brazo.
Tuve miedo y te llamé: 15
"¡Amado, apresura el paso!

"Tengo miedo y tengo amor,
¡amado, el paso apresura!"
Iba espesando[6] la noche
y creciendo mi locura.   20

Me olvidé de que te hicieron
sordo para mi clamor[7];
me olvidé de tu silencio
y de tu cárdeno albor[8];

---

[1] **se hizo ceniza** had become ashes
[2] **sendero** path
[3] **volcó** spilled out
[4] **fue desmenuzando** was crumbling to shreds
[5] **crujir** to creak
[6] **Iba espesando** night was closing in
[7] **para mi clamor** to my outcry
[8] **tu cárdeno albor** your livid pallor

²⁵   de tu inerte mano torpe[9]
ya para buscar mi mano;
¡de tus ojos dilatados[10]
del inquirir soberano!

La noche ensanchó[11] su charco
³⁰   de betún; el agorero
buho[12] con la horrible seda
de su ala rasgó el sendero.

No te volveré a llamar
que ya no haces tu jornada;
³⁵   mi desnuda planta[13] sigue,
la tuya está sosegada.

Vano es que acuda[14] a la cita
por los caminos desiertos.
¡No ha de cuajar tu fantasma[15]
⁴⁰   entre mis brazos abiertos!

---

[9] **torpe ya** slow now
[10] **dilatados... soberano** staring wide with the supreme question
[11] **ensanchó su charco de betún** broadened its pool of black pitch

[12] **el agorero buho** the ill-omened owl
[13] **planta** foot (carries on)
[14] **que acuda** that I come
[15] **No ha de cuajar tu fantasma** your ghost will not be brought to life again

III. El niño solo

A Sara Hübner

Como escuchaste un llanto, me paré en el repecho[1]
y me acerqué a la puerta del rancho del camino.[2]
Un niño de ojos dulces me miró desde el lecho[3]
¡y una ternura inmensa me embriagó[4] como un vino!

La madre se tardó, curvada en el barbecho[5];
el niño, al despertar, buscó el pezón[6] de rosa
y rompió en llanto... Yo lo estreché contra el pecho,
y una canción de cuna[7] me subió, temblorosa...

Por la ventana abierta la luna nos miraba.
El niño ya dormía, y la canción bañaba,
como otro resplandor, mi pecho enriquecido...

Y cuando la mujer, trémula, abrió la puerta,
me vería en el rostro tanta ventura cierta[8]
¡que me dejó el infante en los brazos dormido!

5

10

---

[1] **el repecho** steep incline, hill
[2] **rancho del camino** the hut by the road
[3] **el lecho** bed
[4] **embriagar** to intoxicate
[5] **el barbecho** fallow
[6] **el pezón de rosa** pink nipple
[7] **canción de cuna** lullaby
[8] **tanta ventura cierta** such great happiness

SELECTED POEMS

Miguel Hernández 1910-1942

Miguel Hernández was a shepherd boy from a village in southeastern Spain, and for the most part he educated himself, aided by friends and a small library. In 1932, after the appearance of his earliest poems, he went to Madrid, where he became the close friend of Vicente Aleixandre, a great poet of the era, and of Pablo Neruda, the Chilean Consul in Madrid. With the outbreak of the Civil War (1936–1939), Miguel fought with the Republicans against the insurgents, eventually led by General Franco. A year later he married Josefina Manresa, who was the inspiration of most of his love poetry. With the end of the war, Hernández was imprisoned for three years, where he died of tuberculosis when not yet thirty-two.

The horrifying experience of the war and the poet's grief and despondency at being parted from his wife and child explain such themes of his poetry as the frailty of human existence, the agony and anguish of separation, and the imminence of death. The cruelty and, indeed, the bestiality of man in war are depicted in the first poem. In later works there is also love poetry and poems in praise of the poor people of his country, but it is the war poems above all that reveal the heartrending identification of the poet with the suffering of Spain, just as his countryman Goya had done in portraying the disasters of war almost two hundred years before. These war poems are particularly strong and passionate in *Viento del pueblo* (1937) and *El hombre acecha [hunts]* (1937–1939). In his next book of poems, *Cancionero y romancero de ausencias* (1939–1941), the poet speaks with the quieter passion and tenderness of a man nearing his death. The following are poems from each of these three collections.

I. Canción primera

Se ha retirado el campo
al ver abalanzarse[1]
crispadamente al hombre.

¡Qué abismo entre el olivo
y el hombre se descubre!   5

El animal que canta:
el animal que puede
llorar y echar raíces[2]
rememoró sus garras.[3]

Garras que revestía[4]   10
de suavidad y flores,
pero que, al fin, desnuda
en toda su crueldad.

Crepitan[5] en mis manos.
Aparta[6] de ellas, hijo.   15
Estoy dispuesto a hundirlas,
dispuesto a proyectarlas,
sobre tu carne leve.

He regresado al tigre.
Aparta o te destrozo.   20

Hoy el amor es muerte,
y el hombre acecha[7] al hombre.

[1] **al ver abalanzarse...hombre** when it saw man, his body twitching, rush into it.
[2] **echar raíces** sink roots
[3] **rememoró sus garras** remembered his claws
[4] **revestía** that he disguised
[5] **crepitan** they (my claws) snap
[6] **Aparta** (the imperative) Keep away
[7] **acechar** to hunt

II. 18 de julio 1936 - 18 de julio 1938[1]

Es sangre, no granizo[2], lo que azota mis sienes.
Son dos años de sangre: son dos inundaciones.
Sangre de acción solar[3], devoradora vienes,
hasta dejar sin nadie y ahogados los balcones[4].

5   Sangre que es el mejor de los mejores bienes.
Sangre que atesoraba[5] para el amor sus dones.
Vedla enturbiando[6] mares, sobrecogiendo trenes,
desalentando toros donde alentó leones[7].

El tiempo es sangre. El tiempo circula por mis venas.
10   Y ante el reloj y el alba me siento más que herido,
y oigo un chocar de sangres de todos los tamaños[8].

Sangre donde se puede bañar la muerte apenas:
fulgor emocionante[9] que no ha palidecido,
porque lo recogieron mis ojos de mil años[10].

---

[1] **July 18, 1936.** The Civil War was launched on this date by the Nationalist forces to topple the Republican government. Of this momentous date, Hernández wrote: "**frente al movimiento de los militares traidores, entro yo, poeta, y conmigo mi poesía, en el trance** (*critical moment*) **más doloroso, pero más glorioso, al mismo tiempo, de mi vida.**"

[2] **granizo... sienes** not hail that batters my temples

[3] **Sangre... solar** Blood that acts like the sun

[4] **hasta dejar... balcones** until the balconies are left empty and drowned.

[5] **atesoraba... sus dones** stored up its gifts (for love)

[6] **enturbiar, sobrecoger** to stir up; to surprise

[7] **desalentando... leones** wearing down bulls while it heartened lions

[8] **de todos los tamaños** of every shape and size

[9] **fulgor emocionante** a moving brillance

[10] **lo recogieron...años** my eyes, a thousand years old, have given it shelter.

III. "Aunque tú no estás"

Aunque tú no estás, mis ojos
de ti, de todo, están llenos.
No has nacido sólo a un alba[1],
sólo a un ocaso[2] no ha muerto.
El mundo lleno de ti   5
y nutrido el cementerio[3]
de mí, por todas las cosas[4],
de los dos por todo el pueblo[5].
En las calles voy dejando
algo que voy recogiendo: 10
pedazos de vida mía
perdidos desde muy lejos.
Libre soy en la agonía
y encarcelado me veo
en los radiantes umbrales[6],   15
radiantes de nacimientos.
Todo está lleno de mí,
de algo que es tuyo y recuerdo
perdido, pero encontrado
alguna vez, algún tiempo.   20
Tiempo que se queda atrás
decididamente negro,
indeleblemente rojo,
dorado sobre tu cuerpo.
Todo está lleno de ti,   25
traspasado de tu pelo[7]:
de algo que no he conseguido[8]
y que busco entre tus huesos.

---

[1] **sólo a un alba** just for one day
[2] **sólo a un ocaso** just for one nightfall
[3] **nutrido el cementerio** and the cemetery has enough nourishment with me
[4] **por todas las cosas** for all its needs
[5] **de los dos... pueblo** with the two of us it has all the people

[6] **en los radiantes umbrales** by doorsteps full of light
[7] **traspasado de tu pelo** permeated with your hair
[8] **de algo... conseguido** with something out of my reach

Vocabulary

The following are not included in the vocabulary: a small number of easily recognizable cognates; many expressions occurring only once and already translated in a footnote; articles, pronouns, numerals, days and months; most diminutives and adverbs ending in -**mente**; and the feminine forms of most adjectives. Gender is not indicated for masculine nouns ending in -**o**, or for feminine nouns in -**a**, -**dad**, -**ión**, -**tad**, -**tud**.

The following abbreviations are used: *adj.,* adjective; *adv.,* adverb; *coll.,* colloquial; *excl.,* exclamation; *f.,* feminine gender; *inf.,* infinitive; *m.,* masculine gender; *n.,* noun; *prep.,* preposition; *v.,* verb.

A

abajo down, below; *excl.* down with!
abanico fan
abatido dejected
abatimiento depression, dejection
abogado lawyer
abrasar to burn
abrazo hug, embrace
abrigo coat
abrir to open
absorber to absorb
abstraído absorbed
abuelo grandfather
abulia apathy
aburrimiento boredom
aburrir to bore; –**se** to get bored
abusar to go too far, to impose
acabar to finish, to end; –**se** to come to an end
acallar to quiet
acariciar to caress; to love
acaso perhaps; **por** — by chance
aceite *m.* oil
aceituna olive
acelerar to accelerate
acento accent, tone
acera sidewalk
acerca de about, concerning
acercar to bring near, to bring closer (together); –**se a** to approach
acertar to guess right, to be right; — **a** + *inf.* to succeed in; to happen to

aclarar to clear, to make clear
acodar to lean the elbow upon
acomodarse to comply, to adapt oneself
acompañante *m.* companion, attendant
acompañar to accompany
acontecimiento event, happening
acordar to agree; –**se de** to remember
acordeón *m.* accordion
acostar to put to bed; –**se** to go to bed, to lie down
acostumbrar to accustom, to be accustomed
actitud attitude
activar to activate, to expedite
acto act
actriz actress
actual present, at the present time
actualidad present time; **en la** — at the present time
actuar to act
acudir to come, to come up
acuerdo agreement; **estar de** — to agree
adelantarse to move forward
adelante forward, go ahead!; come in!
además besides, moreover
adentro inside
adicional additional
adivinar to guess, to figure out
admirar to admire; to surprise; –**se** to wonder
admitir to admit
adorar to adore
adornar to adorn
adquirir to acquire

advertir to notice, to observe; to advise; to warn

afán *m.* eagerness

afectar to affect

afición fondness, taste, inclination

aficionado fond (of), devoted (to)

afilado sharp

afirmar to affirm, to assert

afligir to afflict, to distress, to grieve

afrenta affront

afueras *f.* outskirts, suburbs

agacharse to squat, to crouch

agarrar to grasp, to seize

agenda notebook

ágil agile

agitar to shake, to stir, to wave

agonizar to be dying

agradar to please

agradecer to be grateful (for), to thank (for)

agregar to add

aguantar to endure, to tolerate

aguardar to await

agudo sharp, acute

agujero hole

ahí there

ahogar to choke, to suffocate; to drown

ahogo *m.* shortness of breath, suffocation; tightness *(of the chest, etc.);* sorrow, affliction

ahora now; **hasta —** see you soon

ahorrar to save

aire *m.* air, importance

ajustar to adjust, to arrange

álamo poplar

alargar to lengthen; to stretch

alarmarse to become alarmed

alba dawn, daybreak

alcance al — de within reach of

alcanzar to reach; **— a** + *inf* to manage to

aldea village

aldeano *adj.* village, rural, county; villager

alegre gay

alegría joy, happiness

alejar to remove to a distance, to put aside

alemán German

alfombra rug

alfombrar to carpet

algo something, somewhat

alguacil officer, constable

alguno some, someone, any

alianza alliance

aliar to ally; **–se** to join, become allied with

aliento breath

alimentar to feed, to nourish

alinear to line up

alivio relief

allá there; **por —** thereabouts, back there; **más — de** beyond

alma soul

almacén store

almendro almond tree

almohada pillow

almorzar to eat lunch

alquilar to rent

alrededor around; **— de** around, about; **a su —** around him; *n.pl.,* outskirts

alterar to alter, to change

alto tall, high; **en lo —** at the top, on top (of); **en —** raised

altozano hillock, knoll

altura height

alumbrar to light, to light up

alumno pupil

alzar to raise, to lift

amable friendly, kind, amiable

amado *m.f.* beloved, loved one

amanecer *m.* dawn, daybreak; **al —** at daybreak; *v.* to dawn

amante lover; *adj.* fond, loving

amar to love

amargar to spoil; to embitter

amargo bitter, dolorous

amargura bitterness

amarillento yellowish

amarillo yellow

amarrar to moor, to tie up

ámbar amber; dark orange-yellow color

ambicionar to be ambitious for, to strive for

ambiente *m.* atmosphere, environment; place, area

amenazar to threaten

amistad friendship

amo master

amonestar to admonish

amor *m.* love

amoroso amorous, loving, affectionate

amplio ample, full

anarquista anarchist

ancho wide

anciano old, ancient

andaluz Andalusian

andar to go, to walk, to travel; to be (healthy)

anécdota anecdote

angosto narrow

ángulo angle, corner

angustia anguish

anhelo yearning, longing

animar to animate, to enliven

ánimo spirit, courage

anormal abnormal

anotar to write down, to make note of

ansia yearning, anxiety, anguish, pain

ansiedad *f.* anxiety, worry

ansioso anxious

ante before

anteayer day before yesterday

antebrazo forearm

anteojos eyeglasses

antes before, rather

anticuado antiquated, obsolete

antiguo ancient, old, former

anunciar to announce; to advertise

añadir to add

año year

apacible peaceful, tender

apaciguar to pacify, soothe

apagar to put out, to extinguish; to soften *(colors)*

aparato apparatus, appliance

aparecer to appear

aparición appearance

apartar to push away, to take aside; — to move away, to withdraw

aparte aside *(remark)*

apenas scarcely, hardly

apetecer to long for

apetito appetite

aplastar to flatten; to crush

aplaudir to applaud

aplazar to postpone

aplicado industrious

apoderar to empower; **–se de** to seize

apogeo peak, height

apoyar to lean; to rest; to help, aid

apreciar to appreciate; to appraise

aprender to learn

apresurado hurried, quick

apretar to squeeze; to press; to tighten

aprieto jamming, crush, difficulty

aprobar to approve

aprovechar to profit by, to make good use of

aproximarse to come near

aptitud aptitude

apurar to empty, to drain; to consume

árabe Arab; Arabic

árbol *m.* tree

arboleda grove

arcaico archaic, old

arder to burn

ardiente burning, ardent

arena sand

argentino silvery

argumentar to argue; to dispute

arma arm, weapon; **— de fuego** firearm

armario closet

arquitecto architect

arrancar to tear away, to pull out

arrastrar to drag

arreglar to adjust; to arrange; to fix

arrepentir to repent; **–se** to repent, to regret

arriba above, upstairs

arrimarse a to lean against

arrodillarse to kneel down

arrojar to throw

arruga wrinkle, crease, fold

arrugar to wrinkle; to crease

arruinar to ruin, to destroy

artesano artisan, laborer

articular to articulate, to utter

artículo article

arzobispado archbishopric

asar to roast

ascensor elevator

ascetismo asceticism

asegurar to assure; to assert

asesinar to murder, to assassinate

asesinato murder

así thus, so; **— que** as soon as, as; so that

asignatura course *(in school curriculum)*

asimismo likewise, also

asir to seize, to grasp; **–se** to take hold

asistir to assist; **— a** to attend

asociar to associate; to take as partner

asomar to show, to stick out, to appear; **–se a** to peep into

asombro fear; amazement; wonder

aspecto aspect, face, look
áspero harsh, rough
aspirante applicant, candidate
aspirar to draw in; to inhale
asunto matter, business, affair
asustado frightened
asustar to frighten; −se to be or become
  frightened
atacar to attack
ataque *m.* attack
atar to tie
atardecer *m.* late afternoon; *v.* to draw
  towards evening
atención attention; llamar — to attract
  attention
atender to attend, to attend to, to take
  care of; to pay attention to
atener to abide, to depend; −se a to abide
  by, to rely on
atento attentive
aterrar to terrify
atónito astounded, amazed
atormentar to torment
atractivo attractiveness, charm
atraer to attract
atrapar to catch
atrás back; hacia — backwards
atravesar to cross, to go through
atrever to dare; −se a + *inf.* to dare to
atrevido bold, daring
atropellar to knock down
atroz atrocious
aturdido amazed, stunned
augurio augury, omen
aun (aún) even, still, yet
aunque although, even though
auricular receiver (phone)
aurora aurora, dawn
ausencia absence
ausente absent
austero austere
autoridad authority, power
auxilio help
avanzar to advance
aventurarse to risk, to take a chance on
avergonzar to shame, to embarrass; −se
  to be ashamed
averiguar to find out, to ascertain
ávidamente avidly

avidez *f.* con — avidly, eagerly
avisar to advise; to inform
avistar to perceive, see
¡ay! alas!; ¡ay de mí! woe is me!
ayer yesterday
azahar *m.* orange flower
azar *m.* chance, hazard; al — at random
azorar to upset, to disturb
azul blue

B

bachillerato secondary school diploma
bahía bay
bailar to dance
bajar to go down; to lower
bajo low; *prep.* under; *adv.* below
bala bullet
balancear to rock, to swing; −se to rock
balcón *m.* balcony, large window
banano banana tree
banco bench
bandeja tray
bandido bandit
bando flock, band
bandolero brigand, robber,
  highwayman
banqueta stool
bañar to bathe, to dip
baño bath
barato cheap
barba beard
bárbaro barbarous, wild
barca boat
barco ship
barranda railing
barricada barricade
barrio suburb, quarter, district
basar to base
bastante enough, rather
bastar to suffice, to be enough
bastón cane, walking stick
bayoneta bayonet
beber to drink
bebida drink
bello beautiful
bendecir to bless
bendito blessed
beneficio benefit

benigno benign, mild
besar to kiss
beso kiss
biblia Bible
biblioteca library
bien well; very; **más —** rather; *m. pl.* riches
bifurcar to fork, to branch
bigote *m.* moustache
billete *m.* bill; ticket
blanco white
blandir to brandish
blandura softness, gentleness
blanquecino whitish
bloquear to block; to stick (tight)
boca mouth
bocado morsel, mouthful
boda marriage, wedding
boicotear to boycot
boina beret
bolsa purse, bag
bolsillo pocket, (small) bag
bombero fireman
bondad kindness, **tener la — (de)** please
bonito pretty
boquiabierto open-mouthed
bordar to embroider
borde *m.* edge, shore
borracho drunk
borrar to erase, to rub out
bosque *m.* forest, woods
bostezar to yawn
botella bottle
botón button; stem (of a watch)
boxeador *m.* boxer
boxear to box
bravo brave, excellent; fierce
brazo arm, bough (tree)
breve brief, small, short
brillante shinning, bright, brilliant
brillar to gleam, to shine
brisa breeze
broma joke, jest
bronce *m.* bronze
bruja witch
brusco brusque, sudden
Bruselas Brussels
brutalidad brutality, stupidity
bruto brute, brutish, stupid, rough

bueno good, fine, O.K., well, then
buey *m.* ox, steer
bufanda scarf, muffler
buque *m.* ship
burgués bourgeois, middle-class
burla ridicule, joke, jest, trick, deception; **hacer burla de** to make fun of
buscar to seek, to look for; **en busca de** in search of
búsqueda search
butaca armchair, easy chair
buzón mailbox, letter-drop

C

cabalgata procession
caballería cavalry
caballero knight, nobleman, gentleman
caballo horse
cabaña cabin, hut
cabellera head of hair
cabello hair
caber to have room for, to fit; to befall; to remain
cabeza head
cabo end; **al —** finally
cada each, every
cadáver *m.* corpse
caer to fall; **–se** to fall down
café *m.* coffee, café
cafetería bar, restaurant
caja box
cajón *m.* chest, drawer, desk
cala cove, inlet
calentar to heat, to warm
cálido warm, hot
caliente warm, hot
callar to be quiet; to keep silent
calle *f.* street
calleja side street, alley
calma calm
calor *m.* heat, warmth
calzada street, road
calzado wearing shoes
calzar to put shoes on
cama bed
cámara camera
camarera waitress
cambiar to change; to exchange

cambio change, exchange; **en —** on the other hand; **a —** in exchange
camello camel
caminar to walk; to move; to go
camino path, road, journey; **— de** on the way to
camisa shirt; **— de dormir** night shirt
campamento camp, encampment
campana bell
campanilla little bell; bell flower
campeón *m.* champion
campesino farmer, peasant
campo field; country, countryside
canción song
caníbal cannibal
cansado tired
cansar to tire; **–se** to be or get tired
cantar to sing; *m.* song
cantidad quantity
cantimplora canteen
cañuela fescue grass
caos *m.* chaos
capa cape
capataz *m.* overseer, foreman
capaz capable
capitán *m.* captain
capricho caprice, whim
cara face
carácter *m.* character
característico characteristic
caramba *excl.* confound it! gracious!
carbón *m.* coal
cárcel *f.* jail
carcelero jailer
carecer to lack
carente lacking
carga load, burden; cargo
cargar to load, to carry
cargo cargo, blame, charge
caricia caress; **hacer caricias** to pat
cariciar (acariciar) to love; to caress
caridad charity, love
cariño love, affection
carne *f.* meat, flesh
caro dear, expensive
carrera race, course, career, road, running
carretera highway, road
carro cart, carriage; car (Amer.); tank
carta letter, playing card
cartera wallet; briefcase; bag

cartero mailman, postal clerk
casa house, firm
casar to marry; **–se** to marry, to get married
casi almost
caso case, thing, situation; **hacer — a** to heed, to pay attention to
castigo punishment
castillo castle
casualidad chance; **por —** by chance
caudillo leader, chief
causa cause; **a — de** because of
causar to cause
cauteloso careful
cautivo captive
cazar to hunt
cebolla onion
ceder to yield
cegador blinding
cegar to blind
celebrar to celebrate; to welcome; to be glad
celos *m.pl.* jealousy; **tener —** to be jealous
celoso jealous
cementerio cemetery
cemento cement, concrete
cena supper
cenicero ashtray
censo census
centavo cent
céntimo cent *(one hundredth of a peseta)*
céntrico downtown, centric
cepillo brush
cerca near, nearby; **— de** near, close to; closely
cercano near, close
cerco fence; hoop, circle
cerradura lock, bolt
cerrar to close
certero sure, acurate, certain
certeza certainty
Cervantes (1547–1616) creator of *Don Quijote*
cerveza beer
cesar to cease, stop; **— de + *inf*** to stop (doing something)
chaleco vest
champaña champagne; **vino de —** champagne
chaqueta jacket
charlar to chat, to talk

chico child, youngster, lad; *coll.* "old boy"; *adj.* small
chillar to shriek
chimenea chimney, fireplace
chismorrear to gossip
chispa spark
chocar to shock; —**con** to collide
chófer *m.* driver
chorro stream; gush
churro fritter
cicatriz *f.* scar
ciego blind; blind person
cien (ciento) hundred
ciencia science, knowledge; **a — cierta** with certainty
cierto sure, certain; **por —** surely; **de —** certainly
cifra cipher, figure
cinto belt
cintura waist
cinturón *m.* belt
círculo circle
cita reference, quotation; appointment
ciudad city
ciudadano citizen
clamar to exclaim, to cry out
clarear to light, to give light to
claro clear, bright, light (in color); obvious, of course; **a las claras** clearly
clase *f.* class, kind
clavar to stick, to nail
cliente *m.* client, customer
clientela clientele, customers
clima *m.* climate, weather
cobarde coward
cobrar to collect; to recover
coche *m.* car, automobile
coche-cama *m.* sleeping car (train)
cochino dirty, filthy
cocina kitchen, cuisine
codiciar to covet
codo elbow
coger to pick; to seize, to grasp; to take; to come upon
coincidir to coincide; to meet
cojear to limp
coleccionista *m.* collector
colegio school
cólera anger
colgado hanging

colgar to hang
colmar to heap up; to fill
colocar to place, to put
colonia colony
colorado red
collar *m.* necklace
combate *m.* combat
combatir to combat, to fight
comedor dining room
comentario commentary
comenzar to begin
comer to eat
comercio trade, commerce
cometer to commit
cómico comical, ludicrous
comida meal, food
comienzo beginning
como like, as, as if, **¿cómo?** how?; **¡cómo!** what!
compañero companion, friend, schoolmate
compañía company, society
comparar to compare
compasión compassion, sympathy
compatriota compatriot; countryman
competir to compete
complacer to please, to humor
completo complete; **por —** completely
complicar to complicate
comportar to tolerate; **–se** conduct oneself, to act
comprar to buy
comprender to understand
comprobar to check, verify
común common
comunicar to communicate
concebir to conceive
conceder to grant
concentrar to concentrate
conciencia conscience, consciousness, awareness; **a —** willingly
concluir to conclude
concretar to make concrete; to explain
concurrir to gather; to come together
concurso contest
condena sentence
condenar to condemn, to damn; to convict
condición condition, state, status
conducir to lead, to conduct; to drive
confesar to confess

confiado trustworthy, confiding
confianza confidence
confiar to entrust
confundir to confuse
congelarse to congeal; to freeze
congregar to gather together
conjunto whole, aggregate; *adj.* united, connected
conmovido moved, stirred
cono cone
conocedor (de) expert in, familiar with; *m.* connoisseur, expert
conocer to know; to distinguish
conocimiento knowledge; consciousness
conque and so, so then
conquista conquest
consagrar to consecrate
consciente conscious
consecuencia consequence
conseguir to obtain, to get
consejo advice; council
consentir to consent; — **en** to consent to
conservar to conserve, to keep
considerar to consider
constante constant
constar to consist
constituir to constitute; to establish
constructor *m.* builder
consultar to consult; to advise
consumar to consummate
consumición a drink, food
contar to count; to relate, to tell
contemplar to contemplate; to witness, to see
contener to contain
contestar to answer
continuar to continue
continuo continuous; **de** — continuously
contra against, versus
contrabando contraband, smuggling
contraer to contract
contrariar to annoy; to contradict
contrario contrary, opposite; **de lo** — on the contrary
contribuir to contribute
convaleciente convalescent
convencer to convince
conveniente suitable, fit, advantageous
conversar to converse

convertir to convert
convidar to invite
copa cup, drink, glass, treetop
copiar to copy, to imitate
copla ballad, popular song
copo flake
coquetear to flirt
corazón *m.* heart
corbata tie
cordón *m.* shoelace
coro chorus
coronar to crown; to cap
coronel *m.* colonel
corredor *m.* hall, corridor
corregir to correct
correo mail; **echar al** — to mail
correr to run; to travel; — **mucho mundo** to travel a lot
corrida course, race; — **de toros** bullfight
corriente *adj.* common, ordinary; running; *f.* current, stream; **estar al** — **de** to know, to keep up with
corro circle, ring
cortar to cut
corte *f.* court
corto short
cosa thing; — **de** about
cosecha harvest
costa cost; coast, shore
costado side
costar to cost
costumbre *f.* custom, habit; **de** — usual
crear to create
crecer to grow, to increase
crecido large, big, full-fledged
creer to believe; to think
creíble credible, believable
creyente believer
crepúsculo twilight, dusk
criada servant, maid
criar to raise, bring up
criatura creature; infant
crimen *m.* crime
cristal *m.* crystal, pane of glass, mirror, eyeglass
cristiano Christian
Cristo Christ
crítico critic; *adj.* critical

crónica chronicle; article
cruz *f.* cross
cruzar to cross; to crossbreed
cuaderno notebook
cuadra stable; (city) block
cuadro painting, portrait
cuajar to take shape
cual like, as, as if
cualidad quality
cualquiera some, any; anyone
cuando when; **de — en —** , **de vez en —** from time to time
cuanto as much as, whatever, all that which; *(plural)* those who; **en —** as soon as; **unos cuantos** some few; **en — a** as for, with regard to
cuartear to quarter; to split
cuarto room; quarter
cubano Cuban
cubierta cover; deck (of a ship)
cubierto covered
cubrir to cover
cucaracha cockroach
cucharilla teaspoon
cuchillo knife
cuello neck, collar
cuenta bill, account; bead, **darse — de** to realize
cuento short story
cuerda string, rope; spring (of a watch)
cuerno horn
cuero leather, rawhide
cuerpo body; corps
cuidado care; **con —** carefully
cuidar to be careful, to take care (of)
culebra snake
culpa fault, guilt; **echar la — a** to blame
culpable guilty, blamable
cultivar to cultivate
culto cult
cultura culture
cumplir to execute; to fulfill
cura cure, care; *m.* priest
curar to cure, to heal; to recover
curiosidad curiosity; **tener —** to be curious
curso course

D

dama lady
Danubio Danube river
dañar to injure, to harm
daño *m.* injury, harm
dar to give; to strike *(the hour);* **— con** to come upon; **–se** to occur; **— a** to face
data fact; datum
debajo de beneath, under
deber to owe; to have to; *n.,* duty
debido just, reasonable, proper
débil weak
decidir to decide; **–se** to decide, to be determined
decisivo decisive
declinación fall
dedicar to devote; to dedicate
dedo finger
defender to defend
defensa defense
definir to define
defraudar to disappoint, to cheat
dejar to leave, to abandon; **–se** to allow oneself; **— de +** *inf.* to cease, to stop; **no — de +** *inf.* to not fail to; **— plantado** to jilt
delantal *m.* apron
delante before, in front; **por — de** in front of; **— de (a)** in front of
delgado thin, slender
delicioso delicious, delightful,
demás other, rest of; **lo —** the rest
demasía excess; **en —** too much, excessively
demasiado too, too much
demócrata democratic
demorar to delay; to linger
demostrar to demonstrate, prove; to teach
denotar to denote, to indicate
dentro inside, within; **de —** inside (of)
denunciar to denounce, accuse; to report (a crime)
departamento apartment
depender (de) to depend (on)
derecha right hand, right side; **a la —** to the right, on the right
derecho right, straight; *m.* right, privilege
derivar to derive
derramar to pour out, to scatter, to spill

derribar　to bear down (on), demolish, knock down

derrota　defeat

derrumbar　to crumble, to collapse

desacuerdo　discord, disagreement

desafiar　to challenge, to defy

desagradable　disagreeable

desagrado　displeasure

desahogo　unburdening, relief

desaire *m.*　rebuff, snub

desaparecer　to disappear

desarrollo　development

desayunar　to breakfast; –se to have breakfast

descalzo　barefoot

descansar　to rest

descender　to descend

descolgar　to take down

desconcertar　to disconcert, to disturb

desconfianza　distrust

desconfiar (de)　to distrust, to doubt, to suspect

desconocer　not to know, not to recognize

desconocido　unknown; unknown person

descontar　to discount; to deduct

descreído　disbelieved

descubrir　to discover, to uncover; –se to take off one's hat

desde　since, from, after; — **que** since

desdén *m.*　disdain, scorn

desdentado　toothless

desdichado　wretch, unfortunate person

desear　to want, to desire

desempeñar　to fulfill, carry out

desengaño　disappointment

desesperarse　to despair

desespero　despair; impatience

desfilar　to march, to file by

desgracia　misfortune, disgrace; **por —** unfortunately

desgraciado　unfortunate, unlucky

deshacer　to undo, to destroy

deshojar　to tear leaves off or out

desierto　deserted; *m.* desert

deslumbrar　to dazzle

desmán *m.*　excess, mishap

desnudar　to undress, to bare

desnudo　naked, bare

despacho　office, study

despacio　slow, slowly; **despacito** (**dim.**) very slowly

despacioso　sluggish, slow

despedirse　to leave, to say goodbye

despertar　to awake; –se to wake up

despreciar　to despise; to scorn; to rebuff

desprecio　scorn; contempt

desprender　to loosen; to come forth

despreocupado　unworried, unconcerned

después　after, later

destacar(se)　to stand out

destello　sparkle, flash

destino　destiny, fate

destrozar　to destroy, to break to pieces, to shatter

desván *m.*　attic, garret

desvelo　wakefulness (because of anxiety, concern, etc.), torment

desventura　misfortune

detalle *m.*　detail

detener　to stop, to hold back, to check; –se to stop

determinado　definite, specific

detrás de　behind

deuda　debt

devastador　devastating, crushing

devoción　devotion

devolver　to return

devoto　devout, devoted

día *m.*　day; **de —** in the daytime

diablo　devil

diálogo　dialogue

diamante *m.*　diamond

dibujo　drawing, portrayal

dicha　happiness, good fortune

dicho　saying

dichoso　happy, fortunate

diente *m.*　tooth

dificultar　to make diffficult

difuso　diffused

digno　worthy

diluirse　to dissolve, dilute

Dios *m.*　God; **por —**, **Dios mío** for heaven's sake, goodness, etc.

dirección　address; direction

director *m.*　director, editor, manager

dirigir　to turn, to direct; –se to go

discípulo　disciple, pupil

disco　record

discurso discourse, speech
disculpar to excuse, pardon; **–se** to apologize
disgusto displeasure, annoyance
disminuir to diminish
disparar to shoot, to fire (a gun)
disparo shot (of a gun)
dispensario dispensary
disperso dispersed, scattered
displicente disagreeable, peevish
disponer to dispose, to prepare
disputar to dispute, to debate; to argue over
distinguir to distinguish; **–se** to be different
distraer to distract; **–se** to amuse oneself
distraído absent-minded
diván *m.* sofa, divan
diverso different, varied
divertido amusing
divertir to amuse; **–se** to have a good time
divino divine
doblar to turn *(a corner);* to fold, to bend
docena dozen
dócil docile
documental *m.* documentary film
doler to hurt, to grieve; **–se** to be sorry, to be distressed
dolor *m.* pain, grief; **— de cabeza** headache
dolorido sorrowful, painful
doloroso painful, pitiful
domicilio residence
dominar to dominate, to control
domingo Sunday
dominio dominion, self-control
donde where
dormir to sleep
dormitar to doze
dorso back
drama *m.* play, drama
duda doubt
dueño(-a) owner, proprietor
dulce sweet, gentle, pleasant, soft
dulcedumbre *f.* sweetness, gentleness
dulcificar to soften
dulzura sweetness, gentleness
durar to last
dureza harshness, hardness
duro hard, harsh; *m.* coin worth five pesetas

E

ea *excl.* hey!
echar to throw, to hurl, to lie down; **echarle a uno en cara** to accuse, reproach; **— a** to start to, to begin; **— al correo** to mail
eco echo
edad *f.* age; era, epoch
edén *m.* Eden *(biblical and figurative)*
edificio building, edifice
efectivamente really, actually
efecto effect; **en —** indeed, as a matter of fact
eficacia effectiveness
eficaz effective
ejemplar *m.* copy *(of book)*
ejemplo example; **por —** for example
ejercer to exercise
ejercicio exercise
ejercitar to practice; to exercise
ejército army
elaborado elaborated, wrought
elegir to choose, to elect
elevar to elevate; **–se** to rise, to ascend
emancipar to emancipate, to free
embajador *m.* ambassador
embargo embargo, restriction; **sin —** nevertheless
emborrachar to intoxicate, to get drunk
embustero liar
emoción emotion
emotivo emotive, emotional
empedrado paved
empeñarse (en) to insist (on)
empezar to begin
empleado employee, clerk
emplear to employ; to use
empleo use; job
empujar to push, to impel
enamorado *m.* lover, suitor
enamorar to enamor, to inspire love in
encaje *m.* lace; inlay
encantador enchanting, charming
encantar to delight, charm
encanto charm, fascination, delight
encargar to entrust, to order; **–se de** to take charge of, to be entrusted with
encarnado red; **ponerse —** to blush

encender to light
encendido bright, inflamed red
encerrar to shut in, to lock up, to confine
encierro confinement, prison
encima above; **por — de** over; in addition
encontrar to find
encuentro meeting, encounter
endeble feeble, weak
enderezar to straighten
enemigo enemy
enérgicamente energetically
enfadar to annoy, to anger; **–se** to get angry
enfermar to get sick
enfermedad sickness, illness
enfocar to focus
enfrentar to face
enfrente in front, opposite; **de —** opposite
enfurecido enraged
engañar to deceive, to cheat
engaño deceit, fraud, mistake
enjugar to dry
enloquecer to drive crazy, to madden
enmienda correction, amends
enojado cross, angry
enrojecer to redden, to blush; **–se** to turn red
enrollar to roll up, to wind
ensalada salad
ensayo essay
enseñanza teaching, instruction, education
enseñar to teach; to show
ensombrecer to darken; **–se** to become sad, to grow dark
ensueño dream, daydream
entender to understand; to believe; **–se con** to get along with, to get to know
enternecimiento pity, compassion
enterar to inform, to acquaint, to advise; **–se** to find out, to become aware
entero entire, whole
enterrar to bury
entonces then; **para —** by that time; **en ese —** at that time
entrada entrance; admission ticket
entrañas entrails
entrar to go in, to enter
entre between, among
entreabrir to open partly
entregar to deliver, to hand over

entrever to glimpse; to suspect
entristecer to sadden; **–se** to become sad
enviar to send
envidia envy
envidiable enviable
envidioso envious
envolver to wrap; to wrap up
época epoch, era
equivocación mistake
equivocarse to be mistaken, to make a mistake
erigir to raise
errabundo wandering
errante wandering, roving
errar to wander
escalar to climb, to scale
escalera stairway, stair, ladder
escalón *m.* step, rung
escandalizar to scandalize, offend, shock; **por —** for creating a disturbance
escándalo noise, uproar
escapar to save, to escape; **-se a** to escape from *(a person)*
escaso scant, scarce, few
escena scene, incident, episode
escoger to choose, select
esconder to hide, to conceal
escondrijo hiding place
escribir to write; **— a máquina** to type
escritor *m.* writer
escritorio writing desk
escrupuloso scrupulous
escrutar to scrutinize
escuchar to listen to
escudo coat of arms, escutcheon
escuela school
esforzar to strive
esfuerzo effort
esmeralda emerald
eso that; **— de** that business (matter) of; **— de** about
espacio space
espada sword
espalda back
espanto fear
espantoso fearful, frightful
especialidad specialty
especie kind, sort, species
espectáculo spectacle

espectador *m.* spectator
espejo mirror
esperanza hope
esperar to hope; to wait; to expect
espeso thick
espiar to spy; to be on the lookout for
espíritu *m.* spirit, ghost
espuela spur
espuma foam
esquina corner
estabilidad stability
establecer to establish
establecimiento establishment; place of
  business
estación station, season
estacionar to park *(a car)*; –se to park
estadística statistics
estado state
estafar to defraud, to cheat
estancia ranch; stay; room
estar to be; — por to be in favor of
estatua statue
estilo style
estimular to stimulate
estirar to stretch (out)
estómago stomach
estorbar to hinder, to obstruct
estrechar to tighten; to hug, to squeeze
estrecho narrow, close
estrella star
estremecer to shake, tremble
estrépito din, deafening noise
estridente strident
estrofa stanza
estudiante student
estudio study
estupefacto dumbfounded, stupefied
estupidez *f.* stupidity
estúpido stupid
estupor *m.* stupor, amazement, dumb-
  foundedness
eufórico euphoric, feeling good
evanescente disappearing, like vapor
evitar to avoid; to prevent
evocador evocative
exacto exact, faithful, complete
exagerar to exaggerate
exasperar to exasperate
excesivo excessive

excitar to arouse, to excite
exigir to require, to demand
existir to exist
éxito end, success
experiencia experience, experiment
explicación explanation
explicar to explain
explotar to exploit
expulsar to expel, to expulse, to drive out
exquisito exquisite, excellent
éxtasis *m.* ecstasy, rapture
extender to stretch out; to spread
externo external, outside
extinción extinction
extranjero foreign, foreigner; por el —
  abroad
extraño strange, rare
extravagante foolish, wild, extravagant
extremado extreme, excessive

F

facción feature *(facial)*
fácil easy, loose, wanton
falda skirt, fold, slope
fallecer to die
falso false
falta lack, mistake; hacer — to need, to
  be necessary
faltar to need, to lack; ¡no faltaba más!
  That's the limit! The very idea!
fama fame, reputation
familiar domestic, homelike, familiar,
  plain; *n. m.* member of a family
fanatismo fanaticism
fantasma *m.* phantom, ghost
farmacia pharmacy, drugstore
farol *m.* street lamp
farsa farce, absurdity
fascinar to fascinate
fase *f.* phase
fastidiar to annoy; to bore; to trouble
fatalista fatalist, fatalistic
fatigado fatigued, tired
fe *f.* faith
febril feverish
felicidad happiness
felicitar to congratulate
feliz happy

fenómeno phenomenon
feo ugly
feria fair; market; deal, agreement
feroz ferocious
ferrocarril *m.* railroad, railway
fértil fertile
fiebre *f.* fever
fiel faithful
fiera wild animal
fiereza fierceness
fiesta feast, festival, festivity, celebration
figura figure, face, countenance
figurar to figure; to represent; **–se** to imagine
fijarse to imagine — **en** to notice
fijo fixed
fila row, line
filósofo philosopher
fin *m.* end; **al —** finally; **por —** finally; **al — y al cabo** after all
final *m.* end
finca property, farm
fino fine, delicate, thin, slender
firma signature
firme firm, hard
fisionómico facial
flaco weak, thin
fleco flecks
flecha arrow
flor *f.* flower, blossom; **en —** in bloom
florecer to flower, to bloom
florido flowery, elegant
flotar to float
follaje foliage, leaves
fondo back, depth, bottom, background
forastero outsider, stranger
forma form, way
forzar to break open; to force
fósforo match
fotografía photograph; **hacer —** to photograph
fotógrafo photographer
fracaso failure, collapse
frágil fragile, frail
francés French, Frenchman
franco frank, open
frasco bottle, flask
frase *f.* phrase, sentence
fraternidad fraternity

fray brother *(religious)*
frecuente frequent
freír to fry
frente *f.* forehead; brain **— a —** face to face; **— a** in front of
fresco fresh, cool; *n.* fresh air, coolness
frotar to rub
frustrar to frustrate, to thwart
fuego fire
fuelle *m.* bellows
fuente *f.* fountain
fuera out, outside; **de —** outside; **por —** on the outside
fuerte strong, severe
fuerza force, strength, power; **a — de** by dint of
fugar to flee
fugitivo fugitive, fleeting
fulgor *m.* brilliance, flash
fumar to smoke
función function; show, performance
funcionar to function, to work
fundir to fuse, to blend, to unite; to cast *(metal)*
fúnebre funereal, gloomy
fusil *m.* gun

G

gabardina gabardine; raincoat
gabinete cabinet; study
gafas eye glasses
galería hall
gallina hen; *m.f.* a chickenhearted person
galopar to gallop (a horse)
gana desire; **tener ganas de** + *inf.* to feel like
ganancia gain, advantage
ganar to gain; to win; to make *(money)*
garaje garage
garganta throat
gastar to spend; to waste; to wear out
gato cat
gemido moan
género kind, sort, genre
genio temperament, genius, talent
gente *f.* people, servants, retinue
gesto grimace, gesture
gigante giant; gigantic
gitano gypsy

gobierno government
golondrina swallow
golpe *m.* knock, blow; **golpecito** (dim.)
  tap de un — suddenly
golpear to hit, strike; to pound
gordo fat, greasy, coarse; *n.* first prize
gorra cap
gorrión *m.* sparrow
gota drop
gozar to enjoy; — **de** to enjoy
grabar to engrave
gracia gracefulness, elegance, graciousness;
  charm
gracioso attractive, witty, amusing,
  charming
grande big, large, great; *n.* grandee
granizo hail
grato pleasing
grave grave, serious
gris gray
gritar to cry out, to shout, to scream
griterío shouting
grueso thick, heavy, big
guapo pretty; handsome
guardar to keep; to hide
guardia *m.* guard, policeman de — on
  guard duty
guerrero warrior, soldier
guía guide; — **de teléfonos** telephone
  directory
guiar to guide
guisar to cook
guitarra guitar
gustar to be pleasing
gusto pleasure, taste; **a** — to one's liking,
  at ease

H

haber to have; **hay, había, hubo,** etc. there
  is (are), there was (were), etc.; — **que** +
  inf. to be necessary (impersonal); — **de**+
  inf. to be (supposed) to; **he aquí** here is,
  this is; **no hay de qué** you're welcome
hábil clever, skillful, able
habitación room
habitante *m.f.* inhabitant
habitar to inhabit, live in; to occupy
habladuría gossip, rumor

hace ago
hacer to do, to make; — **de** to act as, to
  play (a role); **–se** to become; **hacérsele a**
  uno to seem ... to one; — **noche** to
  spend the night
hacia to, toward
hambre *f.* hunger pasar — to go hungry
hartar to gratify, to satisfy
hasta *adv.* even; *prep.* until till, to, up to
hay there is (are); **¿qué** — ? What's the
  matter?
he aquí here is, behold
hechicero bewitching, enchanting
hechizar to bewitch, cast a spell on; to
  enchant, delight
hecho fact, deed, event
helado icy
helar to freeze
helecho fern
henar *m.* hayfield
heredar to inherit
herencia heritage
herir to hurt, to wound
hermoso beautiful
héroe *m.* hero
heroico heroic
hierro iron
hígado liver
hija daughter, child
hilo thread; trickle
hinchar to swell
hinojos de — on one's knees
hipnotizar to hypnotize
hipócrita hypocritical; *m.f.* hypocrite
historia history, story
hocico snout, nose *(animal)*
hogar *m.* hearth, home, house
hoja leaf, blade; page, sheet of paper
¡hola! hello! also, a shout to draw someone's attention
hombro shoulder
honrar to honor
hora hour; **a primera** — very early
horno oven
horroroso horrid, horrible
hospitalario hospitable
hostil hostile
huerta vegetable garden
huerto orchard, garden

hueso bone
huésped *m. f.* guest; lodger; host
huevo egg
huir to flee
humanidad humanity
humedecer to moisten, dampen
húmedo wet, damp
humilde humble
humillar to humiliate, to humble
humo smoke
hundir to sink; to overwhelm; to destroy

I

idioma *m.* language, dialect
iglesia church
ignominia ignominy
ignorar to be ignorant of, not to know
igual equal, same; — **que** like; **de** — **a**— as equal(s)
igualar to equalize, to make equal
igualdad equality
iluminado lighted
ilustre distinguished, illustrious
imitar to imitate
impacientarse to grow impatient
impedir to prevent, to hinder
imperativo imperative, dictatorial
impertinencia impertinence
importar to be important, to matter
impregnar to impregnate, saturate
impresión impression, idea
impresionar to make an impression; to impress
impulso impulse, movement
inasequible inaccessible
incapaz incapable
incendio fire
incertidumbre *f.* uncertainty
inclinar to incline; to bow; to slope; to induce
incluso *adv.* even, besides, including
incómodo uncomfortable
incomprensión incomprehension
inconveniente *m.* obstacle, difficulty; **tener** — **en** to object, to mind
incorporación association
incorporarse to sit up; — **a** to join
increíble incredible

incrustar to incrust
inculpar to blame, to accuse
indeciso undecided
indefectible unfailing, indefectible
indemnización indemnity
índice *m.* index finger; index
indigno unworthy, contemptible
indio Indian
inequívoco unequivocal, unambiguous
inescrutable inscrutable
inesperado unexpected
inexplicable unexplainable, inexplicable
infantil infantile, childlike
infeliz unfortunate, unhappy; *n.* poor soul, wretch
inferior inferior, lower
infierno hell
infinito infinite
influir to influence; — **en** to have an influence on
información information, report investigation
informar to inform, to advise; to report
ingenio talent, skill
ingenuidad ingenuousness
Inglaterra England
inglés Englishman
ingratitud ungratefulness
inmensidad immensity, infinity
inmóvil motionless
inquietar to disturb, worry
inseguro uncertain, shaky
insinuar to insinuate; to interrupt
insistir to insist
inspirar to inspire, to instill; –**se en** to be inspired by
instigador *m.* instigator
instinto instinct
instruir to instruct
insultar to insult
inteligencia intelligence, understanding
intenso intense, deep
intentar to attempt; to try, to intend
intento intent, purpose; attempt
interesar to interest; –**se** to be interested in
interpretar to interpret; to play
interrogar to interrogate, to ask
intervenir to intervene
interrumpir to interrupt

íntimo intimate
introducir to introduce; to lead in
inundación flood, inundation
investigación investigation
inútil unless
invadir to invade
inventar to invent
invierno winter
ir to go; ¡vamos! come on, let's see; no les va bien things aren't going well with them; — de visita to pay a visit
ira anger
ironía irony
irreal unreal
irritado irritated, irritable
irrumpir to burst in
isla island
izquierdo left; a la izquierda to the left, on the left

J

jabón *m.* soap
jaca pony
jamás ever, never
japonés –esa Japanese
jardín *m.* garden
jefe *m.* chief
jinete *m.* horseman. rider
jornada day's journey, walk
joven young
joya jewel
judío Jewish; *m.* Jew
juego game
juez *m.* judge
jugar to play; –se to gamble, to risk
juicio judgment, wisdom
juntar to join, to bring together, to gather up
junto next; joined, united
jurar to swear
justificar to justify
justo just; exact, correct
juvenil juvenile, youthful
juventud *f.* youth

L

laberinto labyrinth
labio lip

ladear to tilt; to lean
lado side, direction; de un — on the one hand
ladrar to bark
ladrillo brick
lago lake
lágrima tear
lamentable lamentable
lamentarse to lament, to wail
lamer to lick
lance *m.* critical moment, incident, episode, event
lancha barge, launch
lanzar to throw; to hurl; –se to dash
lapicero pencil holder
largo long, abundant; a lo — de through, in the course of; pasar — to pass along
lástima pity; es — it's a pity
latido beat, throb
latino Latin
latir to beat
lavabo washroom, lavatory
lavar to wash
lector reader
lectura reading
leer to read
lejano distant
lejos far off; a lo — in the distance
lengua language, tongue
lenguaje *m.* language, idiom, speech
lente *m. f.* lens
lento slow
león *m.* lion
letra letter, handwriting
levantar to raise; –se to get up
leve light, slight
libertad liberty, freedom
librar to free, liberate
librería bookstore
librero bookseller
ligar to tie
ligero light, slight
lila lilac
limpiabotas shoeshine boy (man)
limpiar to clean
límpido limpid
limpio clean, pure; *m.* a (shoe) shine
linaje *m.* lineage, offspring

lindo pretty
línea line
lirio iris, lily
listo ready, clever
literario literary
llama flame
llamar to call; to knock
llanto weeping, crying
llanura plain
llave *f.* key
llegada arrival
llegar to arrive; — **a** + *inf.* to get to, to succeed in
llenar to fill; to satisfy
lleno full
llevar to carry, to take, to keep, to wear *(clothes);* –**se** to get along; to take away; — **a cabo** to carry out
llorar to cry
llover to rain
lluvia rain
litro liter
lo de the matter of
lobo wolf
lóbulo lobe, lobula
local *m.* place, premises
localizar to localize; to locate
loco mad
locura madness
lodo mud
lógica logic
lograr to get, to obtain; to succeed
Londres London
lotería lottery
luchar to struggle; to fight
lucir to shine
luego then, well then, next, soon, afterward; — **que** as soon as; **desde** — of course, naturally
lugar *m.* place; **tener** — to take place; **en primer** — first, in the first place
lujo luxury; **de** — luxurious, deluxe
luminoso luminous
luna moon
luz *f.* light, learning

M

machete *m.* machete; cane knife
macizo flower bed, clump, mass

madera wood, timber, lumber
madrugada dawn
maduro mature
maestro teacher, master
magnate magnate
magnífico magnificent
majestuoso majestic
mal badly; *m.* evil, harm, wrong
maldito cursed
malentendido misunderstanding
malgastar to spoil, ruin
malhumorado ill-humored, peeved
malo bad
maltratar to mistreat
mamar to suck, to nurse
manchar to spot, to stain
mandar to order, to send
mandato mandate, command
manejar to manage; to handle
manera manner, way; **de una** — in a way; **a** — **de** like
manía mania, fixed idea
mano *f.* hand; **darse la** — to shake hands
manojo bunch
manosear to finger, to handle
manso gentle, tamer, soft
manta blanket
mantener to maintain, to keep; –**se** to stay, to keep
manto cloak, mantle
mantón *m.* shawl
mañana morning, tomorrow; **muy de** — very early
máquina machine, typewriter; — **de escribir** typewriter; **por** — mechanically; — **fotográfica** camera
maravilla wonder, marvel; **hacer maravilla** to do wonders
maravilloso marvelous, wonderful
marcar to mark; to stress
marcha walk, step, march; departure; **poner en** — to start to go
marchar to go; to run; –**se** to go, to leave
mareo seasickness, dizziness
marfil *m.* ivory
margen *m.* edge, border
marido husband
mármol marble
mas but

más more; **— bien** rather; **por — que** + *subjunctive* no matter how much; **no... — que** only

masa mass, common people

máscara mask

mascullar to mumble

materia matter; material; subject

material material, physical

matrimonio marriage; married couple

mayor greater, greatest

mayoría majority

mecánico mechanical

mecer to swing; to rock

mediano moderate, medium

medianoche *f.* midnight

médico doctor

medio means, way, environment, half, middle, midway; **por —** in between

mediodía noon

meditación meditation

meditar to meditate

mejilla cheek

mejoría improvement

melancólico sad, melancholy

melífluo mellifluent

mencionar to mention

mendigo beggar

menor least; minor

menos less, fewer, least, except; **(por) lo — **at least; **cuando —** at least

mensaje *m.* message, errand

mentir to lie

menudo small; **a —** often

mercadería merchandise, goods

mercado market

merecer to deserve, to merit

mermelada jam; marmalade

mesa table

meter to put, to place

método method

metro meter; subway

mezcla mixture, blend

miedo fear; **tener —** to be afraid

mientras while, as long as, meanwhile; **— tanto** in the meantime

milpa cornfield

millón *m.* million

mimar to spoil, to pamper

mimoso pampered, spoiled; loving

ministerial pertaining to a minister or ministry of a country

ministerio ministry

minucioso minute; meticulous

minúsculo small

minuto minute

mirada look, glance

mirar to look at; to look

misa mass

miserable miserable, wretched, mean

miseria wretchedness, poverty

misericordia mercy

mismo same, very, self; **lo — que** the same as

misterio mystery

misterioso mysterious

mitad half

moda fashion, mode, style

modesto modest

modo way, manner; **de — que** so that; **de un —** in (such) a way; **de este otro —** something else; **de malos modos** in an unfriendly way; **de todos modos** at any rate

modular to modulate

mojar to wet, to soak, to moisten

moler to grind; to consume; to waste

molestar to disturb, to bother; **–se en** to take the trouble to

molesto annoying; disturbed

momento moment; **por momentos** at any moment; **de un — a otro** at any moment

moneda coin

monja nun

monótono monotonous

montaña mountain

montar to mount, to ride

monte *m.* mountain, woods

moral moral, ethical

morder to bite

moreno dark

moribundo dying

morir(se) to die

mortificar to mortify, to torment

mosca fly

mostrador *m.* counter, bar

mostrar to show

movedizo moving, shaky

mover to move

muchedumbre *f.* crowd, mod

mudo silent
mueble *m.* piece of furniture
muela molar tooth
muerte *f.* death
mujer woman, wife
multitud multitude
mundo world, globe; **correr —** to travel
muñeca doll; wrist
muralla wall
murmullo murmur
murmurar to murmur, to whisper
muro wall
músico musician
mutuo mutual

N

nacer to be born
nada nothing; **— más que** nothing but
nadar to swim, to float
nadie nobody
naranja orange
nariz *f.* nose, nostril
narrador *m.* narrator
narrar to narrate
naturalidad naturalness
naturaleza nature
navegar to sail
Navidad Christmas
necedad foolishness, stupidity
necesidad necessity
necesitado needy, poor person
necesitar to need, to necessitate; **— de** to have need of
negar to deny, to refuse; **-se a** to refuse
negocio business, deal
negocios business
negro black
nervioso nervous
nevar to snow
neworleansiano of New Orleans
ni neither, nor, not even
niebla fog, mist
nieto grandson, grandchild
nieve *f.* snow
ninguno no, none
niña child, girl, darling
noche *f.* night; **de —** at night
Nochebuena Christmas Eve

nombre *m.* name
noreste northeast
Noruega Norway
notar to notice
noticia news, notice, information
novedad something new, change
novela novel, story
novia sweetheart, fiancée, bride
novio sweetheart, fiancé, groom
nube *f.* cloud
nublado cloudy
nuevamente again
nuevo new; **de —** again
número number; issue (of a publication)

O

obedecer to obey
objetivo objective
objeto object
obligar to oblige
obra work, writings
obrar to work; to perform, to execute
obrero worker
obstinarse to be obstinate; to persist
ocasión occasion, opportunity
ocasionar to occasion, cause
océano ocean
ocultar to conceal
ocupar to occupy; **-se de** to be busy with, to pay attention to
ocurrir to occur, to happen; **-sele a uno** to occur (to one)
odiar to hate
odio hate, hatred
ofender to offend, to bother
oficial *m.* officer
oficina office; **— de correos** post office
oficio work, occupation, offfice, function
ofrecer to offer
ofrecimiento offer
oído ear
oír to hear; **— hablar de** to hear about; **— decir que** to hear that
ojeada glance
ojo eye
ola wave
oler to smell; **— a** to smell of or like
olivar *m.* olive grove

olor *m.* odor
olvidar to forget
olvido forgetfulness, oblivion
operar to operate
opuesto opposite
orar to pray
oratorio oratorical
orden *m.* order; *f.* command
ordenar to order; por — in order
oreja ear, flange
orgullo pride
orgulloso proud, conceited
orientar to orient, orientate
oro gold
orquesta orchestra
oscuridad darkness, obscurity
oscuro dark; a oscuras in darkness
otoño fall, autumn
otro other, another
óxido oxide; rust

P

paciencia patience
paciente patient
padecer to suffer from; to put up with
paja straw
paganizar to paganize
pagar to pay
país *m.* country
paisaje *m.* landscape, countryside
pájaro bird
palabra word
palacio palace
palco box (seat)
palidecer to turn pale
palidez *f.* paleness, pallor
pálido pale
paliza beating
palma palm (tree); palm (of hand)
palo stick, whack, blow; pole
palpar to touch, to feel, to grope
pan *m.* bread
pánico panic
pantalón trousers
pañuelo handkerchief, shawl
Papa Pope
papel *m.* paper, role, part
paquete *m.* package, bundle

par *m.* pair, couple
para for, by; — sí to oneself; — con
  with regard to
paradero whereabouts
paradoja *f.* paradox
paraguas *m.* umbrella
paraíso paradise
parar to stop; —se a + *inf.* to stop (doing
  something)
pardo brown, dark gray
parecer to seem, to appear; parecerse a
  to resemble; a su — in your opinion;
  ¿qué (tal) le parece...? What do you
  think (of) ... ?; al — apparently
parecido resembling, like, similar
pared *f.* wall
pareja pair, couple
pariente *m.f.* relative
parlamentario parliamentary
párpado eyelid
parque *m.* park
párrafo paragraph
parroquiano parishioner, customer
parte *f.* part; por otra — on the other
  hand; de vuestra — on your part; la
  mayor — de most of
particular particular, special, peculiar
partida departure
partir to leave, to set out
parto childbirth
pasado past
pasajero fleeting, transitory
pasar to pass, to spend, to happen; ¿qué le
  pasa? What's the matter?; pase come in
pasear to stroll, to walk; to ride, —se to
  take a walk, to stroll
paseo walk, ride, stroll; dar — to take a
  ride
pasillo hall
paso step, footstep
pastel *m.* pastry, cake
paterno paternal
patético pathetic
patrón *m.* landlord; owner; boss
pavonear to deceive; —se to strut, show off
pavoroso frightful
paz *f.* peace
peca freckle
pecado sin

pecho breast, chest, heart
pedazo piece
pedir to ask, to request
pedregoso stony, rocky
pegar to strike, beat
peldaño step
peinar to comb; –se to comb one's hair
pelear to fight, quarrel
película film
peligro danger
peligroso dangerous
pellejo skin
pelo hair; **tomar el** — to make fun of, to kid
peluquería barbershop
pena pain, hardship, sorrow
pender to hang; to dangle
péndulo pendulum
penetrar to penetrate, to enter
pensamiento thought
pensar to think
péñola pen, quill pen
peor worse, worst
pequeño small
pera pear
percibir to perceive
perder to lose
peregrinación pilgrimage, course of life
perezoso lazy
perfecto perfect
perfilar to profile; to outline
periódico newspaper
periodista *m.* newspaperman, journalist
permanecer to remain
permiso permission; **con** — excuse me
permitir to permit
perplejo perplexing
perra dog; — **suerte** hard luck
perro dog
perseguir to pursue
persiana venetian blind
personaje *m.* character (in a play, story)
perspectiva perspective, prospect
pertenencias belongings
pertinente pertinent, relevant
perturbar to disturb
pesar *m.* grief; **a** — **de** in spite of
pesar to weigh; to cause regret, sorrow
pescador fisherman
pescar to fish, to fish for

peso weight; **sin** — limp; Spanish-American monetary unit
pestaña eyelash
petaca tobacco pouch, cigar case
pétalo petal
Petrarca Petrarch (1304–1374), *great Italian poet and humanist*
pez *m.* fish
piadoso pious, merciful
picar to prick, to bite; to burn
pie *m. f*oot; **en** — standing, up and about; **de** — standing
piedad piety, pity, mercy
piedra stone, rock
piel *f.* leather, skin
pierna leg
pieza piece, musical composition; room
pintar to paint; to portray
pintoresco picturesque
pirámide *f.* pyramid
pisar to step on
piso floor, story (*of a building*)
pitillo cigarette
placer *m.* pleasure
planchar to iron
plantado: dejar — to jilt, to leave in the lurch
plantar to plant; to put, place
plata silver, money
plato dish, plate, course (*meal*)
playa beach
plaza square
plebiscito plebiscite
pleno full
pliego sheet of paper
plomar to seal with lead
pluma pen, feather
pobreza poverty
poco little; (*plural*) few; **al** — soon
poderoso powerful, mighty
poesía poetry
policía police; *m.* policeman
polonés Polish; *m.* Pole
polvareda cloud of dust
polvo dust
polvoriento dusty
poner to put; –se a + *inf.* to begin to, to start to; –se to become; –se de pie to stand up
por by, for, through, along, because of

porfía obstinacy, persistence
pormenor *m.* detail
portera janitress
porvenir *m.* future
posar to perch, to put; to put down
poseer to possess
postal *f.* postcard
postrar to prostrate; to weaken, exhaust
postulado postulate, doctrine
práctica practice, skill, experience
pradera meadow, pasture land
prado meadow
precio price
precipitadamente hastily, hurriedly
precisamente precisely; at the same time
precisar to need; to be necessary
preciso necessary, precise
predominar to predominate, to stand out
preferible preferable
preguntar to ask
prematuro premature
premio prize, award
prender to grasp
prensa press (ncwspaper)
preocupación preoccupation, worry
preparativo preparation
presentar to present; to appear
presión pressure
preso arrested, imprisoned; *n.* prisoner
prestar to lend; to render, to do
prestigio prestige
pretender to pretend to, to claim; to try
  to; to try to gct, to seek; to want
pretensión presumption, effort
pretexto pretext, excuse
prever to foresee
primavera Spring
primero first, in the first place
primitivo primitive, original
primo cousin
príncipe *m.* prince
principiar to begin
pro profit, benefit; en — de in favor of
probar to prove; to test
procesión procession
proceso trial
procurar to strive for
profano profane, worldly
profundo profound, deep
progresar to progress

prohibir to prohibit, to forbid
promesa promise
prometer to promise
prominente prominent, outstanding
promontorio promontory
pronto soon; de — suddeniy
pronunciar to pronounce, to deliver (a
  speech)
propiedad property
propietario(a) owner
propio own, proper; same; himself, herself, etc; characteristic, suitable
proponer to propose
propósito purpose, intention
protagonista *m.f.* protagonist, principal
  character
proteger to protect
provinciano provincial
próximo next, near, close
proyectar to project
prueba proof, test, trial
psicología psychology
público public, people
pueblo town, village, people, nation
puente *m.* bridge
puerta door
puerto port, mountain pass
pues then, well, well then
puesto stand, booth, place, post; — que
  since
pulsera bracelet
pulso pulse
punta point, tip
punto point; a — de on the point of
puñal *m.* dagger
pupila pupil *(of the eye);* eye
puro pure

Q

que who, whom, which, that; for, because
quebradizo brittle, fragile
quebrantar to break
quedar(se) to remain, to stay
queja complaint, moan, lament
quejar to complain, to lament; —se de to
  complain about, of
quemar to burn
querer to wish, to want, to love; — decir
  to mean

querido dear
queso cheese
quitar to remove, to take away; to clear
quizá(s) perhaps

R

radiación radiation
raíz *f.* root
rama branch
ramo branch, cluster, bouquet
ranilla sole
rapidez speed
rápido swift, rapid
raro rare, strange, odd
rasgar to scrape; to tear
rasgo trait, characteristic
rato (short) time, while; **a ratos** from
  time to time
raya stripe, stroke, line
rayo beam, ray of light
raza race, lineage
razón reason; **tener —** to be reflexionar
  to reflect, to think right
razonable reasonable
razonar to reason
reaccionar to react
realidad reality; **en —** really, truly
realizar to realize, to fulfill; to perform
reaparecer to reappear
rebajar to lower; **–se** to stoop
rebaño herd, flock
recelo fear, misgiving
rechazar to reject, refuse
recién recently; **— casado** newlywed
reciente recent
recobrar to recover
recoger to pick up, to gather; to remove
recomendar to recommend
recompensa reward, recompense
reconocer to recognize; to examine
reconocimiento examination; recognition
recordar to remember
recorrer to run over; to go through; to
  cover
recorrido review
recostarse (en) to lean, to lean back
recreo recreation, recess *(school)*
recto straight, right, honest

recuento recount, count
recuerdo memory, remembrance
red *f.* net, netting; grating
redactar to edit; to write; to draw up
redactor *m.* editor writer
redondo round
reemplazar to replace
referir to relate, to tell; **–se** to refer
reflejar to reflect
reformar to reform; to mend; to improve
refrescar to refresh
refulgir to shine
regalar to give; to treat
regalo present, gift
regazo lap
regenerar to regenerate
regir to rule
regla rule
regocijarse to rejoice
regordete, (ta) chubby, plump
regresar to return
regreso return
regular fair, so-so, regular
rehusar to refuse, to reject
reina queen
reinar to rule, to reign
reino kingdom
reír to laugh
relajar to relax
relámpago lightning
relatar to relate, to narrate
relato story, narration
releer to read again, reread
religioso religious
reloj *m.* watch, clock
relucir to shine
remediar to remedy; to help; to prevent
remedio remedy, help; **no tener —** to be
  unavoidable
remoto remote
rendido exhausted
rendir to subdue; to surrender; **–se** to yield
reñir to quarrel reparar (en) to notice
reojo: de — askance
reparar (en) to notice
repartidor distributor, sorter
repasar to pass again
repaso review
repente *m.* start; **de —** suddenly

repetir to repeat
repicar to ring
replicar to answer
reponerse to recover
reportero reporter
reposo repose, rest
representar to represent; to act; to play
reprimenda reprimand
reprimir to repress
reproche *m.* reproach
repugnancia repugnance, antipathy
resbaladizo slippery
resbalar to slip
reservar to reserve
residencia residence, home
residir to reside
resistir to resist; to bear; to withstand
resonar to resound
respaldo back
respecto relation, respect; — **a** with respect to
respeto respect
respetuoso respectful
respiración breathing
respirar to breathe
resplandor *m.* light
responder to answer; to correspond
resto rest, remainder
resuelto resolute, determined, quick
resultar to result, to turn out to be
retener to retain, to hold back
retirar(se) to retire, to withdraw
retorno return
retrasar to delay, to put off
retrato portrait, photograph
retroceder to back away; to go back
reuma *m.f.* rheumatism
reunir to unite, to gather
reventar to smash, to burst
reverente reverent
revés *m.* back
revisar to examine
revista magazine
revolar to flutter; to fly
revolotear to flutter, to flit
revolución revolution
rey *m.* king; **Reyes** Wise Men
rezar to pray
ridículo ridiculous; **en —** ridiculous

rincón *m.* corner
río river
risa laugh, laughter
ritmo rhythm
robar to steal
roca rock
roce *m.* rubbing, contact
rodar to roll; to rotate
rodear to surround, to encircle
rodeo detour, evasion
rodilla knee
rogar to ask; to beg
rojizo reddish
rojo red
romano Roman
romper to break
ronco hoarse, raucous
ronda night patrol or round
rondar to go around; to prowl
ropa clothes
rosa rose
rosado rose-colored
rosal *m.* rose bush
rostro face
roto torn
rozar to rub, to graze
rubio blond, fair, light
rueda wheel
ruego request, entreaty
rufián *m.* scoundrel, ruffian
rugir to roar, to bellow
ruido noise
ruidoso noisy
ruiseñor *m.* nightingale
rumor *m.* rumor, murmur, sound
Rusia Russia

S

sábana sheet
saber to know; — **de** to learn, to hear from
sabio wise, learned; *m.* learned man, scholar
sabroso delicious, luscious
saco sack
sacar to take out, to draw out; to bring forth
sacerdote *m.* priest

sacrificar to sacrifice
sacrificio sacrifice
sacro sacred
sacudir to shake
sagrado sacred, holy
sala living room, drawing room
salida exit, departure, way out
salir to leave, to go out
salón *m.* large hall or room
salpicar to spatter, to sprinkle
saltar to leap, to jump, to skip
salud *f.* health
saludable healthful
saludar to greet, to hail
salvar to save
salvo safety; — **que** except that
sanar to heal, to cure; to recover
sangrar to bleed
sangre *f.* blood
sangriento bloody
sano sound, healthy, good
santidad holiness
santo saintly; *m.* a saint
satisfecho satisfied; conceited
secar to dry
seco dry
secreto secret
sed *f.* thirst
seda *f.* silk
seductor seducer; *adj.* seductive, captivating
seguida succession, series; **en** — immediately
seguir to follow; to continue
según according to hear of (from)
segundo *adj. n.* second
seguridad surety, safety, confidence
seguro sure, safe, certain; **de** — surely
selecto select, choice
selva forest
sello stamp
semana week
sembrar to sow, seed; to scatter
semejante similar, such
semejanza similarity
semioculto half-hidden
sencillo simple; single
senda path
seno chest, bosom, breast

sensación sensation
sensible sensitive, perceptible
sensitivo sensitive, sensual
sensual sensual, sensuous
sentar to seat; —**se** to sit down
sentido meaning
sentimiento feeling
sentir to feel; to regret
seña sign, mark
señal *f.* signal, sign
señalar to show, to point out
señor sir, lord, gentleman, master
señorial seignorial, noble
señorita mistress
señorito master
separar to separate
sepultura grave
ser to be; **sé** be (command); *m.* being, person
sereno serene, calm; sober
seriedad seriousness
serio serious; **en** — seriously
servicio service
servir to serve; — **para** to be used for; **para** –**le** at your service
severidad severity
sexo sex
sí yes, indeed *(adds emphasis to a verb)*
siempre always
sierra mountain range
siglo century
significación significance
significado significance, meaning
significar to signify, to mean, to indicate; to be worth
significativo significant
signo sign, symbol
siguiente following
sílaba syllable
silbar to whistle
silbido whistle
silla chair; saddle
sillón *m.* armchair, easy chair
simbolista symbolist
simbolizar to symbolize
simétrico symmetrical
símil *m.* simile
simpatía sympathy, liking, friendliness, congeniality; **tener grandes** — to get along

simpático likeable, pleasant
simplicidad simplicity
simular to simulate, feign
sin without
sincero sincere
singular exceptional, extraordinary; singular
siniestro sinister
sino but (rather)
sintético synthetic
siquiera even, scarcely; **ni —** not even
sirvienta *f.* servant
sistema *m.* system
sitio place, location
situar to situate
soberbio proud, superb
sobra *f.* extra, excess; **de sobras** more than enough, superfluous
sobre on, above; *n.m.* envelope
sobremanera exceedingly
sobrevivir to survive
socorro aid, help
sofocar to suffocate, to smother; to choke, to stifle; to extinguish
sol *m.* sun
solar solar
soldado soldier
soledad solitude, loneliness
soler to be accustomed to
solicitar to solicit, to ask
solicitud solicitude
solidaridad solidarity
solitario solitary, alone
solo alone, single, only, sole
sólo only
soltar to let loose, to let go
soltero unmarried person
sombra shade, darkness, shadow; ghost
sombrero hat
sombrío somber, dark, gloomy
someter to submit; to subject
sonar to sound; to ring
soneto sonnet
sonreír to smile
sonriente smiling
sonrisa smile
sonrojo blush
soñar to dream; **— con** to dream of *or* about

soplar to blow
sopor *m.* drowsiness; stupor, lethargy
soportar to support; to bear, endure; to put up with
sorbo sip
sórdido sordid, dirty
sordo deaf
sorprender to surprise
sorpresa surprise
sosegado calm, peaceful, still
sospecha suspicion
sospechar to suspect, to be suspicious
sostener to support, hold up, sustain
suave smooth, soft, mellow, suave, gentle
subir to go up; to take up
súbito sudden; **de —** suddenly
subjetivo subjective
suceder to happen
suceso event
sucio dirty
sudar to perspire
sudor perspiration, sweat
sueldo salary, pay
suelo ground, floor
sueño dream, sleep
suerte *f.* luck, fortune
sufrir to suffer, to endure
sugerir to suggest
suicida *m.* suicide (person)
suicidarse to commit suicide
suicidio suicide
sujetar to fasten, to hold
sumergir to submerge, to submerse
sumo high, great; **a lo —** at most
suntuoso sumptuous
supersticioso superstitious
suplicar to entreat, implore
suponer to suppose
supremo supreme
supuesto past participle of **suponer; por —** of course
surco furrow, rut
surgir to spring up, come forth
suspirar to sigh
sustantivo substantive, noun
sustituir to substitute, to replace
sutil subtle, thin, cunning, keen

T

taberna tavern, saloon
tabernero saloonkeeper
tabla board, plank
táctica tactics
tal such, so, as; — **cual** as such; — **vez** perhaps; just as; **un** — a certain
taller *m.* workshop
tamaño size
tambalear to stagger, reel
tampoco neither, nor
tan so; **tan ... como** as ... as
tanto so much; **en** — while; **tanto ... como** as much ... as; both ... and; **por lo** — therefore
tapia wall
tardar to delay; to be late; — **en** + *inf.* to be long in
tarde *f.* afternoon; **buenas tardes** good afternoon, good by; *adv.* late
tarea task, job
tarima platform
tarjeta card
taza cup
techo roof; ceiling
telegrama *m.* telegram, dispatch; **poner un** — to send a telegram
tema *m.* theme; matter
temblar to tremble
tembloroso trembling
temor *m.* fear
temperatura temperature
temprano early
tenacidad tenacity, firmness
tendencia tendency
tender to spread, to stretch, to reach out; — **a** + *inf.* to tend to; **-se** to lie down
tenderete *m.* stall
tendero shopkeeper
tener to have; — **calor** to be warm; — **curiosidad** to be curious; — **frío** to be cold; — **hambre** to be hungry; — **horror a** to have a horror of; — **inconveniente** to object; — **la bondad** please; — **miedo** to be afraid; **no** — **remedio** to be unavoidable; — **razón** to be right; — **reparo** to be bashful; — **sed** to be thirsty; — **por costumbre** to be one's custom

teniente *n.* lieutenant
tenso tense, taut
tentación temptation
tentador tempting; temptor
teñir to dye; to shine, to polish, to color
terminar to end, to finish
término end; term
termómetro thermometer
terneza tenderness
tertulia social gathering
terraza terrace; veranda
tesoro treasure
tibio lukewarm, tepid
tiempo time, weather; a time; **al poco** — soon, shortly; **al mismo** — at the same time; **¿qué tal** — **hace?** what's the weather like?; **de** — **a** — from time to time
tienda store, tent, shop
tierno tender, delicate
tierra land, ground, earth, dirt
timbre *m.* stamp, seal
timbre *m.* bell; timbre *(mus.)*
tintero inkwell
tinta ink
tío uncle
tiovivo merry-go-round
típico typical
tipo type, kind, model; *(coll.)* fellow, guy
tirar to throw, to draw, to pull; — **a** to resemble, to approach; — **de** to pull out; to shoot (a gun)
tiritar to shiver
titular to entitle
título title
toalla towel
tocar to touch; to ring *(a bell)*; to play *(an instrument)*; **tocarle a uno** to be one's turn, to fall to one's lot
todavía still, yet
todo all, everything; — **el mundo** everybody; **del** — completely
tomar to take, to buy, to have *(beverage)*; — **a mal** to take offense at
tono tone
tonto foolish, stupid; *m. f.* fool, dolt
torcer to twist
torerillo young bullfighter
torero bullfighter

tormenta storm, tempest
tornar to return, to turn; — a + *inf.* to do something again
torno turn; en — de around; en — all around, about
toro bull
torpe stupid, dull, slow
torre *f.* tower
torrencial torrential
torrente *m.* torrent, avalanche
toser to cough
tostada slice of toast
tostar to burn; to tan
trabajar to work
trabajo work; job; difficulty; costar — to take a lot of effort, to be hard
tradicional traditional
traducir to translate
traer to bring
tragar to swallow, to drink
trágico tragic
trago swallow, drink
traición betrayal
traje *m.* suit; dress
trance *m.* critical moment
tranquilizar to calm
tranquilo calm, quiet
transcurrir to pass
transmitir to transmit
transparente transparent
tranvía trolley car
tras behind, beyond; after
traspasar to cross
trastornar to upset, to disturb
tratamiento treatment
tratar to treat; to handle; –se de to be a question of, to deal with
trato treatment, dealing, association
través misfortune, reverse; a — de through
travieso mischievous
trepar to climb
triángulo triangle
tribu *f.* tribe
triste sad
tristeza sadness
triunfar to triumph
triunfo triumph
tronco trunk

tropezar to hit, to stumble; — con to run into, to encounter
trueno thunder
tumba tomb, grave
túnica tunic
turbador disturbing
turbar to disturb, to trouble
turbio turbid, cloudy, muddy
turquesa turquoise
Turquía Turkey

U

úlcera ulcer
últimamente lately, recently
último last, latest
ulular to howl
uña fingernail
único unique, only, sole
unir to unite, to join
usado worn out, used, secondhand
usar to use
utilizar to utilize; to use

V

vaca cow
vaciar to empty
vacilar to hesitate; to sway; to flicker (light)
vacío empty; *m.* emptiness
vago vague, lazy
vagón m. railroad car
valer to be worth, to cost; — la pena to be worth while; — más to be better
valeroso valiant
valiente bold, brave
valor *m.* value, worth, validity; courage, fortitude
valle *m.* valley
vanidad vanity
vano vain; en — in vain
vapor steam, vapor; mist; a todo — at full steam
variar to vary, to change
vario various, varied
vasco Basque
vaso glass
vasto vast, huge
¡vaya! well! look here! what (a)!

vecino neighbor, resident, tenant
vega plain
vegetal vegetal; *m.* vegetable (plant)
vehículo vehicle
vela vigil, candle
velar to keep vigil, to watch over, to stay
   awake
velocidad speed
veloz swift, rapid, fast
vena vein
vendedor seller
vender to sell
veneno poison
vengarse to take revenge
vengativo avenging, vengeful
venir to come; — **bien** to suit, to fit
ventaja advantage, gain, profit
ventana window; ticket window
ventanal *m.* large window
ventilador *m.* fan
ventura happiness, luck
venturoso lucky, successful, prosperous
ver to see; **a** — let's see
verano summer
veras de — really
verdad truth; **de** — real
verdadero true, real, actual
verde *adj. n.* green
verdura verdure, greenness
verosímil likely, plausible
verso verse, poetry
vértigo vertigo, dizziness
vespertino evening
vestíbulo vestibule, lobby
vestido clothing; suit, dress
vestir to dress; **-se** to get dressed
vez *f.* time; **de una** — once and for all; **en**
   — **de** instead of; **tal** — perhaps; **hacer**
   las veces de to serve as; **a veces** at
   times; **de** — **en cuando** from time to
   time; **cada** — **más** more and more; **una**
   y otra — repeatedly
vía road, way; — **férrea** railway track
viajar to travel
viaje *m.* trip, voyage, travel
viajero traveler
vibrar to vibrate
vicio vice, bad habit

vicioso vicious, harmful, overgrown
víctima victim
vida life
viejo old
Viena Vienna
viento wind
vientre *m.* belly, womb
vigilar to watch (over), to guard
vino wine
violencia violence
virgen new, chaste
virtud virtue, power, habit, disposition
virtuoso virtuous
visita visit; **hacer una** — **a** to pay a visit
   to, to visit
vista view, sight, scene; **de** — by sight
visto evident, obvious; **por lo** — evidently, obviously
viudo widower
vivaracho vivacious, lively
vivir to live; ¡**viva!** long live! **vivo** alive,
   lively, vivid
vociferar to yell
volar to fly
voluntad will
voluptuosidad voluptuousness
volver to return; to turn; — **a** + *inf.* to do
   something again; — **en sí** to regain consciousness; **-se** to turn into, to become;
   to turn around
voto vote
voz *f.* voice, shout, cry; **en** — **alta** out
   loud
vuelo flight
vuelta turn, return; **dar vueltas** to turn,
   to circle, to walk around; **dar la** — **a** to
   take a walk around; **con** — return
   (something borrowed)
vulgar vulgar, coarse

Y

ya already, now; — **no** no longer; — **que**
   since, in as much as
yerba grass

Z

zapato shoe

"Dos palabras," in *Cuentos de Eva Luna,* by Isabel Allende, © ISABEL ALLENDE, 1989.

"El reportaje," by Carme Riera, reprinted from *Doce relatos de mujeres* (Barcelona, Spain: Editorial Alianza, 1983) by permisssion of Carme Riera.

"Abenjacán el bojarí, muerto en su laberinto," by Jorge Luis Borges, from *El Aleph* (1957) in *OBRAS COMPLETAS,* © Emecé Editores, 1974 y © María Kodama y Emecé Editores, 1989.

"Para una cubana," and "Mía," both from *Prosas profanas,* "Lo fatal," from *Cantos de vida y esperanza.* All reprinted from Rubén Darío, *Poesías completas* (Madrid: Editorial Aguilar, S.A., 1954).

"Canción de jinete," from *Primeras canciones* (Buenos Aires, Argentina: Editorial Losada, 1951). "Sorpresa" and "Clamor," both from *Poema del cante jondo,* 1933. Reprinted from Federico García Lorca, *Obras completas* (Madrid, Spain: Editorial Aguilar, 1957). Reprinted by permission of the Estate of Federico García Lorca and New Directions, Publishers. "Romance de la luna, luna", from *Poema del cante jondo,* 1933, by Federico García Lorca, from *Obras completas* (Aguilar, 23d edition, 1993) copyright © 1995 by Herederos de Federico García Lorca. All rights reserved. For information regarding rights and permissions for works by Federico García Lorca, please contact William Peter Kosmas, Esq., 77 Rodney Court, 6/8 Maida Vale, London W9 1TJ, England.

"Walking Around," in *Residencia en la tierra,* by Pablo Neruda, © PABLO NERUDA, 1933 and Heirs of PABLO NERUDA.

"Soneto I," "El niño solo," and "La espera inútil," in *Desolación,* by Gabriela Mistral, reprinted by permission from THE HISPANIC INSTITUTE of Columbia University.

"Canción primera," "18 de julio 1936 - 18 de julio 1938," and "Aunque tú no estás," from *Selected Poems of Miguel Hernández & Blas de Otero* by Timothy Baland and Hardie St. Martin. Copyright © 1972 Timothy Baland and Hardie St. Martin. Reprinted by permission of Beacon Press.